Praxis-Grammatik
DEUTSCH als Fremdsprache

Das große Lern- und Übungswerk.
Mit extra Online-Übungen

von
Alke Hauschild

PONS GmbH
Stuttgart

Danke für Ihr Vertrauen!

Wir bei PONS sind der Überzeugung: Wer Sprachen spricht, dem steht die Welt offen. Aus diesem Grund entwickeln wir seit über 40 Jahren hochwertige Wörterbücher und Sprachlern-Produkte und entwerfen ständig neue didaktische Konzepte, um für jeden Sprachenlerner das Passende anbieten zu können.

Helfen Sie uns mit Ihrem Feedback!

Sind Sie mit dieser Praxis-Grammatik zufrieden?

Dann freuen wir uns über Ihre **Weiterempfehlung**. Erzählen Sie es Ihrem Freundeskreis, dem Buchhändler Ihres Vertrauens oder schreiben Sie eine Online-**Rezension** und helfen Sie uns, dieses Buch anderen Sprachenlernern näherzubringen.

Sie haben Fragen bzw. Kritik oder Korrekturen an unserer Praxis-Grammatik?

Wir freuen uns über Ihre Anregungen. Schreiben Sie uns eine Nachricht an **kundenservice@pons.de**.

Herzlichen Dank für Ihre Unterstützung und viel Spaß & Erfolg beim Sprachenlernen.

Ihre Redaktion von PONS

So benutzen Sie dieses Buch

Die *Praxis-Grammatik Deutsch als Fremdsprache* ist für Lerner der **Grund- und Mittelstufe**, die parallel zum Deutschkurs oder einem Lehrbuch eine zusätzliche Grammatik mit einfachen Erklärungen und übersichtlichen Tabellen brauchen.

Es eignet sich gut für die Vorbereitung auf alle Prüfungen **bis B2-Niveau**, die das Goethe-Institut und telc anbieten. Fortgeschrittene Lerner, die einzelne Kapitel der Grundstufe wiederholen möchten, finden in diesem Buch ebenso schnelle Hilfe.

Zusätzlich finden Sie zu allen Grammatik-Themen, die in diesem Buch behandelt werden, unter **www.pons.de/grammatik** mehr als 100 Online-Übungen, mit denen Sie aktiv und sicher in der Sprache werden. Auf der Innenseite des vorderen Buchdeckels wird Ihnen Schritt für Schritt erklärt, wie Sie zum PONS-Grammatikportal gelangen.

Der Aufbau eines Kapitels

In Mini-Dialogen wird Ihnen zunächst das grammatische Phänomen in einem alltäglichen Zusammenhang vorgestellt.

Klare, leicht verständliche **Regeln**, übersichtliche **Tabellen** und ausführliche **Gebrauchskästen** vermitteln Ihnen schnell sichere Kenntnisse. Viele praktische, realitätsnahe **Beispiele** zeigen Ihnen, wie das grammatische Phänomen richtig angewendet wird.

In den zahlreichen anschließenden **Übungen** können Sie das Erlernte selbst anwenden. Dabei ist der Schwierigkeitsgrad einer Übung jeweils durch Sternchen gekennzeichnet:
* = einfache Übung; ** = mittelschwere Übung; *** = schwierige Übung.
So können Sie selbst auf einfache Weise Ihren Lernfortschritt überprüfen.

In den Randspalten finden Sie jede Menge nützlicher **Tipps** und Informationen zum richtigen Sprachgebrauch:
▸ zusätzliche Erklärungen zu grammatischen Phänomenen
▸ Lerntipps und ergänzende Hinweise
▸ wichtige Ausnahmen und Stolpersteine
▸ Wortschatz- und Übersetzungshilfen

In der Randspalte finden Sie auch **Verweise** zu anderen Kapiteln, die Ihnen helfen, ähnliche Themen zu finden.

Die wichtigsten **Grammatikbegriffe** finden Sie in der Übersicht auf Seite 4 zusammengestellt.
Im **Anhang** ab Seite 276 finden Sie, neben den Lösungen, mehrere nützliche Extras zu Verben, Substantiven, Adjektiven und Präpositionen.
Der **Index** am Ende des Buches bringt Sie schnell zu den richtigen Stellen in der Grammatik.

Nun viel Erfolg beim Nachschlagen, Lernen und Üben!

Grammatikbegriffe in der Übersicht

Begriff	Beschreibung
Ableitung	Bildung neuer Wörter aus Wortstamm und Präfix oder Suffix
Adjektiv	Eigenschaftswort, charakterisiert ein Substantiv
Adverb	Umstandswort
adverbiale Angabe	Satzglied, beschreibt eine Handlung näher
Akkusativ	„Wen-Fall" bzw. direktes Objekt
Artikelwörter	Begleitwörter, z. B. bestimmter/unbestimmter Artikel
Dativ	„Wem-Fall" bzw. indirektes Objekt
Definitpronomen	bezeichnet eine bestimmte Person oder Sache
Deklination	Beugung bei Substantiven, Adjektiven, Pronomen, Artikeln, Zahlwörtern
Demonstrativpronomen	steht für ein Substantiv und verstärkt seine Bedeutung
feminin	weiblich
Fragepronomen	W-Wort, leitet Fragen ein
Futur	Zukunftsform; es gibt Futur I und Futur II
Genitiv	„Wessen-Fall", steht meist nach dem Beziehungswort
Genus	Geschlecht eines Substantivs: maskulin, feminin, neutrum
Imperativ	Befehl, Aufforderung, Bitte
Indefinitpronomen	bezeichnet eine unbestimmte Person oder Sache
Indikativ	Wirklichkeitsform des Verbs in allen Zeiten
Infinitiv	Grundform des Verbs
intransitiv	ist ein Verb, das kein Akkusativobjekt bei sich führt
Kasus	Fall: Nominativ, Genitiv, Dativ, Akkusativ
kausal	Grund oder Ursache betreffend
Komparativ	1. Steigerungsform des Adjektivs
Kompositum	zusammengesetztes Wort
konditional	Bedingung betreffend
Konjugation	Beugung des Verbs
Konjunktion	Bindewort, verbindet Wörter, Satzteile und Sätze
Konjunktiv I	Möglichkeitsform I für die indirekte Rede, Wünsche
Konjunktiv II	Möglichkeitsform II für Irreales, Wünsche, Ratschläge
Konversion	Bildung neuer Wörter durch Übertragung in eine neue Wortart

Grammatikbegriffe in der Übersicht

Kürzung	Bildung neuer Wörter durch Verkürzung von Wörtern oder Wortgruppen
lokal	Ort oder Richtung betreffend
maskulin	männlich
modal	Art und Weise betreffend
Modalverb	Hilfsverb, das eine Aussage modifiziert
Modus	Verbform, z. B. Indikativ, Konjunktiv und Imperativ
neutrum	sächlich
Nominativ	„Wer"-Fall, meist für das Subjekt des Satzes
Numerus	Zahl (Singular und Plural)
Objekt	Satzglied, Satzergänzung
Partikel	zeigt, wie der Sprecher das Gesagte meint
Partizip Perfekt	benutzt man zur Bildung verschiedener Zeiten
Partizip Präsens	dient der Beschreibung eines Vorgangs
Passiv	Verbform mit Betonung eines Vorgangs
Perfekt	zusammengesetzte Vergangenheit
Personalpronomen	Pronomen, das ein Substantiv ersetzt
Plural	Mehrzahl z. B. von Verben oder Substantiven
Plusquamperfekt	„Vorvergangenheit"
Possessivpronomen	steht für ein Substantiv und bezeichnet den Besitz
Prädikat	Satzglied, Satzaussage
Präfix	Vorsilbe eines Substantivs, Verbs oder Adjektivs
Präposition	drückt ein Verhältnis zwischen Personen, Dingen oder Sachverhalten aus
Präsens	Verbform für die Gegenwart
Präteritum	formale Verbform für die Vergangenheit
Pronomen	ersetzt ein Wort, einen Satzteil oder einen Satz
Reflexivpronomen	steht mit reflexivem Verb mit Bezug zum Subjekt
Relativpronomen	nimmt Bezug auf ein vorheriges Wort, einen Satz
Singular	Einzahl z. B. von Verben oder Substantiven
Subjekt	Satzglied, Satzgegenstand
Substantiv	bezeichnet Personen, Dinge oder Abstraktes
Suffix	Nachsilbe
Superlativ	2. Steigerungsform des Adjektivs
temporal	Zeit betreffend
transitiv	ist ein Verb, das Akkusativobjekte bei sich führen kann
Verb	beschreibt einen Vorgang oder eine Handlung
Zusammensetzung	Bildung neuer Wörter aus Wörtern gleicher oder verschiedener Wortarten

Inhaltsverzeichnis

Das Verb — 8
Übersicht — 8
Stammformen des Verbs — 9
Die Zeiten — 10
Grundverben — 25
Verben mit Vokalwechsel — 34
Trennbare und nicht trennbare Verben — 37
Der Imperativ — 40
Modalverben — 43
Das Passiv — 49
Der Konjunktiv — 55
Reflexive Verben — 67
Reziproke Verben — 71
Die Valenz der Verben — 73
Das Partizip — 78

Substantive — 84
Das Genus: maskulin, feminin, neutrum — 85
Der Numerus: Singular und Plural — 89
Der Kasus: Nominativ, Akkusativ, Dativ, Genitiv — 93
Die n-Deklination — 95
Substantivierungen — 97

Artikelwörter und Pronomen — 99
Der bestimmte Artikel — 101
Der unbestimmte Artikel — 104
Der Nullartikel — 107
Die Negation — 110
Demonstrativartikel und -pronomen — 114
Indefinitartikel und -pronomen — 118
Possessivartikel und -pronomen — 124
Personalpronomen — 129
Das Wort *es* — 133
Fragewörter — 136
Relativpronomen — 142

Präpositionen — 147
Lokale Präpositionen — 149
Temporale Präpositionen — 154
Kausale Präpositionen — 158
Modale Präpositionen — 162
Präpositionen in festen Wendungen — 165
Präpositionalpronomen und Pronominaladverbien — 166

Adjektive — 171
Die Steigerung der Adjektive — 174
Die Deklination des Adjektivs — 180
Partizipien als Adjektive — 189

Inhalt

Das Adverb — 191
Temporaladverbien – Adverbien der Zeit — 192
Lokaladverbien – Adverbien des Ortes — 195
Kausaladverbien – Adverbien des Grundes und der Ursache — 197
Modaladverbien – Adverbien der Art und Weise — 200

Der Satz — 203
Ganzsatz, Haupt- und Nebensatz — 203
Konjunktionen im Haupt- und Nebensatz — 205
Infinitivsätze — 218
Fragesätze mit und ohne Fragewort, indirekte Fragesätze — 222

Der Satzbau im Hauptsatz — 226
Stellung von Subjekt und Prädikat — 227
Das Mittelfeld: die Stellung der Objekte — 229
Das Mittelfeld: die Stellung adverbialer Angaben — 231
Das Mittelfeld: die Stellung präpositionaler Objekte — 233
Das Mittelfeld: Satzstellung mit Objekten und Angaben — 235
Die letzte Position: Verben und Verbergänzungen — 237
Das Nachfeld im Satz — 238

Zahlen — 240
Grundzahlen (Kardinalzahlen) — 241
Ordnungszahlen (Ordinalzahlen) — 244
Bruchzahlen — 247
Sonstige Zahlwörter — 249
Zeitangaben — 252
Maße und Gewichte — 256

Partikeln — 258
Partikeln: Modalpartikeln — 258
Partikeln: Dialogpartikeln — 264

Wortbildung — 267
Ableitung (Derivation) — 268
Zusammengesetzte Wörter (Komposita) — 273

Lösungen — 278

Wichtige unregelmäßige Verben — 296
Feste Verbindungen: Verben mit Präpositionen — 301
Feste Verbindungen: Substantive mit Präpositionen — 305
Feste Verbindungen: Adjektive mit Präpositionen — 309
Verben mit Dativ- und Akkusativobjekt — 313
Präpositionen mit Dativ- und Akkusativobjekt — 320
Reflexive Verben — 325

Index — 327

Das Verb

Übersicht

Das Verb

> Arbeiten oder nicht arbeiten? / Lernen oder nicht lernen? / Essen oder nicht essen? Schlafen!

Übersicht

Im Hauptsatz steht das Verb an Position 2.

Das Verb drückt aus, was passiert. Es hat eine feste Position im Satz und regelt so den gesamten Satzbau.

Eine grammatische Zeit nennt man auch Tempus.

Verben können sich verändern

- **in der Zeitform (Tempus):**
  Im Deutschen gibt es sechs grammatische Zeiten → S. 10–24.
- **in der Personalendung:**
  Sie zeigt, welche Person handelt und wie viele Personen agieren
  → z. B. Präsens S. 10.

Satzbau, S. 226

- **in der Art und Weise der Aussage (Modus):**
  Es gibt die drei Modi Indikativ, Konjunktiv und Imperativ
  → S. 40–42. S. 55–66.
- **in der Art der Handlung:**
  Aktiv und Passiv → S. 49–54.

Es gibt drei verschiedene Verbgruppen:

- **Vollverben** können allein im Satz stehen und tragen die Aussage des Satzes. Die meisten Verben sind Vollverben.

- **Hilfsverben** braucht man für das Perfekt, das Plusquamperfekt, das Futur und für das Passiv. Sie heißen **sein**, **haben** und **werden**. Die Hilfsverben können auch als Vollverb gebraucht werden.

- **Modalverben** beschreiben, wie etwas geschieht, z. B. ob etwas erlaubt oder verboten ist, ob jemand in der Lage ist, etwas zu tun oder ob man etwas gern macht.

Das Verb

Stammformen des Verbs

Stammformen des Verbs

Jedes Verb hat drei Stammformen. Diese Stammformen sind die Basis für die Bildung der Zeiten, der Modi (Indikativ, Konjunktiv, Imperativ) und des Passivs, z. B.:

1. Stammform = Infinitiv	3. Person Sing.	2. Stammform = Präteritum	3. Stammform = Partizip Perfekt
gehen	(er) geht	(ich) ging	(ich bin) gegangen
arbeiten	(er) arbeitet	(ich) arbeitete	(ich habe) gearbeitet

> In den Verbtabellen findet man nach dem Infinitiv auch die 3. Person Singular Präsens. Sie ist zwar keine separate Stammform, trotzdem aber wichtig, weil hier gezeigt wird, wie sich der Stammvokal im Präsens ändert.

a) Die Grundform des Verbs nennt man **Infinitiv** und sie ist **die erste Stammform** des Verbs. Der Infinitiv besteht aus:

Präsensstamm + Infinitivendung

Mit dem Präsensstamm bildet man das Präsens, den Imperativ und das Partizip Präsens. Den betonten Vokal des Stamms nennt man Stammvokal.

> Die Endung des Infinitivs ist immer **-en** oder **-n**:
> arbeit-en, heiß-en, feier-n, diskutier-en, segel-n, klecker-n

b) Die **zweite Stammform** ist die Form der Vergangenheit: **das Präteritum**. Sie besteht aus:

Präteritumstamm + Personalendung

§ **Bildung des Präteritums**, S. 17

Mit dem Stamm des Präteritums bildet man das Präteritum und den Konjunktiv II. Unregelmäßige Verben verändern ihren Stammvokal im Präteritum.

> Die Endung der 1. Person Singular ist **-e** bei regelmäßigen Verben; die unregelmäßigen Verben haben keine Personalendung:
> ich arbeitet-e, ich hieß, ich feiert-e, ich diskutiert-e, ich segelt-e

c) Das **Partizip Perfekt** bildet die **dritte Stammform**. Diese Form besteht aus:

Präfix* + Perfektstamm + -t/-en

§ **Bildung des Partizips Perfekt**, S. 14

> Mit dem Partizip Perfekt bildet man das Perfekt, das Plusquamperfekt, das Futur II und das Passiv.
> ge-arbeit-et, ge-heiß-en, ge-feier-t, diskutier-t, ge-segel-t, ge-klecker-t

*Die Verben auf **-ieren** haben im Partizip Perfekt kein Präfix.

9

Das Verb

Die Zeiten

Die Zeiten

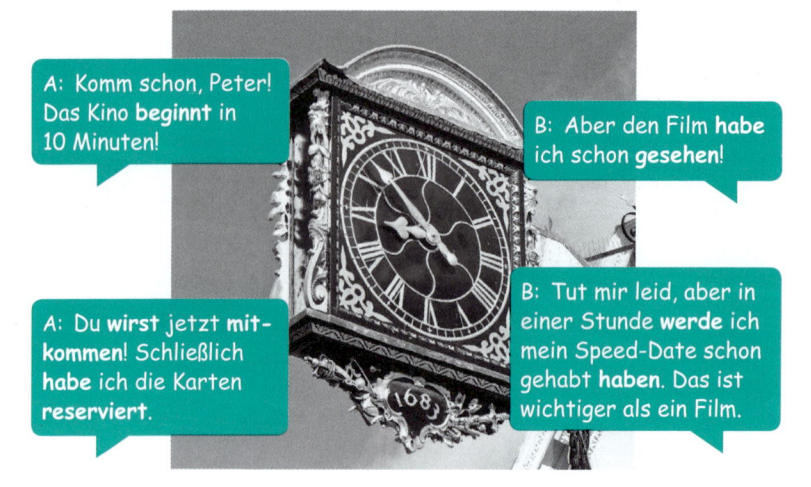

A: Komm schon, Peter! Das Kino **beginnt** in 10 Minuten!

B: Aber den Film **habe** ich schon **gesehen**!

A: Du **wirst** jetzt **mitkommen**! Schließlich **habe** ich die Karten **reserviert**.

B: Tut mir leid, aber in einer Stunde **werde** ich mein Speed-Date schon **gehabt haben**. Das ist wichtiger als ein Film.

So heißen die deutschen Zeiten:

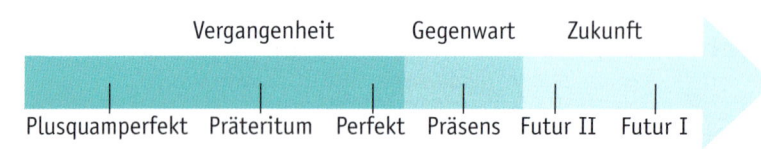

Vergangenheit — Gegenwart — Zukunft

Plusquamperfekt   Präteritum   Perfekt   Präsens   Futur II   Futur I

Die wichtigsten Zeiten im Deutschen sind das Präsens und das Perfekt, denn mit ihnen kann man die Gegenwart, die Vergangenheit und die Zukunft ausdrücken.

Für jede Zeitform werden Stamm, manchmal ein Hilfsverb und die Endung neu zusammengesetzt.

Gegenwart: Das Präsens

Form

Präsensstamm + Personalendung

> Die Höflichkeitsform **Sie** schreibt man immer groß. Man benutzt **Sie** für Personen, die man nicht oder nicht gut kennt. Es gibt nur eine Form im Singular und Plural. Die Verbform ist identisch mit der 3. Person Plural.

Singular		Stamm	+ Endung	→ Form
1. Person	ich	komm	e	komme
2. Person	du	komm	(e)st	kommst
3. Person	er, sie, es	komm	t	kommt
Plural				
1. Person	wir	komm	en	kommen
2. Person	ihr	komm	(e)t	kommt
3. Person	sie/Sie	komm	en	kommen

Das Verb

Das Präsens

Besonderheiten

e-Einschub
Endet der Stamm eines Verbs auf **-d** oder **-t** oder nach Konsonant (außer -l, -m-, -n, -r) auf **-m** oder **-n**, dann wird in der 2. Person Singular und Plural vor der Endung ein **-e** eingefügt:

reden → Stamm: **red** → du redest, ihr redet; arbeiten → Stamm: **arbeit** → du arbeitest, ihr arbeitet; öffnen → Stamm: **öffn** → du öffnest, ihr öffnet

s-Ausfall
Endet der Stamm auf **-s, -ss, -ß, -x, -tz** oder **-z**, lautet die Endung bei der 2. Person nur **-t**:

faxen → Stamm: fax → du faxt; heißen → Stamm: heiß → du heißt

e-Ausfall
Verben, die im Infinitiv auf **-eln** enden, haben in der 1. Person Singular kein **-e** vor dem **-l**.
Außerdem ist wie bei anderen Verben der Infinitiv identisch mit der 1. und 3. Person Plural; die Endung heißt also **-eln** und nicht **-en**:

segeln → Stamm: segel → ich segle, wir segeln;
radeln → Stamm: radel → ich radle, wir radeln

Verben, die auf **-ern** enden, kann man in der 1. Person Singular ohne **-e** vor der Personalendung bilden:

wandern → Stamm: wander → ich wand(e)re;
bedauern → Stamm: bedauer → ich bedau(e)re

> ❗ In der Alltagssprache fällt die Endung **-e** in der 1. Person Singular oft weg:
> *Ich komm gleich!*
> *Ich geh nach Hause.*

> ❗ Ausnahme: Bei Verben mit Vokalwechsel, deren Stamm auf **-d** oder **-t** endet, schiebt man nur in der 2. Person Plural ein **-e** ein: halten → du hältst – ihr haltet; einladen → du lädst ein – ihr ladet ein

Gebrauch

▎ für Allgemeines und Fakten

In Deutschland zahlt man mit dem Euro.
Der Sommer beginnt am 21. Juni.

▎ Handlungen und Geschehen in der Gegenwart

Heute gehe ich nicht ins Büro; ich arbeite zu Hause.
Das Flugzeug aus London landet im Moment.

▎ Handlungen und Geschehen in der Zukunft

Nächsten Sommer machen wir Urlaub in Spanien.
Meine Tochter feiert ihren nächsten Geburtstag im Restaurant.

Üben und Anwenden

Das Präsens

segeln

arbeiten

wandern

heißen

trocknen

diskutieren

1. Wie heißt die richtige Verbform?*

a) ich _____ du _____ er _____ wir _____

b) wir _____ du _____ er _____ sie (Sg.) _____

c) er _____ ich _____ Sie _____ wir _____

d) ich _____ du _____ ihr _____ sie (Sg.) _____

e) ich _____ du _____ sie (Sg.) _____ ihr _____

f) ich _____ ihr _____ sie (Pl.) _____ sie (Sg.) _____

fahren
gehen
denken
fahren
bleiben
haben
geben
arbeiten
haben
schenken

2. Tragen Sie die fehlenden Verbformen ein.*

• Ich (a) _____ jetzt nach Hause. Und wann (b) _____ du?

○ Ich (c) _____, ich (d) _____ in einer Stunde, aber meine Kollegen (e) _____ noch länger. Sie (f) _____ ein Meeting. Dann (g) _____ sie eine kleine Party für Steve. Er (h) _____ ab Montag für ein Jahr in New York.

• (i) _____ sie auch ein Geschenk für ihn?

○ Ja, sie (j) _____ ihm einen Stadtplan von New York. Lustig, oder?

wohnen

planen

heißen

arbeiten

kommen aus

studieren

spielen

3. Herr Kaufmann ist neu in der Firma. Was erzählt er über sich? Finden Sie das richtige Verb und bilden Sie Sätze.**

a) ich – Achim Kaufmann. _____

b) aus Hannover – meine Frau und ich _____

c) schon 20 Jahre – wir – in Stuttgart _____

d) für Daimler – meine Frau – als Programmiererin _____
_____

e) in Paris und London – unsere Kinder _____

f) wir – gern Tennis _____

4. Schreiben Sie einen kleinen Text über Sabine Schneider.

Sie heißt …

Name: Schneider
Vorname: Sabine
Wohnort: Berlin
Ehemann: Rolf Schneider
Hobbys: gern Filme sehen,
viel Sport treiben,
Spanisch sprechen

Das Verb

Perfekt

Vergangenheit: Perfekt

Form

Präsensform von **haben** oder **sein** + **Partizip Perfekt**

	haben/sein	Partizip Perfekt
ich	habe	gehört
	bin	gekommen
du	hast	gehört
	bist	gekommen
er, sie, es	hat	gehört
	ist	gekommen
wir	haben	gehört
	sind	gekommen
ihr	habt	gehört
	seid	gekommen
sie/Sie	haben	gehört
	sind	gekommen

§ Bildung des Partizips Perfekt, S. 14

❗ **haben** und **sein** sind hier Hilfsverben.
Wie man sie benutzt, ist auch im Plusquamperfekt (S. 20) und im Konjunktiv II (S. 55) wichtig.

Wann benutzt man *haben* und wann benutzt man *sein* im Perfekt?

Perfekt mit *haben*	Perfekt mit *sein*
▎für die meisten Verben	▎Verben der Bewegung ohne Akkusativobjekt
Ich habe nichts gehört. *Du hast gearbeitet.* *Sie haben viel gelernt.*	*Er ist weit gefahren.** *Ich bin schnell gegangen.* *Wir sind oft geschwommen.*
▎Verben mit Akkusativobjekt	▎Verben der Veränderung
Ich habe einen Salat bestellt. *Er hat seinen Onkel gefahren.* *Wir haben Eheringe gekauft.*	*Ich bin aufgewacht.* *Sie ist gestorben.* *Du bist alt geworden.*
▎reflexive Verben	▎die Verben **sein** und **bleiben**
Ich habe mich erinnert. *Du hast dich beschwert.* *Wir haben uns gefreut.*	*Sind Sie in Köln gewesen?* *Ja, Wir sind drei Tage dort geblieben.*

*Wenn ein Verb der Bewegung ein Akkusativobjekt bei sich hat, bildet es das Perfekt mit **haben**:
Ich habe meinen Vater ins Krankenhaus gefahren.
Susanne hat einen neuen Rekord geschwommen.

Das Verb

Perfekt

Bildung des Partizips Perfekt:

Regelmäßige Verben heißen auch **schwache Verben**. Sie verändern ihren Stamm nicht. Die meisten deutschen Verben sind regelmäßig.

regelmäßige Verben	unregelmäßige Verben
ge- + Perfektstamm + *-t*	*ge-* + Perfektstamm + *-en*

ge- **stellt man immer direkt vor den Verbstamm:**
suchen → **ge**sucht, hören → **ge**hört, schneiden → **ge**schnitt**en**

Bei Verben mit den folgenden Präfixen steht kein **ge-**:

Unregelmäßige Verben heißen auch **starke Verben**. Sie verändern ihren Stamm.

be-	besuchen → besucht; beraten → beraten
emp-	empfehlen → empfohlen; empfinden → empfunden
ent-	entwurzeln → entwurzelt; entgehen → entgangen
er-	ermüden → ermüdet; erfahren → erfahren
ge-	genügen → genügt; gefallen → gefallen
miss-	misstrauen → misstraut; misslingen → misslungen
ver-	verkaufen → verkauft; verstehen → verstanden
zer-	zerteilen → zerteilt; zerfressen → zerfressen

Grund-, Hilfs- und Modalverben werden meist im Präteritum gebraucht (→ S. 17).

Bei trennbarem Präfix wird **ge-** zwischen das Präfix und den Verbstamm eingeschoben. Viele Präpositionen und Adverbien gehören zu den Präfixen.

ab-, an-, auf-, aus-, bei-, ein-, fern-, fest-, her-, hin-, los-, mit-, stand-, vor-, weg-, zu-, zurück-, zusammen-, ...

Präpositionen, S. 147

aus|suchen – aus|**ge**|sucht, **zu**|hören – zu|**ge**|hört, **ab**|schneiden – ab|**ge**|schnitten

Adverbien, S. 191

Verben mit der Endung **-ieren** im Infinitiv haben kein **ge-** und enden auf **-t**:

stud|ieren → studier**t**, diskut|ieren → diskutier**t**, prob|ieren → probier**t**

trennbare und nicht trennbare Präfixe, S. 37

Gebrauch

■ beim Sprechen in der Alltagssprache für vergangene Handlungen, Vorgänge oder Zustände

Hast du schon gehört? Yannik hat eine Arbeit bei Bosch gefunden.
Ja, ich habe gestern mit ihm telefoniert.
Ist er schon nach Stuttgart umgezogen?

■ beim Schreiben von persönlichen oder halbformalen Texten, z. B. E-Mails, persönliche Briefe, kurze Mitteilungen

Heute habe ich Ihre Mitteilung wegen des neuen Projekts erhalten.
Ihre E-Mail habe ich an meine Privatadresse weitergeleitet.
Für heute Abend haben wir eine kleine Party geplant. Kommen Sie?

Üben und Anwenden

Perfekt

1. Wie heißt das **Partizip Perfekt**?*

INFINITIV	PARTIZIP	INFINITIV	PARTIZIP
zumachen		ankommen	
laufen		kommen	
besuchen		bekommen	
versuchen		arbeiten	
sagen		bleiben	
sammeln		abholen	
stellen		verlieben	
geben		kritisieren	
studieren		starten	

2. Bilden Sie Sätze im **Perfekt**.**

a) ich / heute / Essen / kochen

_____

b) wir / im Konzert / schöne Musik / hören

_____

c) sie (Sg.) / keinen Parkplatz / finden

_____

d) es / gestern / regnen

_____

e) ich / meine E-Mails / lesen

_____

f) mein Kollege / mit der S-Bahn / zur Arbeit / fahren

_____

g) ich / immer / mit dem Auto / kommen

_____

h) wir / lange vor dem Kino / warten

_____

Die Form von **haben** oder **sein** steht im Satz in Position 2, das Partizip am Ende.

15

Üben und Anwenden

Perfekt

3. Susanne erzählt von ihrem Urlaub. Was hat sie gemacht?
Arbeiten Sie mit der Verbliste ab Seite 296.**

a) der Flug nach Tunesien – dauern – 4 Stunden
___

b) dort – Freunde treffen
___

c) jeden Tag – im Meer – schwimmen
___

d) viele tunesische Gerichte – essen
___

e) zum Essen – Wein – trinken
___

f) einmal – ein Auto – mieten
___

g) die Sahara – gesehen
___

4. **Haben** oder **sein** im Perfekt? Entscheiden Sie!**

a) Wirst du dieses Jahr Vater? (im Mai)
   <u>Ich bin schon im Mai Vater geworden.</u>

b) Spülst du das Geschirr? (vor einer Stunde)
___

c) Fährst du einkaufen? (heute Morgen)
___

d) Bringst du Maria heute in den Kindergarten? (gestern)
___

e) Bleibst du heute Abend zu Hause bei Maria? (letztes Wochenende)
___

f) Interessierst du dich für Tennis? (als Teenager)
___

Das Verb

Präteritum

Vergangenheit: Präteritum

Form

Regelmäßige Verben:

        Präsensstamm + t + Personalendung   (z. B. *sagen*)

Unregelmäßige Verben:

        Präteritumstamm + Personalendung   (z. B. *rufen*)

Mischverben*:

        Präteritumstamm + Personalendung   (z. B. *bringen*)

> ❗ Bei unregelmäßigen Verben sind die 1. und die 3. Person Sg. ohne Endung (= Nullendung).

*Die Stammformen der Mischverben folgen denen der unregelmäßigen Verben. Die 3. Stammform endet aber auf **-t** wie bei den regelmäßigen Verben. → Mehr dazu im Kapitel **Partizip Perfekt**, S. 78.

	Stamm	Endung	Form		Stamm	Endung	Form
Singular							
ich	sag brach	-te	sagte brachte	ich	rief	–	rief
du	sag brach	-test	sagtest brachtest	du	rief	-st	riefst
er sie es	sag brach	-te	sagte brachte	er sie es	rief	–	rief
Plural							
wir	sag brach	-ten	sagten brachten	wir	rief	-en	riefen
ihr	sag brach	-tet	sagtet brachtet	ihr	rief	-t	rieft
sie/Sie	sag brach	-ten	sagten brachten	sie	rief	-en	riefen

Besonderheiten**

Endet der Stamm regelmäßiger Verben auf **-d** oder **-t**, dann fügt man vor der Personalendung ein **-e** ein:

end|en → end**e**te; günd|en → günd**e**te; verwend|en → verwend|**e**te; arbei**t**|en → arbeit**e**te; kos**t**|en → kost**e**te; leis**t**|en → leist**e**te

Besonderheiten wie den e-Einschub finden Sie unter Besonderheiten im Kapitel **Präsens, S. 11.

17

Das Verb

Präteritum

Die Grundverben **sein**, **haben**, **werden**, **bleiben** (→ S. 25) und die **Modalverben** (→ S. 43) benutzt man in der Vergangenheit meist im Präteritum.

Grundverben im Präteritum

Infinitiv	Präteritum	Infinitiv	Präteritum
sein	ich war	können	ich konnte
haben	ich hatte	müssen	ich musste
werden	ich wurde	wollen	ich wollte
bleiben	ich blieb	sollen	ich sollte
		dürfen	ich durfte

Gebrauch

▎in formalen oder offiziellen Texten, z. B. Protokollen, Geschäftsbriefen, Zeitungsartikeln oder auch in Märchen und Romanen

Am Meeting nahmen Herr Maier, Frau Sendler und Herr Schultheiß teil. (Protokoll)
Vor zwei Wochen beschwerten wir uns über den schlechten Service in Ihrem Hotel. (formaler Brief)
Der etwa 20 Jahre alte Mann stahl seinem Opfer Bargeld und Wertpapiere. (Zeitungsartikel)
Hänsel und Gretel wohnten mit ihren Eltern in einem kleinen Haus im Wald. (Märchen)

▎in äußerst formalen Situationen auch beim Sprechen, z. B. bei einem Vorstellungsgespräch oder bei einer Rede vor Publikum

Zuerst bot man mir eine Stelle im Einkauf an, danach kam ich in den Vertrieb. (Vorstellungsgespräch)
Schon in jungen Jahren plante unser Geburtstagskind seine Zukunft: Es meldete sich in der Ballettschule an, kaufte Tanzschuhe und übte täglich viele Stunden. (Rede)

Üben und Anwenden

Präteritum

1. Welche Wörter passen zusammen? Verbinden Sie Infinitiv mit passendem **Präteritum** und bestimmen Sie die Form!**

Beispiel: sagen → sagtet = 2. Person Plural

a) sagen	schrieb	f) bleiben	fragte
b) schreiben	kam	g) geben	glaubten
c) denken	sagtet	h) arbeiten	bliebt
d) kommen	arbeitete	i) fragen	gabst
e) glauben	dachtest		

2. Paul berichtet von seinem 60. Geburtstag. Schreiben Sie die Sätze!**

a) mein bester Freund / kam / schenkte / und / mir / eine Flasche Wein

_____

b) mein Sohn Paul / eine Rede / hielt

_____

c) Birgit und Bernd / danach / ein Geburtstagslied / sangen

_____

d) gab / es / am Ende / viel Applaus

_____

e) wir / dann / feierten / viele Stunden

_____

f) ich / sehr glücklich / war

_____

3. Setzen Sie das Verb im **Präteritum** ein.***

Einmal **(a)** _____ ich einen Termin in einer Firma. Man **(b)** _____ mir, dass ich um 14.00 Uhr kommen solle. Doch als ich dorthin **(c)** _____, **(d)** _____ niemand da. Ich **(e)** _____ aber, dass dort mehr als 400 Personen **(f)** _____. Wo **(g)** _____ sie nur? Dann **(h)** _____ ich einen Mann vom Security Service. Er **(i)** _____ sehr wütend und **(j)** _____ mir: Es **(k)** _____ einen Probealarm. Alle Mitarbeiter **(l)** _____ sich auf dem Parkplatz.

der Probealarm = der Testalarm

haben
schreiben
kommen
sein
wissen
arbeiten
sein
sehen
schauen
erklären
geben
versammeln

Das Verb

Plusquamperfekt

Vergangenheit: Plusquamperfekt

Form

Präteritum von *haben* oder *sein* + Partizip Perfekt

Wer das Plusquamperfekt nicht korrekt gebraucht, macht keinen dramatischen Fehler. Meistens kann man auch das Perfekt benutzen.

	haben/sein	Partizip Perfekt
ich	hatte	gehört
	war	gekommen
du	hattest	gehört
	warst	gekommen
er, sie, es	hatte	gehört
	war	gekommen
wir	hatten	gehört
	waren	gekommen
ihr	hattet	gehört
	wart	gekommen
sie/Sie	hatten	gehört
	waren	gekommen

Zeitstrahl, S. 10

Konjunktionen, die häufig mit dem Plusquamperfekt im Nebensatz auftreten, sind: **nachdem**, **als**.

Zur Verwendung von **haben** und **sein** im Plusquamperfekt gelten dieselben Regeln wie im **Perfekt** (→ S. 13).

Gebrauch

Das Plusquamperfekt benutzt man vor allem beim Schreiben. Mit dem Plusquamperfekt macht man deutlich, dass etwas in der Vergangenheit noch vor einem anderen Ereignis in der Vergangenheit passierte. Häufig steht ein Ereignis im Hauptsatz und das andere Ereignis im Nebensatz.

Plusquamperfekt im Nebensatz	Präteritum im Hauptsatz
Als sie die Hoffnung schon aufgegeben hatte,	*bekam sie doch noch ein Baby.*

Plusquamperfekt im Hauptsatz	Präteritum im Nebensatz
Sie hatte die Hoffnung auf ein Baby schon aufgegeben,	*als sie plötzlich doch noch schwanger wurde.*

Plusquamperfekt im Hauptsatz	Präteritum im Hauptsatz
Sie hatte in den letzten Monaten viel an ihn gedacht.	*Da stand er plötzlich an ihrer Haustür und klingelte.*

Üben und Anwenden

Plusquamperfekt

1. Setzen Sie die fehlenden Verbformen ein.*

Präsens	Perfekt	Plusquamperfekt
Er fährt.	Er ist gefahren.	Er war gefahren.
	Es hat gegeben.	
		Wir hatten gehört.
Du kommst.		
	Ich habe gesehen.	

2. Schreiben Sie Sätze im **Plusquamperfekt** (E 1) und **Präteritum** (E 2).**

Ereignis 1 — **Ereignis 2**

a) Nachdem / er / Bier trinken — nach Hause gehen

_____

b) Als / sie / neue Stelle finden — ein Auto kaufen

_____

c) Da / wir / alle Sehenswürdigkeiten sehen — zurück ins Hotel fahren

_____

d) Das Fest / enden — bevor die Eltern / kommen

_____

e) Als / ich / das Auto / waschen — der Regen / beginnen

_____

abgeben = etwas einer anderen Person oder Institution geben

3. Ergänzen Sie die Verben im **Plusquamperfekt**.***

a) Als ich zum Frühstück kam, _____ alle schon _____.

b) Als ich den S-Bahnhof erreichte, _____ die Bahn _____.

c) Im Hörsaal merkte ich, dass ich meine Unterlagen _____ _____.

d) Später stellte ich fest, dass ich mein Geld zu Hause _____ _____.

e) Am Abend fiel mir ein, dass ich meine Hausarbeit nicht _____ _____.

abgeben

liegen lassen

essen

abfahren

vergessen

Das Verb

Futur I und II

Zukunft: Futur I

Form

werden + Infinitiv

ich	werde	schlafen
du	wirst	schlafen
er, sie, es	wird	schlafen
wir	werden	schlafen
ihr	werdet	schlafen
sie/Sie	werden	schlafen

Das Futur I steht normalerweise für ein Ereignis in der Zukunft. Anstelle des Futur I benutzt man aber häufig das Präsens mit einer Zeitangabe: Nächste Woche beginnt mein Deutschkurs.

Gebrauch

▪ für eine Prognose, eine Intention oder ein Versprechen

Am Wochenende wird wieder die Sonne scheinen.
Nach dem Urlaub werde ich eine Diät machen.
Nie wieder werde ich versuchen, das Auto selbst zu reparieren.

Vollendete Zukunft: Futur II

Form

werden + Partizip Perfekt + Infinitiv *haben* **oder** *sein*

ich	werde	geschlafen haben
du	wirst	geschlafen haben
er, sie, es	wird	geschlafen haben
wir	werden	geschlafen haben
ihr	werdet	geschlafen haben
sie/Sie	werden	geschlafen haben

Das Futur II benutzt man selten, da es sehr umständlich klingt. Stattdessen benutzt man das Perfekt:
In wenigen Stunden werde ich dich abgeholt haben.
→ *In wenigen Stunden habe ich dich abgeholt.*

Gebrauch

▪ wenn wir ein Geschehen in der Zukunft als abgeschlossen betrachten

Morgen um 18.00 wird das Flugzeug schon gelandet sein.

▪ für eine Vermutung über ein Geschehen in der Vergangenheit

Er wird das Hotel wohl schon gebucht haben.

Üben und Anwenden

Futur I und II

1. **Futur I**: Setzen Sie die richtige Form von **werden** ein.**

So rette ich meine Firma

Wenn ich endlich Firmenboss **(a)** _____, **(b)** _____ alles ganz anders werden. Alle Mitarbeiter **(c)** _____ dann natürlich morgens schon um 8.00 Uhr mit der Arbeit beginnen. Gratis Kaffee **(d)** _____ es natürlich nicht mehr geben. Wir **(e)** _____ ohne Pause bis abends arbeiten. Wer das nicht mag, **(f)** _____ seine Stelle verlieren. Natürlich **(g)** _____ die Firma viel mehr produzieren. Wir **(h)** _____ mehr verkaufen. Man **(i)** _____ meinen Namen in allen Zeitungen lesen. Ich **(j)** _____ natürlich viele Interviews geben. Alle **(k)** _____ mich bewundern. Unser Profit **(l)** _____ weiter steigen. Die Banken **(m)** _____ mit meinem Geld arbeiten. Dadurch **(n)** _____ noch mehr Leute Arbeit bekommen. So **(o)** _____ ich nicht nur meine Firma retten, sondern die ganze Welt!

der Mitarbeiter, - = Person, die in einer Firma arbeitet.

2. Prognose (P), Intention (I) oder Versprechen (V)? Was bedeutet das **Futur I** in den folgenden Sätzen?***

a) Wählt mich, dann werde ich die Steuern senken! → _V_
b) Heute Abend werden wir ein Gewitter bekommen. → ____
c) Ich werde noch bis 18.00 Uhr im Büro arbeiten. → ____
d) Es wird alles gut gehen! → ____
e) Nächstes Jahr werde ich in Paris studieren. → ____
f) Jetzt werde ich erst eine Tasse Tee trinken. → ____
g) Auch in diesem Jahr wird es schwere Tornados geben. → ____
h) Weihnachten werde ich dir einen Pullover schenken. → ____

die Steuer, -n = Geld, das jede Person und jede Firma dem Staat zahlen muss: Einkommensteuer, Mehrwertsteuer, Gewerbesteuer ...

23

Üben und Anwenden

Futur I und II

3. Was wird Susanne am Ende ihres Urlaubs erlebt haben? Bilden Sie Sätze im **Futur II** und im **Perfekt**.***

a) den Eiffelturm sehen → Sie wird den Eiffelturm gesehen haben.
Sie hat dann den Eiffelturm gesehen.

b) mit der Metro fahren _____

c) nach Montmartre gehen _____

d) Sacre Coeur besichtigen _____

e) Croissants essen _____

f) den Louvre besuchen _____

g) viel französischen Rotwein trinken _____

erledigen = etwas zu Ende bringen

4. Was werden Sie bis morgen Abend erledigt haben? Bilden Sie Sätze im **Futur II**.**

a) Koffer packen
Ich werde meine Koffer gepackt haben.

b) zum Flughafen fahren _____

c) am Gate einchecken _____

die Maschine, -n = hier: Flugzeug

d) mit der Maschine nach Namibia fliegen _____

e) auf der Lodge ankommen _____

f) meine Freunde Peter und Heidi begrüßen _____

g) ein wunderbares Abendessen genießen _____

Das Verb

Grundverben

Grundverben

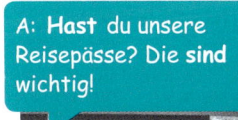

A: **Hast** du unsere Reisepässe? Die **sind** wichtig!

B: Wozu b**rauchen** wir die? An der Grenze **wird** nicht mehr kontrolliert.

A: Ich habe meinen Pass extra verlängern **lassen**.

B: Also gut, wenn du **magst**, halte ich auf dem nächsten Parkplatz.

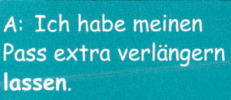

Grundverben sind die Verben, die im Deutschen besonders wichtig sind, weil sie oft verwendet werden. Hier finden Sie eine Auswahl.

Einige Grundverben sind die Hilfsverben **haben, sein** und **werden**. Sie „helfen", bestimmte Zeitformen zu bilden. Hilfsverben können aber auch ganz normal als Vollverben gebraucht werden.

Auch die Verben **brauchen, mögen, bleiben, wissen** und **lassen** benutzt man besonders häufig. Deshalb sollte man sie besonders gut lernen.

> Grundverben werden meist im Präsens oder Präteritum gebraucht.

> Diese Verben sind sehr wichtig!

Das Grundverb *haben*

Form

		Präsens	Präteritum
Singular	ich	habe	hatte
	du	hast	hattest
	er, sie, es	hat	hatte
Plural	wir	haben	hatten
	ihr	habt	hattet
	sie/Sie	haben	hatten

Perfekt	ich habe gehabt
Plusquamperfekt	ich hatte gehabt
Futur I	ich werde haben
Futur II	ich werde gehabt haben
Konjunktiv I	ich habe
Konjunktiv II/Präsens	ich hätte
Konjunktiv II/Vergangenheit	ich hätte gehabt
Imperativ	Hab! – Habt! – Haben Sie!

25

Das Verb

Grundverben

Bildung des Perfekts und des Plusquamperfekts, S. 13, S. 20

Gebrauch

■ als Hilfsverb, um das Perfekt oder das Plusquamperfekt zu bilden

*Vor acht Jahren habe ich meinen Mann kennen gelernt.
Nachdem er schon zweimal geklingelt hatte, öffnete seine Frau endlich.*

■ als Vollverb zusammen mit einem Substantiv oder Adverb

*Ich habe eine gute Nachricht für dich!
Ich habe dich lieb!*

Am besten lernen Sie feste Verbindungen, indem Sie jeden Ausdruck laut sprechen.

■ als Teil einer festen Verbindung

*Angst haben vor: Er hat keine Angst vor Spinnen.
viel zu tun haben: Im Moment habe ich viel zu tun.*

Das Grundverb *sein*

Form

		Präsens	**Präteritum**
Singular	ich	bin	war
	du	bist	warst
	er, sie, es	ist	war
Plural	wir	sind	waren
	ihr	seid	wart
	sie/Sie	sind	waren

Nicht verwechseln: ihr **seid** (Verb **sein**), aber: **seit** gestern (Präposition **seit**)

Perfekt	ich bin gewesen
Plusquamperfekt	ich war gewesen
Futur I	ich werde sein
Futur II	ich werde gewesen sein
Konjunktiv I	ich sei
Konjunktiv II/Präsens	ich wäre
Konjunktiv II/Vergangenheit	ich wäre gewesen
Imperativ	Sei! – Seid! – Seien Sie!

Gebrauch

■ als Hilfsverb, um mit einem Verb der Bewegung das Perfekt, Plusquamperfekt oder um das Zustandspassiv zu bilden

Victor ist heute schon um 12.00 Uhr zu uns gekommen. (Perfekt)
Er war einkaufen gefahren, bevor er zu uns kam. (Plusquamperfekt)
Die Tür ist geschlossen. (Zustandspassiv)

26

Das Verb

Grundverben

- als Teil einer festen Verbindung

  schuld sein an: Ich war nicht schuld an diesem Unfall.

- als Vollverb zusammen mit einem Substantiv, Adjektiv oder einer Zahl

  Er ist Programmierer. (mit Substantiv), *Er ist schon 30 Jahre!* (mit Zahl)
  Du bist heute so schön! (mit Adjektiv)

- **sein + zu + Infinitiv** ersetzt oft ein Passiv mit Modalverb:

  Die Reparatur kann nicht in drei Stunden geschafft werden.
  Die Reparatur ist nicht in drei Stunden zu schaffen.

💡 Berufsbezeichnungen stehen im Deutschen ohne vorausgehenden Artikel.

💡 **sein + zu + Infinitiv** wird oft beim Sprechen gebraucht.

Das Grundverb *werden*

Form

		Präsens	**Präteritum**
Singular	ich	werde	wurde
	du	wirst	wurdest
	er, sie, es	wird	wurde
Plural	wir	werden	wurden
	ihr	werdet	wurdet
	sie/Sie	werden	wurden

Perfekt	ich bin geworden
Plusquamperfekt	ich war geworden
Futur I	ich werde werden
Futur II	ich werde geworden sein
Konjunktiv I	ich werde
Konjunktiv II/Präsens	ich würde
Konjunktiv II/Vergangenheit	ich wäre geworden
Imperativ	Werde! – Werdet! – Werden Sie!

❗ Benutzt man **werden** als Hilfsverb, z. B. im Passiv, heißt das Partizip nur **worden**, nicht **geworden**: *Im Juni ist der neue Präsident gewählt worden.*

§ Futur I, S. 22
Passiv, S. 49
Konjunktiv II, S. 55

Gebrauch

- als Hilfsverb, um Passiv, Futur I oder Konjunktiv II zu bilden

  Ende Juni wird der neue Bundespräsident gewählt. (Passiv)
  Du wirst mich noch kennen lernen! (Futur I)
  Ich würde gern bleiben, aber ich habe einen Termin. (Konjunktiv II)

- als Vollverb zusammen mit einem Substantiv, Adverb oder einer Zahl

  Claudia Schiffer wurde durch Karl Lagerfeld ein Star. (Substantiv)
  Wenn der Lärm nicht endet, werde ich verrückt. (Adjektiv)
  Unser Geburtstagskind wird heute 60 (Jahre). (Zahl)

Üben und Anwenden

Grundverben

1. Bilden Sie Sätze im **Präteritum** oder im **Perfekt**.**

Sprechen Sie laut, was Sie geschrieben haben. Das hilft beim Lernen.

a) Präsens: Ich werde nächstes Jahr 50.

Präteritum: Letztes Jahr _____

b) Präsens: Wir haben Lust zu tanzen.

Perfekt: _____

c) Präsens: Es ist ein weiter Weg bis Kanada.

Perfekt: _____

d) Präsens: In Stuttgart wird demonstriert.

Perfekt: _____

e) Präsens: Ihr habt nicht genug Zeit.

Präteritum: _____

2. Formen Sie die Sätze um und verwenden Sie das **Präteritum**.**

a) Ich bin zu Hause. Gestern Abend _war ich zu Hause._

b) Ich **habe** Hunger. Heute Morgen _____

c) Das **ist** mir egal. _____

d) Das **ist** kein Problem. _____

e) Das **ist** ganz einfach. _____

f) Es **ist** schon zu spät. Nach dem Kino _____

g) Ich **habe** viel zu tun. Gestern _____

3. Verwenden Sie die richtige Form von **haben**, **sein** oder **werden**.***

- Dein Garten (a) _____ dieses Jahr besonders schön. (b) _____ du jetzt einen Gärtner?

○ Nein, du (c) _____ es nicht glauben: Mein Mann (d) _____ jetzt Rentner. Und er (e) _____ ein Gartenbuch. Nun denkt er, er (f) _____ ein Gartenprofi. Ich (g) _____ darüber sehr glücklich.

- (h) _____ er vielleicht Interesse, meinen Garten zu machen?

○ Das (i) _____ eine interessante Idee. Andere Leute haben auch schon gefragt. Vielleicht (j) _____ mein Mann Rentner-Gärtner.

Üben und Anwenden

Grundverben

4. Verwenden Sie die Form von **haben**, **sein** und **werden** im Konjunktiv II.***

a) Du informierst mich nicht!

<u>Ich hätte dich informiert!</u>

b) Du hast das Fenster nicht geöffnet.

_____

c) Du bist spät dran!

_____

d) Dein Freund ist erst jetzt nach Hause gekommen!

_____

e) Midori wird in Deutschland arbeiten.

_____

f) Im Dezember wird es früh dunkel.

Im Juni _____

g) Du hast mir nur einmal geholfen.

_____

h) Nie hast du Zeit für mich!

_____

i) Mein Mann wird jetzt Taxifahrer.*

_____

*Berufe stehen ohne Artikel: *Ich bin Bäcker.*

j) Das ist wirklich nett.

_____

k) Er hatte heute einen tollen Tag.

_____

Das Verb

Grundverben

Die Grundverben *brauchen, mögen, bleiben, wissen, lassen*

Formen im Präsens

Nur das Verb **brauchen** ist regelmäßig. Die anderen Verben hier werden unregelmäßig konjugiert. Lernen Sie ihre Formen besonders gut.

		brauchen	mögen	bleiben	wissen	lassen
Singular	ich	brauche	mag	bleibe	weiß	lasse
	du	brauchst	magst	bleibst	weißt	lässt
	er, sie, es	braucht	mag	bleibt	weiß	lässt
Plural	wir	brauchen	mögen	bleiben	wissen	lassen
	ihr	braucht	mögt	bleibt	wisst	lasst
	sie	brauchen	mögen	bleiben	wissen	lassen

Weitere Formen

In Süddeutschland verwendet man oft **bräuchte** als Konjunktiv II. Das ist grammatisch aber nicht korrekt.

Präteritum	Perfekt	Konjunktiv II
ich brauchte	ich habe gebraucht	ich brauchte
ich mochte	ich habe gemocht	ich möchte
ich blieb	ich bin geblieben	ich bliebe
ich wusste	ich habe gewusst	ich wüsste
ich ließ	ich habe gelassen	ich ließe

*Das Partizip von **brauchen** heißt in zusammengesetzten Zeiten **brauchen**: *Das hätte er nicht zu tun brauchen.*

Gebrauch von *brauchen*

brauchen + Substantiv = das ist nötig

Frauen brauchen immer neue Schuhe.
Bei diesem schönen Wetter braucht man keinen Regenschirm.

Das geht nicht:
~~brauchen + Verb~~
Du brauchst kommen.
Alternative:
müssen + Verb:
Du musst kommen.

brauchen + nicht (+ zu) + Verb* = das ist nicht nötig

Du brauchst mir nicht (zu) helfen. Ich schaffe das alleine.
Wir brauchen heute nicht in die Schule (zu) gehen.

Gebrauch von *mögen*

möchten ist der Konjunktiv II von **mögen**.

mögen als Vollverb + Substantiv oder Personalpronomen = gernhaben

Ich mag rote Rosen. Ich mag dich sehr.
Er mag die Farbe Rot nicht.

mögen als Modalverb + Verb = Vermutung oder höflicher Wunsch

Da magst du Recht haben. (Vermutung = *Du hast vielleicht Recht.*)
Ich möchte heute ins Restaurant gehen. (höflicher Wunsch)

30

Das Verb

Grundverben

Gebrauch von *bleiben*

bleiben + Ortsangabe = nicht weggehen

*Mit so einem Schnupfen bleibst du heute besser zu Hause.
Wir sind vier Wochen in Schweden geblieben.*

bleiben + Substantiv, Adjektiv, Verb = seinen Zustand/etw. nicht ändern

*Die Handschuhe sind hier liegen geblieben.
Bleib tapfer!*

> **stehen bleiben, sitzen bleiben, liegen bleiben** benutzt man beim Sprechen sehr oft:
> *„Stehen bleiben oder ich schieße!", rief der Polizist.*

Gebrauch von *wissen*

wissen + Substantiv oder Nebensatz = im Gedächtnis haben, sicher sein

*Ich weiß jetzt endlich die Lösung für das Problem.
Er weiß, was dieser Tag für ihn bedeutet.*

wissen + **zu** + Infinitiv = die Fähigkeit haben

*Eine Frau weiß sich immer zu helfen.
Dieser Mann weiß gut zu leben.*

kennen oder *wissen*?

kennen hat mehr die Bedeutung „etwas ist bekannt, weil ich es gesehen/gehört/gefühlt habe". Man kann jemanden oder etwas **kennen**, z.B. den Weg, den Ort, den Kollegen, die Pflanzen und Tiere, die Bedeutung, ...

wissen hat mehr die Bedeutung „etwas gelernt/im Kopf haben", z.B. Fakten. **wissen** verwendet man gern mit einem Nebensatz:
Ich weiß nicht, was „Taxi" auf Türkisch heißt.

Gebrauch von *lassen*

lassen als Modalverb + Infinitiv = in Auftrag geben, veranlassen

*Mein Mantel war schmutzig. Ich habe ihn reinigen lassen.
Früher ließ der Chef seine Sekretärin den Kaffee kochen.*

lassen als Vollverb + Infinitiv = erlauben

Er lässt seine Frau nicht mit dem neuen Auto fahren.

lassen als Vollverb = den Zustand nicht ändern

Am besten lassen wir alles, wie es ist.

> Wenn man **lassen** mit einem weiteren Verb verwendet, heißt das Partizip Perfekt **lassen**, nicht **gelassen**.

> **lassen** braucht immer ein Akkusativobjekt. Sonst wird es reflexiv benutzt.

Üben und Anwenden

Grundverben

1. Was **brauchen** oder **mögen** diese Personen?*

a) Unsere Deutschlehrerin _____ ein neues Deutschbuch, denn im alten Buch fehlen einige Seiten.

b) Ich _____ das neue Grammatikbuch sehr, denn die Erklärungen sind ganz einfach.

c) Die deutsche Nationalelf _____ in jedem Spiel einen neuen Fußball. Das ist die Regel.

d) Wer viele Kinder hat, _____ gute Nerven.

e) Mein Freund und ich _____ französischen Wein, weil der so gut schmeckt.

f) Jeder Deutsche _____ einen Personalausweis.

g) Nach dieser Übung _____ ich eine Pause, weil ich so kaputt bin.

2. **kennen** oder **wissen**? Welches Wort passt?**

a) _____ du meinen Kollegen Martin?

b) _____ Sie Paris?

c) _____ Sie, wie spät es ist?

d) _____ du meine Telefonnummer?

e) _____ Sie Albert Einstein? Nein, aber ich _____ dass er der wohl wichtigste Physiker war.

f) Hast du _____, dass Einstein wie ich in Ulm geboren wurde?

g) Mein Großvater hat seine Eltern nicht _____.

3. Schreiben Sie Sätze mit **lassen**.**

sitzen lassen
lass
verlängern lassen
lässt
liegen lassen
reinigen lassen
lasst

a) Dein Reisepass ist abgelaufen. Du musst ihn _____ _____.

b) _____ die Katze in Ruhe! Sie will schlafen.

c) Mein Mantel ist schmutzig. Ich muss ihn _____ _____.

d) Ich habe meine Tasche in der S-Bahn _____ _____.

e) Bitte _____ die Kinder nicht so lange fernsehen. Sie müssen morgen früh aufstehen.

Üben und Anwenden
Grundverben

f) _____ du mich mit deinem Auto fahren, Papa?

g) Manuel hat seine Frau nach 25 Jahren Ehe einfach _____ _____.

4. Ergänzen Sie die Verben im **Präteritum**.**

Ich **(a)** ___ (sein) schon einen Monat in Deutschland und **(b)** _____ (mögen) dieses Land sehr. Aber eine Sache **(c)** _____ (mögen) ich nicht: die Mülltrennung. Ich **(d)** _____ (wissen) nämlich nicht, in welchen Mülleimer jedes Teil meines Mülls gehörte. Zu meinem Glück **(e)** _____ (haben) ich eine Broschüre. Darin **(f)** _____ (sein) die Mülltrennung genau beschrieben.

Nach einer Woche fiel mir das Sortieren schon leichter. Doch leider **(g)** _____ (bleiben) mein gelber Sack auf der Straße stehen. Ich **(h)** _____ (wissen) nicht, warum die Müllabfuhr ihn stehen **(i)** _____. Stattdessen klingelte der Hausmeister an meiner Tür. Er **(j)** _____ (sein) sehr zornig. Ich **(k)** _____ (wissen) nicht, was er sagte. Immer wieder zeigte er auf einen Briefumschlag im gelben Sack. Da verstand ich: Der Papierumschlag **(l)** _____ (haben) im gelben Sack nichts zu suchen. Und zur Strafe für den Ärger musste ich 10,00 EUR an den Hausmeister zahlen.

33

Das Verb

Verben mit Vokalwechsel

Verben mit Vokalwechsel

Der Text ist aus einem Märchen der Brüder Grimm. Es heißt „Der Froschkönig".

Beim Spielen war die goldene Kugel der Königstochter in den Brunnen gefallen. „Was **gibst** du mir, wenn ich dein Spielzeug wieder heraufhole?", fragte der Frosch. „**Nimm** alle meine Perlen und Edelsteine", antwortete die Königstochter. Doch der Frosch wollte lieber am Tisch mit der Prinzessin **essen** und in ihrem Bett **schlafen**.
Da war guter Rat teuer.

Die Verben mit Vokalwechsel gehören zu den unregelmäßigen Verben. Sie haben im Infinitiv ein **e**, **a**, **au** oder **o** im Stamm, zum Beispiel *nehmen*, *fahren*, *laufen* oder *stoßen*.

Diese Verben sind unregelmäßig. Deshalb sollte man immer vier Formen lernen: Infinitiv (*nehmen*), 2. Pers. Sg. (*du nimmst*), 1. Pers. Prät. (*ich nahm*), 1. Pers. Sg. Perf. (*ich habe genommen*).

So ändert sich der **Stammvokal** im **Präsens**:

Stammvokal	e → i/ie	a → ä	au → äu
	geben	fahren	laufen
2. Person Sing.	→ du g**i**bst	→ du f**ä**hrst	→ du l**äu**fst
3. Person Sing.	→ er g**i**bt	→ er f**ä**hrt	→ er l**äu**ft

Die Konjugation in den anderen Personalformen bleibt regelmäßig.

Form

Präsens

Nur einige Verben mit **e** oder **a** im Stamm gehören zu den Verben mit Vokalwechsel. Man kann im Infinitiv nicht erkennen, welche Verben das sind.

	nehmen	geben	fahren	laufen	stoßen
ich	nehme	gebe	fahre	laufe	stoße
du	nimmst	gibst	fährst	läufst	stößt
er, sie, es	nimmt	gibt	fährt	läuft	stößt
wir	nehmen	geben	fahren	laufen	stoßen
ihr	nehmt	gebt	fahrt	lauft	stoßt
sie/Sie	nehmen	geben	fahren	laufen	stoßen

Das Verb

Verben mit Vokalwechsel

Beispiele: **e → i/ie**

befehlen	→ er befiehlt	nehmen	→ er nimmt
brechen	→ er bricht	schmelzen	→ er schmilzt
empfehlen	→ er empfiehlt	sehen	→ er sieht
erschrecken	→ er erschrickt	stechen	→ er sticht
essen	→ er isst	stehlen	→ er stiehlt
fressen	→ er frisst	sterben	→ er stirbt
geben	→ er gibt	treten	→ er tritt
helfen	→ er hilft	verderben	→ er verdirbt
lesen	→ er liest	vergessen	→ er vergisst
messen	→ er misst	werfen	→ er wirft

Auch wenn man diese Verben mit Präfix benutzt, bildet das Verb die 2. und 3. Pers. Sing. mit Vokalwechsel:
zunehmen → er nimmt zu
abbrechen → er bricht etwas ab

Beispiele: **a → ä**

backen	→ er bäckt	lassen	→ er lässt
blasen	→ er bläst	raten	→ er rät
fahren	→ er fährt	schlafen	→ er schläft
graben	→ er gräbt	schlagen	→ er schlägt
fangen	→ er fängt	tragen	→ er trägt
halten	→ er hält	waschen	→ er wäscht

s-Ausfall in der 2. Person Singular Präsens, z. B. *du isst, du stößt, du bläst* → S. 11

Beispiele: **au → äu**

| laufen | → er läuft | saufen | → er säuft |

Beispiel: **o → ö**

| stoßen | → er stößt |

Üben und Anwenden

Verben mit Vokalwechsel

1. Welche Form stimmt?*

a) Viele Menschen _____ gern Pizza.

   1) esse   2) essen   3) isst

b) Rosas Baby _____ sehr wenig.

   1) schläft   2) schlaft   3) schläfst

c) _____ du Tee oder Kaffee?

   1) nehmt   2) nimmst   3) nehmen

d) Ich _____ langsam.

   1) spricht   2) sprecht   3) spreche

e) Wann _____ du endlich den Text?

   1) lese   2) liest   3) lest

f) Warum _____ Peter nach Hause?

   1) läuft   2) laufe   3) läufst

g) Nie _____ du mir!

   1) hilft   2) hilfst   3) helfe

2. Bilden Sie erst einen Aussagesatz, dann eine Frage mit **wollen**.***

a) ich – das Deutschbuch lesen

   <u>Ich lese das Deutschbuch. Willst du auch das Buch lesen?</u>

b) Herr Santos – das Konzert mit Joe Cocker sehen

   _____

c) wir – das Fußballspiel gegen Brasilien sehen

   _____

d) meine Frau – die Handtücher waschen

   _____

e) wir – das Auto waschen

   _____

f) Frau Merkel – nach Paris fahren

   _____

g) meine Eltern – in die Stadt fahren

   _____

Das Verb

Trennbare und nicht trennbare Verben

Trennbare und nicht trennbare Verben

A: Es ist schon 21.00 Uhr. Was **hast** du **vor**?

B: Ich gehe **einkaufen**.

C: **Bringst** du eine Grillwurst und Bier **mit**? Meine Kollegen **kommen** nachher noch **vorbei**.

Ein Präfix verändert die Bedeutung eines Verbs. Man kann die neue Bedeutung nicht immer sofort verstehen.

Bedeutung der einzelnen **Präfixe**, S. 268

Einige Verben mit Präfix kann man trennen, andere nicht.

| trennbar | *__auf__hören – ich höre __auf__* |
| nicht trennbar | *__be__suchen – ich __be__suche* |

Verben mit Präfix als neues Wort lernen!

Form

1. Die Präfixe aus **Gruppe 1** sind **nicht trennbar**. Zu dieser Gruppe 1 gehören ausschließlich:

   | be- | emp- | ent- | er- | ge- | miss- | ver- | zer- |

   Präfixe aus Gruppe 1 sind keine Wörter; sie können nicht alleine stehen. Deshalb kann man sie nicht trennen. Sie werden beim Sprechen nicht betont.

2. Die Präfixe aus **Gruppe 2** sind meist Präpositionen und Adverbien und deshalb vom Verb **trennbar**. Zu dieser Gruppe 2 gehören zum Beispiel:

   | ab- | an- | auf- | aus- | bei- | ein- | fest- | her- |
   | hin- | los- | mit- | vor- | weg- | zu- | zurück- | zusammen- |

   Präfixe aus Gruppe 2 sind auch Wörter, die alleine stehen können. Deshalb kann man sie trennen. Sie werden beim Sprechen betont.

3. Die Präfixe aus **Gruppe 3** können **trennbar oder nicht trennbar** sein. Trennbare Präfixe behalten meistens ihre Bedeutung; die Betonung des Wortes liegt dann auf dem Präfix, z. B. *__um__fahren* (= etwas beim Fahren zu Fall bringen).

37

Das Verb

Trennbare und nicht trennbare Verben

Nicht trennbare Präfixe bilden zusammen mit dem Verb eine neue Bedeutung. Die Wortbetonung liegt dann nach dem Präfix, z. B. **um**<u>fah</u>ren (= um etwas herumfahren).

Zu dieser Gruppe gehören zum Beispiel:

| durch- | hinter- | über- | um- | unter- | voll- | wider- | wieder- |

Die betonte Silbe ist bei den Verben in den Beispielsätzen jeweils unterstrichen, das Präfix ist fettgedruckt.

Satzbau, S. 226 §

Gebrauch

Nicht trennbare Verben konjugiert man nach den Regeln der Verben ohne Präfix.

*Ich **be**<u>su</u>che/**be**<u>such</u>te meine Eltern.* (Präsens und Präteritum)
*Ich habe meine Eltern **be**<u>sucht</u>.* (Perfekt)
*Ich habe geplant, meine Eltern zu **be**<u>su</u>chen.* (Infinitivkonstruktion)
*Es ist lange her, dass ich meine Eltern **be**<u>such</u>te.* (Nebensatz)

Trennbare Verben stellen das Präfix im Präsens und Präteritum an das Ende des Hauptsatzes. In Nebensätzen steht das Verb in letzter Position als ein Wort.

*Britta kauft/kaufte im Outletcenter **ein**.* (Präsens und Präteritum)
*Britta hat letztes Wochenende im Outletcenter **ein**gekauft.* (Perfekt)
*Britta hat geplant, im Outletcenter **ein**zukaufen.* (Infinitivkonstruktion)
*Es ist lange her, dass Britta im Outletcenter **ein**kaufte.* (Nebensatz)

Die **Bildung des Partizips Perfekt** folgt bei Verben mit Präfix einer besonderen Regel:

Gruppe 1
Man stellt kein **ge-** vor das Verb.
besuchen → besucht   entkommen → entkommen   zerreißen → zerrissen
erteilen → erteilt   verfahren → verfahren

Gruppe 2
ge- wird direkt hinter dem Präfix eingefügt.
wegfahren → weggefahren   aussuchen → ausgesucht
mitkommen → mitgekommen

Gruppe 3
Ist das Präfix nicht trennbar, folgt man der Regel für die Verben aus Gruppe 1: Es wird kein **ge-** vorangestellt. Das Präfix wird beim Sprechen nicht betont.
umfahren → umfahren   widersprechen → widersprochen

Ist das Präfix trennbar, folgt man der Regel für die Verben aus Gruppe 2 und **ge-** wird hinter dem Präfix eingefügt. Das Präfix wird beim Sprechen betont.
umfahren → umgefahren   widerspiegeln → widergespiegelt

Üben und Anwenden

Trennbare und nicht trennbare Verben

1. Ordnen Sie die Verben rechts nach trennbaren und nicht trennbaren Verben und bilden Sie die 2. Person Singular Präsens.*

trennbar	2. Pers. Sing.	nicht trennbar	2. Pers. Sing.

einkaufen
aufhören
besuchen
vorhaben
mitkommen
verteilen
empfehlen
bestellen
zulassen
vergleichen
bezahlen
entscheiden
zerstören
zurückfahren
hinfallen

2. Was machen Studenten? Bilden Sie Sätze im **Präsens**.**

a) eine Vorlesung besuchen

   Sie besuchen eine Vorlesung.

b) sich mit dem Professor besprechen

c) eine Hausarbeit vorbereiten

d) ihre Abschlussarbeit vorstellen

e) jedes Semester Studiengebühren bezahlen

3. Bilden Sie Sätze im **Perfekt**.**

a) Das Kino / um 19.00 Uhr / anfangen

   Das Kino hat um 19.00 Uhr angefangen.

b) Wann / du / deine Eltern / besuchen

c) Peter / Ulrike / zum Essen / einladen

d) Herr Müller / nicht / sich hinsetzen

39

Das Verb

Der Imperativ

Der Imperativ

A: Martina, **schreib** heute bitte das Protokoll von unserem Meeting.

B: Ach, Herr Schramm, Sie sind schon da! **Kommen Sie** doch herein!.

C: Jan und Yvonne, bitte **holt** doch das Flipchart für die Präsentation.

Der Imperativ ist die **Befehlsform**. Wir benutzen sie für einen Befehl oder eine Bitte, also wenn wir wollen, dass jemand tut, was wir sagen. Der Imperativ steht im Satz in Position 1.

Komm sofort zu mir!
Hören Sie bitte zu.

Nach einem Befehl setzt man ein Ausrufezeichen („!"), aber nicht nach einer Bitte.

Es gibt **vier verschiedene Formen** für den Imperativ. Welche Form wir benutzen, hängt davon ab, zu wem wir sprechen:

Form

1. **Imperativ Singular**: Wir sprechen zu einer Person, die wir duzen. Das kann eine Person aus der Familie sein, ein Freund, Kind oder ein Kollege.

*Man kann ein **-e** an den Stamm hängen. Das klingt aber meist altmodisch oder sehr formal.
Schreibe schöner!
Hole mir einen Stift!*

Imperativform = **Präsensstamm (+ -e)***

Präsensstamm, S. 10

Infinitiv	2. Pers. Sg. Präsens	Imperativ
kommen	du kommst	komm!
fahren	du fährst	fahr(e)!
essen	du isst	iss!
reden	du redest	red(e)!
aufräumen	du räumst auf	räum auf!

2. **Imperativ Plural**: Wir sprechen zu Personen, die wir duzen. Das können die Eltern oder Geschwister sein, Freunde, Kinder oder Kollegen.

Das Verb

Der Imperativ

Imperativform = **Präsensstamm + -t**

Infinitiv	Imperativ
kommen	kommt!
fahren	fahrt!
essen	esst!
reden	redet!
aufräumen	räumt auf!

💡 Endet der Stamm auf **-d** oder **-t**, dann hängt man ein **-e** an.
Reite vorsichtig!
→ e-Einschub, S. 11

3. **Höflicher Imperativ**: Wir sprechen zu einer oder mehreren Personen, die wir siezen. Das können Fremde sein, Respektspersonen oder Personen, die uns nicht nahestehen.

Imperativform = **Präsensstamm + -en + Sie**

Infinitiv	Imperativ
kommen	kommen Sie!
fahren	fahren Sie
essen	essen Sie
reden	reden Sie!
aufräumen	räumen Sie auf!

❗ Für schnelle, wichtige Befehle kann man bei trennbaren Verben das Partizip Perfekt benutzen:
Zugehört!
Aufgepasst!

❗ Bei den Verben mit Vokalwechsel **e → i** wird der Imperativ vom Präsensstamm der 2. Pers. Singular abgeleitet:
geben – gib!

4. **Wir-Imperativ**: Wir fordern uns und eine andere oder mehrere Personen auf, etwas zu tun.

Imperativform = **Präsensstamm + -en + wir**

Alternative: **lass uns/lasst uns/lassen Sie uns + Verb**

Infinitiv	Imperativ
gehen	gehen wir! – lass/lasst/lassen Sie uns gehen!
fahren	fahren wir! – lass/lasst/lassen Sie uns fahren!
essen	essen wir! – lass/lasst/lassen Sie uns essen!
reden	reden wir! – lass/lasst/lassen Sie uns reden!
aufräumen	räumen wir auf! – lass/lasst/lassen Sie uns aufräumen!

duzen = wir sagen **du**

siezen = wir sagen **Sie** zu einer oder mehreren Personen

Gebrauch

▌ für eine **Aufforderung**. Meist benutzt man mit dem Imperativ die Partikeln **bitte, doch** und **mal**, damit die Aufforderung nicht so streng klingt. Auch weitere Ergänzungen können dabeistehen (Personen, Orts- oder Zeitangaben).

Komm (doch bitte) nach Hause! Hören Sie mir (doch/mal bitte) zu!

▌ für einen **Wunsch** an andere

Bleib gesund! Komm gut heim! Sorge dich nicht!

💡 Trennbare Verben muss man im Imperativ trennen. Das Präfix kommt ans Ende des Satzes.

§ **Modalpartikeln**, S. 258

41

Üben und Anwenden

Der Imperativ

1. Ergänzen Sie die Formen.**

Infinitiv	Imperativ Sg. duzen	Imperativ Pl. duzen	Imperativ siezen
hören	hör(e)!	hört!	hören Sie!
kommen		kommt!	
	gib!		
			sagen Sie!
aufmachen			

2. Sagen Sie höflich im Imperativ Singular, was Sie möchten.**

a) Hier ist es so heiß. (Fenster öffnen)
   Öffne doch bitte das Fenster!

b) Ich habe Durst. (etwas zu trinken geben)

c) Die Musik ist so laut. (leiser stellen)

d) Ich habe Kopfschmerzen. (Tablette geben)

e) Mein Auto ist kaputt. (reparieren lassen)

3. Bilden Sie den Imperativ von **Verben mit Präfix**.**

a) du – deine Eltern – besuchen
   Besuch(e) deine Eltern!

b) du – heute – einkaufen

c) ihr – euer Zimmer – aufräumen

d) Sie – Protokoll – laut vorlesen

e) du – deine Suppe – aufessen

Das Verb

Modalverben

Modalverben

A: Guten Tag, **kann** ich bei Ihnen einen Flug nach Paris buchen?

B: Natürlich, wann **wollen** Sie fliegen?

A: Ich **möchte** nächsten Freitag starten und **will** mit meinem Mann ein romantisches Wochenende verbringen.

B: **Darf** ich Ihnen sofort zwei Tickets reservieren?

Modalverben gehören zu den Hilfsverben. Man verwendet sie meist zusammen mit einem Vollverb, das man ans Satzende stellt. Ein Modalverb drückt aus, wie die Handlung ist: Ist sie erlaubt, verboten oder notwendig, ein Wunsch oder eine Empfehlung?

Peters Vater kann Auto fahren.
(Das ist **möglich**, denn er hat es gelernt.)

Peter darf Rad fahren, aber er darf nicht Auto fahren.
(Er ist erst 16 Jahre. Rad fahren ist **erlaubt** in diesem Alter, aber Auto fahren ist **verboten**.)

Peters Mutter soll mehr Auto fahren.
(Das **empfiehlt** ihr Mann.)

Peters Großvater will kein Auto mehr fahren.
(Das ist sein **Wunsch**, denn er fühlt sich zu alt.)

Form

Modalverb + Verb im Infinitiv in letzter Position des Hauptsatzes

Präsens

	können	müssen	dürfen	wollen	sollen
ich	kann	muss	darf	will	soll
du	kannst	musst	darfst	willst	sollst
er/sie/es	kann	muss	darf	will	soll
wir	können	müssen	dürfen	wollen	sollen
ihr	könnt	müsst	dürft	wollt	sollt
sie/Sie	können	müssen	dürfen	wollen	sollen

Alle Modalverben sind unregelmäßige Verben. Lernen Sie ihre Formen sorgfältig.

43

Das Verb

Modalverben

Modalverben besitzen keine Imperativformen.

Präteritum

	können	müssen	dürfen	wollen	sollen
ich	konnte	musste	durfte	wollte	sollte
du	konntest	musstest	durftest	wolltest	solltest
er/sie/es	konnte	musste	durfte	wollte	sollte
wir	konnten	mussten	durften	wollten	sollten
ihr	konntet	musstet	durftet	wolltet	solltet
sie/Sie	konnten	mussten	durften	wollten	sollten

Die Modalverben verwendet man selten im Perfekt.

Perfekt

Das Perfekt wird mit **doppeltem Infinitiv** gebildet:

Du <u>hast</u> für das Examen viel <u>lernen müssen</u>.
Er <u>hat</u> nur draußen <u>rauchen dürfen</u>.

Oft kann man das Vollverb weglassen: Ich kann heute nicht (kommen).

Gebrauch

können

Möglichkeit

In einer Bar kann man Cocktails trinken.
Im Sommer kann man auf den Straßen viele Fahrradfahrer sehen.

Fähigkeit

Meine Mutter konnte sehr gut Klavier spielen.
Hunde können nicht sprechen.

Erlaubnis

Wir haben leider nicht vor dem Haus parken können.
Kann meine Tochter diesen Kinofilm sehen?

etwas geschieht vielleicht (subjektiver Gebrauch)

Es kann heute noch anfangen zu regnen.
Die Gäste können jeden Moment kommen.

müssen

Pflicht

*müssen kombiniert man gern mit **unbedingt**. Das macht die Bedeutung stärker.*

Ich muss schon um 7.00 Uhr beim Arzt sein.
Du musst mir unbedingt helfen!

Notwendigkeit

Ich muss das Protokoll heute noch schreiben.
Berlin müssen Sie sehen, wenn Sie Deutschland besuchen.

Das Verb

Modalverben

Gewissheit, hohe Wahrscheinlichkeit (subjektiver Gebrauch)

Das muss richtig sein.
Der 1. Mai muss dieses Jahr ein Sonntag sein.

Etwas ist wünschenswert (nur im Konjunktiv II; Synonym: sollen)

Ich müsste mal wieder Urlaub machen.
Wir müssten gesünder essen.

nicht müssen wird oft durch **nicht brauchen zu** ersetzt:
Du brauchst nicht auf mich zu warten. (= *Du musst nicht auf mich warten.*)

dürfen

Erlaubnis

Vom 29.12. bis Silvester dürfen die Geschäfte Feuerwerk verkaufen.
Im Alter von 18 Jahren darf man Schnaps kaufen.

Verbot (nur bei Negation)

In Gaststätten darf man seit 01.01.2008 nicht mehr rauchen.
Wenn die Ampel Rot zeigt, darf man nicht über die Straße gehen.

höfliche Frage (nur in der 1. Person Singular und Plural)

Darf ich Sie etwas fragen?
Dürfen wir Sie am Samstag besuchen?

hohe Wahrscheinlichkeit (subjektiver Gebrauch im Konjunktiv II)

Die Reparatur dürfte 250,00 EUR kosten.
Bis Köln dürften es 400 Kilometer sein.

wollen

Plan, fester Wille

Wir wollten München schon lange besuchen.
Am Samstag will ich den Rasen mähen.

Oft kann man das Vollverb weglassen:
Er will nächstes Jahr nach Kanada (gehen, fahren, fliegen).
Ich will nicht (essen).

Unbewiesene Behauptung (subjektiver Gebrauch)

Er will den Marathon in weniger als drei Stunden gelaufen sein.
Meine Nachbarin will den Einbrecher gesehen haben.

sollen

Aufforderung, Empfehlung für ein bestimmtes Verhalten*

Mein Mann soll jede Woche zweimal schwimmen gehen, sagt der Arzt.
Wir sollen am Flughafen den Bus nehmen, empfiehlt der Reiseführer.

Zweifel, Ratlosigkeit (in Fragesätzen)

Was sollen wir jetzt nur machen?
Wie sollen wir das bezahlen?

*Hier hat man die Wahl. Oft auch im Konjunktiv II. Das ist höflicher:
Sie sollten weniger Fett essen.

45

Üben und Anwenden

Modalverben

1. Antworten Sie!**

a) Hast du jetzt den Führerschein? (Auto fahren können)

   <u>Ja, ich kann Auto fahren.</u>

b) Ist Peter wieder gesund? (Fußball spielen dürfen)

   Ja, _____

c) Trinkt ihr ein Bier? (heute kein Bier wollen)

   Nein danke, _____

d) Ist deine Kamera wieder repariert? (fotografieren können)

   Ja, _____

e) Machst du eine Diät? (abnehmen müssen)

   Ja, _____

f) Bezahlst du das Essen (heute wollen)

   Ja, _____

2. Emily, das Wunderkind. Setzen Sie das Modalverb im **Präteritum** in der richtigen Form ein!**

Als Emily geboren wurde, **(a)** _____ (können) sie schon alle Farben erkennen. Sie **(b)** _____ (wollen) auch immer Musik von Mozart hören. Ihre Eltern **(c)** _____ (können) es nicht glauben. Im Alter von einem Jahr **(d)** _____ (können) sie schon sprechen. Ihre Mutter **(e)** _____ (müssen) Emily viele Geschichten vorlesen. Emily **(f)** _____ (wollen) sogar fernsehen, aber das **(g)** _____ (dürfen) sie natürlich noch nicht. Im Alter von zwei Jahren **(h)** _____ (können) sie schon Zahlen schreiben. Ein Jahr später **(i)** _____ (wollen) sie selbst lesen und rechnen. Also **(j)** _____ (dürfen) Emily schon mit vier Jahren in die Schule gehen und **(k)** _____ (können) mit 12 Jahren ihr Abitur machen. Nun soll sie Informatik studieren.

Üben und Anwenden
Modalverben

3. Setzen Sie das passende Modalverb ein.***

a) Hier ist ein Spielplatz. Da _____ man langsam fahren.

b) Auf der Autobahn _____ man schnell fahren.

c) Hier geht es nach rechts. Man _____ nicht links abbiegen.

d) Hier gibt es nur einen Weg neben der Straße. Fahrradfahrer und Fußgänger _____ sich diesen Weg teilen.

e) In einer Einbahnstraße _____ man nur in eine Richtung fahren.

f) Am Taxistand _____ nur Taxis parken.

g) In der Stadtmitte _____ man oft ein Parkhaus finden.

h) Da hinten ist eine Tankstelle. Da _____ man tanken.

i) In eine Einbahnstraße _____ man nicht rückwärts einfahren.

j) Auf einem Fahrradweg _____ nur Fahrräder fahren.

k) Im Überholverbot _____ man nicht überholen.

4. Vom Präteritum ins **Perfekt**.***

a) Heute Nacht konnte ich nicht schlafen.

<u>Heute Nacht habe ich nicht schlafen können.</u>

b) Erst musste ich den Streit der Nachbarn hören.

_____

c) Dann musste ich etwas trinken.

_____

d) Danach wollte ich etwas lesen.

_____

e) Aber ich konnte mein Buch nicht finden.

_____

f) Also wollte ich aufstehen.

_____

g) Doch ich durfte ja nicht laut sein.

_____

Üben und Anwenden

Modalverben

h) Denn die Kinder sollten nicht aufwachen.
___

i) Ich konnte trinken und mein Buch holen.
___

j) Ich musste nur ein paar Seiten lesen.
___

k) Dann konnte ich endlich einschlafen.
___

5. Finden Sie unten den passenden Dialogteil und ergänzen Sie ein passendes Modalverb.***

a) Fahren wir nächsten Sommer zum Wandern ins Allgäu?
→ 1)

b) Wann kommt Andreas von seiner Geschäftsreise zurück?
→ ___

c) Soll ich dir das E-Mail von der Firma Fricatherm weiterleiten?
→ ___

d) Was macht Brigitte eigentlich im Krankenhaus?
→ ___

e) Machst du bitte den Fernseher aus? Es ist schon Mitternacht.
→ ___

f) Marla hat sich heute beim Schwimmen erkältet. Ihre Nase läuft.
→ ___

1) Ja gern, aber ich ____kann____ nicht so gut wandern.

2) Gute Idee, dann _____ ich es sofort beantworten.

3) Ich denke, dann _____ du mit ihr zum Arzt gehen.

4) Nur noch 10 Minuten, bitte. Ich _____ den Film zu Ende sehen.

5) In zwei Tagen. Natascha _____ ihn vom Flughafen abholen.

6) Sie _____ ihr Knie operieren lassen.

Das Verb

Das Passiv

Das Passiv

A: Wie hast du diesen Kuchen gemacht?

B: Erst **wird** der Teig zubereitet. Dann wird das Obst gewaschen.

A: **Kann** dafür eine Maschine **benutzt werden?**

B: Nein, das **wurde** in meiner Familie immer von Hand **gemacht**.

Das Passiv wird von den Deutschen oft benutzt.

Das Passiv kann man immer von Verben bilden, die ein Akkusativobjekt bei sich haben können, z. B. *sehen, kaufen, geben.*

Formen und Gebrauch von **werden**, S. 27

In Passivsätzen werden Personen, Sachen oder Gegenstände, denen etwas geschieht, zum grammatischen Subjekt. Dadurch werden sie stärker betont und deshalb wichtiger.

Form

eine Form von **werden** + Partizip Perfekt

	Präsens	Präteritum
ich	werde gesehen	wurde gesehen
du	wirst gesehen	wurdest gesehen
er, sie, es	wird gesehen	wurde gesehen
wir	werden gesehen	wurden gesehen
ihr	werdet gesehen	wurdet gesehen
sie/Sie	werden gesehen	wurden gesehen

eine Form von **sein** + Partizip Perfekt + **worden**

	Perfekt	Plusquamperfekt
ich	bin gesehen worden	war gesehen worden
du	bist gesehen worden	warst gesehen worden
er, sie, es	ist gesehen worden	war gesehen worden
wir	sind gesehen worden	waren gesehen worden
ihr	seid gesehen worden	wart gesehen worden
sie/Sie	sind gesehen worden	waren gesehen worden

Passiv im **Futur I**:
Ich werde operiert werden.
Diese Zeit wird durch das Präsens + Zeitangabe ersetzt:
Ich werde morgen operiert.
Futur II: wird praktisch nicht benutzt:
Ich werde operiert worden sein.

Achten Sie besonders darauf, wann die Deutschen das Passiv benutzen. Überlegen Sie, warum es benutzt wird!

Das Verb

Das Passiv

1. Passivsätze mit Subjekt

So bildet man aus einem Satz im Aktiv einen Satz im Passiv:

Satz im Aktiv	Satz im Passiv
Objekt im Akkusativ	→ wird zu Subjekt im Nominativ
Subjekt im Nominativ	→ wird gestrichen <u>oder</u>
	→ wird mit **von** + Dativ angegeben

> **werden** ist hier ein Hilfsverb. Deshalb heißt das Partizip **worden**. Das Partizip des Vollverbs **werden** ist **geworden**.

                            Subjekt   Akk.-Objekt

Präsens Aktiv: <u>Der Fachmann</u> installiert <u>das Programm</u>.

                            Subjekt   **von** + Dativ

Präsens Passiv: <u>Das Programm</u> wird (<u>vom Fachmann</u>) installiert.

Präteritum Passiv: Das Programm wurde (vom Fachmann) installiert.
Perfekt Passiv: Das Programm ist (vom Fachmann) installiert worden.
Plusquamperfekt Passiv: Das Programm war (vom Fachmann) installiert worden.

> Ist **man** das Subjekt im Aktivsatz, wird es im Passivsatz nicht wieder aufgenommen.
> Aktivsatz: *Man befragte Passanten.*
> Passivsatz: *Passanten wurden befragt.*

2. Passivsätze ohne Subjekt

Aktivsätze **ohne Akkusativobjekt** haben kein Subjekt im Passivsatz. Deshalb benutzt man einen Trick: Das Wort **es** übernimmt die grammatische Funktion des Subjekts, hat aber keine Bedeutung.

Aktivsatz: *Man darf hier sonntags nicht fahren.*
Passivsatz: *Es wird hier sonntags nicht gefahren.*
Besser: *Sonntags wird hier nicht gefahren.*

> Manchmal wird **es** in Position 1 verwendet, obwohl ein Subjekt folgt. Das ist schlechter Stil!
> Aktiv: *Nachts darf man keinen Alkohol verkaufen.*
> Passiv: *Es wird einem nachts kein Alkohol verkauft.*
> Besser: *Nachts wird kein Alkohol verkauft.*

3. Passiv mit Modalverben

Präsens: *Ich kann gesehen werden.*
Präteritum: *Ich konnte gesehen werden.*
Perfekt: *Ich habe gesehen werden können.*
Plusquamperfekt: *Ich hatte gesehen werden können.*

Benutzt man das Passiv Perfekt mit einem Modalverb im Nebensatz, stehen am Satzende vier Verben hintereinander. Das konjugierte Verb steht dabei vor den anderen Verben:

Ich habe mir heute frei genommen, weil meine Waschmaschine <u>hat</u> <u>repariert</u> <u>werden</u> <u>müssen</u>.

> Oft kann man **Passiv + Modalverb** ersetzen durch **Verbstamm + -bar**.
> *Die Milch kann nicht mehr getrunken werden. – Die Milch ist nicht mehr trinkbar.*

4. Zustandspassiv

Aktiv: *Ich wasche deine Jeans.*
Passiv: *Deine Jeans <u>werden</u> <u>gewaschen</u>.*
Zustandspassiv: *Deine Jeans <u>sind</u> <u>gewaschen</u>.*

Das Verb

Das Passiv

Aktiv: *Peter zerbrach den Teller.*
Passiv: *Der Teller wurde zerbrochen.*
Zustandspassiv: *Der Teller war zerbrochen.*

Das Zustandspassiv bildet man aus einer Form von **sein + Partizip Perfekt**. Es bezeichnet das Ergebnis einer Handlung. Man fragt nach dem Zustandspassiv: Wie ist das Ergebnis/der Zustand?

> Das Zustandspassiv gebraucht man nur im Präsens und Präteritum.

5. Passiv mit Infinitivkonstruktion

Man kann einen dass-Satz im Passiv zum Infinitivsatz umformen, wenn sein Subjekt identisch ist mit dem Subjekt im Hauptsatz.

Mein Mann hofft, dass er nächstes Jahr befördert wird.
Mein Mann hofft, nächstes Jahr befördert zu werden.

> Das Perfekt von Verben der Bewegung wird ebenfalls mit **sein** + Partizip Perfekt gebildet. Frage: Was geschieht? Dies sind jedoch keine Passivformen.
> *Er ist gegangen.*
> → S. 13

6. Alternativen zum Passiv

Wenn man kein Passiv verwenden will, kann man auch einen Satz mit dem Pronomen **man** konstruieren.

Man baut hier ein neues Wohngebiet.
(statt: *Hier wird ein neues Wohngebiet gebaut.*)

Gebrauch

▌ In einem Passivsatz liegt die Betonung auf dem Verb; das bedeutet: Die Handlung oder der Vorgang ist wichtig, nicht die Person.

Erst wird das Programm installiert.
Dann wird der Computer neu hochgefahren.

▌ Manchmal kann man das Subjekt nicht nennen, weil es nicht bekannt ist, oder man möchte es nicht nennen.

Ein anonymer Brief wurde der Polizei geschickt.
In der Nacht zum 1. Mai wurde die Stadtmauer mit Graffiti besprüht.
Bei der Demonstration wurde ein Mann getötet.
Bei der Installierung wurde ein Fehler gemacht.

▌ Das Zustandspassiv drückt das Ergebnis einer Handlung oder eines Vorgangs aus. Es gibt keine Person, die handelt.

Dieses Problem ist endlich gelöst.
Das Mittagessen ist zubereitet.

Üben und Anwenden

Das Passiv

1. Vom **Aktiv** ins **Passiv**: Bilden Sie Sätze. Achten Sie auf die richtige Zeit!**

a) Der Manager beobachtet den Praktikanten.

   Der Praktikant wird beobachtet.

b) Der Sicherheitsdienst entdeckt den Einbrecher.

   Der Einbrecher _____

c) Die Sekretärin gibt mir meine Flugtickets.

   Die Flugtickets _____

d) Der Hotelgast bezahlt seine Rechnung morgen.

   Die Rechnung _____

e) Man hat meinen Geschäftswagen gestohlen.

   _____

f) Der Abteilungsleiter hat letzten Monat neue Software gekauft.

   _____

g) Das Reisebüro reserviert die Zimmer im Hotel.

   _____

2. Bilden Sie das Passiv im **Präteritum** und **Perfekt**: Was ist letztes Jahr in der Firma *Successiv* passiert?**

a) Eröffnung einer neuen Niederlassung

   Eine neue Niederlassung wurde eröffnet.

   Eine neue Niederlassung ist eröffnet worden.

b) Kauf von neuen Maschinen

   _____

   _____

c) Einstellung neuer Mitarbeiter

   _____

   _____

d) Ernennung eines Geschäftsführers

   _____

   _____

Üben und Anwenden
Das Passiv

e) Einrichtung einer Kantine

f) Wahl eines Betriebsrats

g) Verlegung der Buchhaltung

h) Einsatz eines Sicherheitsdienstes

i) Installation neuer Software

3. Eine Künstlerin erzählt von ihrem Tag. Bilden Sie Sätze im Passiv mit dem Modalverb **müssen**.***

a) Farben mischen: _Die Farben müssen neu gemischt werden._
b) täglich das Atelier reinigen: ____
c) neue Ausstellung organisieren: ____
d) Ideen skizzieren: ____
e) Malkurse planen: ____
f) Bilder verkaufen: ____
g) Fortbildungen besuchen: ____
h) Fachbücher lesen: ____

Üben und Anwenden

Das Passiv

4. Passiv total: Übertreiben Sie und setzen Sie alle Sätze ins Passiv, wo es grammatisch möglich ist.***

Hänsel und Gretel ganz modern

mobben = Kollegen schikanieren, um sie vom Arbeitsplatz zu vertreiben.

die Brotkrume, -n = Krümel, kleine Stücke Brot, die beim Essen herunterfallen oder übrig bleiben.

der Lebkuchen, - = ein schweres, süßes Gebäck, das man in Deutschland vor allem zur Weihnachtszeit isst.

kidnappen = entführen

Vor vielen Jahren lebten zwei Teenager mit ihren Eltern im tiefen Wald. Besonders die Stiefmutter akzeptiere die Kinder nicht. Heute würde man sagen: Die Stiefmutter mobbte die Kinder. Sie wollte deshalb die Kids endlich loswerden. Das hörten sie. Darum beschlossen sie wegzulaufen. Sie sammelten einige Brotkrumen des Abendessens. In der Nacht liefen sie in den Wald. Dabei streuten sie Brotkrumen auf den Weg. Dann warteten sie im Wald, bis die Stiefmutter bessere Laune hatte. Doch sie konnten den Rückweg mithilfe der Brotkrumen nicht finden. Die Waldtiere hatten alles gefressen. Was konnten sie tun? Sie gingen tiefer in den Wald. Dann entdeckten sie ein Haus aus Lebkuchen!

Natürlich aßen sie das leckere Backwerk. Eine Frau öffnete die Tür. Und dann kidnappte sie die Kinder. Doch alles endete gut, denn das Mädchen war nicht dumm und trickste die Alte aus.

Der Konjunktiv

> Hier steht, Minister Weiß **habe** ein Nummernkonto in der Schweiz. Dort **sei** etwa eine Million Euro **angelegt worden**. Man **habe** es **herausgefunden**, als er mit einem Geldkoffer aus der Schweiz **gekommen sei**.
>
> Nie **hätte** ich **geglaubt**, dass Herr Weiß Schwarzgeld besitzt. Wenn ich ein so wichtiges Amt **hätte**, **würde** ich nichts Illegales **tun**.

Der Konjunktiv ist die **Möglichkeitsform** und das Gegenstück zum Indikativ, der Wirklichkeitsform.

Es gibt zwei Möglichkeitsformen: den Konjunktiv I und den Konjunktiv II.

Indikativ:
Er schreibt. (Indikativ Präsens)
Er hat geschrieben. (Indikativ Perfekt)
Er wird schreiben. (Indikativ Futur)

Konjunktiv:
Er schreibe. (Konjunktiv I Präsens)
Er schriebe./Er würde schreiben. (Konjunktiv II Präsens)
Er habe geschrieben. (Konjunktiv I Perfekt)
Er hätte geschrieben. (Konjunktiv II Perfekt)
Er werde schreiben. (Konjunktiv I Futur)

Mit dem **Indikativ** drückt man ein Geschehen in der Gegenwart oder Vergangenheit aus oder beschreibt, was man für die Wirklichkeit hält.

Benutzt man den **Konjunktiv**, dann wechselt man die Perspektive und drückt aus, was man gehört oder gelesen hat, glaubt, wünscht, rät oder was fiktiv ist.

Die Konjugation von **sollen** folgt den Formen von **wollen**.

Beim Sprechen verwendet man die Formen von **haben** und **sein** meist im Konjunktiv II.

Welches Verb die Vergangenheit mit **haben** oder **sein** bildet, Kapitel **Perfekt**, S. 13

Es gibt nur eine Vergangenheitsform im Konjunktiv I: das Perfekt. Sätze im Präteritum ersetzt man durch das Perfekt im Konjunktiv I.

Das Verb

Der Konjunktiv I

Der Konjunktiv I

Den Konjunktiv I nennt man auch **Konjunktiv der indirekten Rede**. Er zeigt, was eine andere Person gesagt, gedacht oder gemeint hat. Den Konjunktiv I gibt es in drei Formen: Gegenwart, Vergangenheit, Zukunft.

Starke Verben = unregelmäßige Verben. Sie verändern ihren Stammvokal.
Schwache Verben = regelmäßige Verben. Der Stammvokal bleibt in allen Zeiten gleich.

Form

Gegenwart (Präsens)

Präsensstamm + e + Personalendung

	starke Verben (*sehen*)	schwache Verben (*suchen*)	Hilfsverb *haben*	Hilfsverb *sein*
ich	sehe*	suche*	habe*	sei
du	sehest	suchest	habest	sei(e)st
er, sie, es	sehe	suche	habe	sei
wir	sehen*	suchen*	haben*	seien
ihr	sehet	suchet	habet	seiet
sie/Sie	sehen*	suchen*	haben*	seien

*-e nach dem Präsensstamm fällt hier weg. Man hätte sonst zweimal -e.

In der Umgangssprache benutzt man statt Konjunktiv I meist **würde** + Infinitiv.

Form

Vergangenheit (Perfekt)

eine Form von **haben** oder **sein** im Konjunktiv 1 + **Partizip Perfekt**

Ist die Form des Konjunktivs I identisch mit der Form des Indikativs, ersetzt man sie durch die Gegenwartsform des Konjunktiv II. In der gesprochenen Sprache benutzt man meist **würde** + Infinitiv.

	starke Verben (*sehen*)	schwache Verben (*gehen*)	Hilfsverb *haben*	Hilfsverb *sein*
ich	habe gesehen	sei gegangen	habe gehabt	sei gewesen
du	habest gesehen	sei(e)st gegangen	habest gehabt	sei(e)st gewesen
er, sie, es	habe gesehen	sei gegangen	habe gehabt	sei gewesen
wir	haben gesehen	seien gegangen	haben gehabt	seien gewesen
ihr	habet gesehen	seiet gegangen	habet gehabt	seiet gewesen
sie/Sie	haben gesehen	seien gegangen	haben gehabt	seien gewesen

indirekte Rede, S. 58

Das Verb

Der Konjunktiv I

Form

Zukunft

eine Form von **werden** im Konjunktiv I + **Infinitiv**

	sehen	haben	sein
ich	werde sehen	werde haben	werde sein
du	werdest sehen	werdest haben	werdest sein
er, sie, es	werde sehen	werde haben	werde sein
wir	werden sehen	werden haben	werden sein
ihr	werdet sehen	werdet haben	werdet sein
sie/Sie	werden sehen	werden haben	werden sein

Den Konjunktiv I kann man auch im Passiv und im Imperativ verwenden.

Passiv im Konjunktiv I

Die Hilfsverben **werden** und **sein**, mit denen man das Passiv bildet, ersetzt man durch die Konjunktiv-I-Form der Verben.
Präsens: Er wird geröntgt. → Er werde geröntgt.
Vergangenheit: Er wurde geröntgt. → Er sei geröntgt worden.

Imperativ im Konjunktiv I

Für eine höfliche Bitte verwendet man **mögen**.
„Schließ bitte die Tür." – Sie sagt, ich möge die Tür schließen.

Für eine Aufforderung bzw. einen Befehl verwendet man **sollen**.
„Räum endlich auf." – Sie sagt, ich solle endlich aufräumen.

Gebrauch

- Der Konjunktiv I wird vor allem für **die indirekte Rede** verwendet
  → siehe dazu nächste Seite.

- Mit dem Konjunktiv I der Gegenwart können außerdem **Ausrufe** oder **Wünsche** formuliert werden:

  Sei gegrüßt! Sie lebe hoch! Er ruhe in Frieden.

- Anleitungen, zum Beispiel in **Kochrezepten**, oder Anweisungen für **Medikamente**, können ebenfalls im Konjunktiv I der Gegenwart stehen:

  Man verrühre alle Zutaten ...
  Man nehme die Tabletten jeweils morgens und abends vor dem Essen.

- Der Konjunktiv I der Gegenwart kommt auch in einigen **festen Redewendungen** vor:

  Komme, was da wolle. – Es sei denn, dass ...

Das Verb

Die indirekte Rede

Die indirekte Rede

Man unterscheidet zwischen direkter und indirekter Rede.
In der **direkten Rede** sagt man genau, was eine Person gesagt hat.

Robert sagt: „Wir wollen heute Abend ins Kino gehen. Kommst du mit?"

Die **indirekte Rede** kann wortgenau oder auch verkürzt wiedergeben, was eine Person gesagt hat. Sie steht im Konjunktiv I.

Robert sagte, dass er heute Abend ins Kino gehen wolle. Er wollte wissen, ob Andrea mitkommen wolle.

So ändert man einen Text in der direkten Rede in die indirekte Rede:

> Beim Sprechen macht man vor dem Beginn der direkten Rede eine kleine Pause, nicht zu Beginn der indirekten Rede:
> *Mutter sagte: (Pause) „Kommt schnell!"*
> *Mutter sagte, dass sie schnell kommen sollten.*

1. Der Satz muss mit einem Verb oder einem Ausdruck des Sagens oder Meinens beginnen:

| denken | meinen | sagen | glauben | behaupten | vermuten |
| der Meinung sein | | der Auffassung sein | darauf bestehen | | … |

Die Polizei vermutet, …
Mein Lehrer war der Meinung, …

2. Die indirekte Rede wird mit **dass** eingeleitet (Aussagesatz), mit **ob** (bei Fragesätzen ohne Fragewort) oder mit einem Fragewort. Das Verb steht in letzter Position.

Der Unternehmer meint, dass der Streik bald beendet sei.
Die Streikenden fragten ihn, ob er das ernst meine.
Die Reporter wollten wissen, wie lange der Streik noch gehe.

3. Die Perspektive des Gesagten ändert sich: **Personalpronomen** und Personalendungen der Verben ändern sich.

> Welches Pronomen man in der indirekten Rede verwendet, hängt davon ab, ob der Schreiber Teil der Gruppe ist oder nicht.

direkte Rede	indirekte Rede	direkte Rede	indirekte Rede
ich	→ sie/er	wir	wir/sie
du	→ du, sie/er	ihr	ihr/sie (Pl.)
Sie (Sg.)	→ ich, er, sie, es	Sie (Pl.)	wir/sie
er, sie, es	→ er, sie, es	sie	sie

Unser Lehrer sagte uns: „Kommen Sie pünktlich zur Prüfung."
Unser Lehrer sagte uns, dass wir pünktlich zur Prüfung kommen sollen.
Der Lehrer fragte die anderen: „Haben (Hätten) Sie eine Idee?"
Der Lehrer fragte die anderen, ob sie eine Idee haben (hätten).
„Könnt ihr für mich Flöte spielen?", fragte unsere Oma.
Oma fragte, ob wir für sie Flöte spielen (spielen würden).
„Yannik und Paul, wollt ihr für mich Flöte spielen?", fragte Oma.
Oma fragte, ob sie für sie Flöte spielen (spielen würden).

Das Verb

Direkte und indirekte Rede im Vergleich

Direkte und Indirekte Rede im Vergleich

direkte Rede	indirekte Rede
mit Anführungszeichen *Martin glaubt: „Heute wird es regnen."*	keine Anführungszeichen *Martin glaubt, dass es heute regnen werde.*
keine Konjunktion *Irina sagt: „Die S-Bahn fährt um 8.25 Uhr."* *Sven fragt: „Kommt die S-Bahn pünktlich?"*	meist mit Konjunktion *Irina sagt, dass die S-Bahn um 8.25 Uhr fahre.* *Sven fragt, ob die S-Bahn pünktlich komme.* ohne Konjunktion *Irina sagt, die S-Bahn fahre um 8.25 Uhr.*
Indikativ (Wirklichkeitsform) *Ich wiederholte: „Ich kann nicht kommen."*	Konjunktiv I (Möglichkeitsform) *Ich wiederholte, dass ich nicht kommen könne.*
Verb in Position 2 *Herr Schubert sagt: „Ich gehe auf Geschäftsreise."*	Verb in letzter Position* *Herr Schubert sagt, dass er auf Geschäftsreise gehe.*
Pronomen wird übernommen *Vater sagte: „Ich und du machen eine Reise."* *Sonja fragte: „Hast du Zeit?"*	Pronomen kann sich ändern *Vater sagte, dass er und ich eine Reise machten.* *Sonja fragte, ob ich Zeit habe.*
mit Frage- oder Ausrufezeichen *Martin wollte wissen: „Hast du den Briefträger gesehen?"* *David rief: „Ich habe Angst!"*	ohne Frage- oder Ausrufezeichen *Martin wollte wissen, ob ich den Briefträger gesehen habe.* *David rief, dass er Angst habe.*
Einleitung möglich *(Pia sagt:) „Peter ist krank."*	Einleitung obligatorisch *Pia sagt, dass Peter krank sei.*

*Das Verb steht nur in letzter Position, wenn die indirekte Rede mit einer Konjunktion eingeleitet wird.

Üben und Anwenden

Konjunktiv I und indirekte Rede

1. Setzen Sie die Verben in den **Konjunktiv I** der Gegenwart und der Vergangenheit. Wann ist die Form identisch mit dem Indikativ? Schreiben Sie in diesen Fällen die Formen des Konjunktivs II auf.**

a) ich komme – ich frage – ich weiß _____

b) er schreibt – sie arbeitet – er lässt _____

c) sie sieht – sie sagt – sie kann _____

d) wir bleiben – wir haben – wir sind _____

2. Geben Sie folgende Zitate in der **indirekten Rede** wieder.**

a) Henry Kissinger: „Neue Leute dürfen nicht Bäume ausreißen, nur um zu sehen, ob die Wurzeln noch dran sind."

_____

b) Aldous Huxley: „Wer so tut, als bringe er die Menschen zum Nachdenken, den lieben sie. Wer sie wirklich zum Nachdenken bringt, den hassen sie."

_____

c) Johann Wolfgang von Goethe: „Der Undank ist immer eine Art Schwäche. Ich habe nie gesehen, dass tüchtige Menschen undankbar gewesen wären."

_____

3. Setzen Sie den folgenden Text über Alexander Fleming in die **indirekte Rede.*****

Ein Kollege berichtete: „Wir begannen den Arbeitstag morgens mit einer Diskussion über ein Experiment, das wir durchführen wollten. Jeder trug seine Ansicht vor, und als die Reihe an Fleming kam, sagte er: ‚Versuchen!' Dann begann er zu arbeiten. Um 5 Uhr nachmittags blickte er auf die Uhr und sagte: ‚Tee!' Mit diesen beiden Worten kam er den ganzen Tag aus."

_____

_____

_____

_____

_____

_____

Üben und Anwenden

Konjunktiv I und indirekte Rede

4. Setzen Sie die **Passivsätze** in die **indirekte Rede**.***

Erst wurde ich auf der Autobahn geblitzt. Leider wurde ich von der Polizei sofort zur Kasse gebeten. Dann wurde von ihnen das ganze Auto kontrolliert. Es wurde festgestellt, dass die Hupe kaputt war. Ich wurde von den Polizisten zur nächsten Werkstatt begleitet. Dort wurde die Hupe sofort repariert. Das wurde ein teurer Tag: Erst die Strafgebühr der Polizei und dann die Rechnung der Werkstatt.

Birgit erzählt, dass sie …

61

Das Verb

Der Konjunktiv II

Der Konjunktiv II

Für den Konjunktiv II gibt es je eine Form in der Gegenwart und eine in der Vergangenheit. Man bildet die Form aus dem Stamm des Präteritums.

Form

Gegenwart: Stamm des **Präteritums** + **Personalendung**
Vergangenheit: eine Form von **hätte/wäre** + **Partizip Perfekt**

Änderung des Stammvokals bei unregelmäßigen Verben:
a → ä : sang/sänge
u → ü: fuhr/führe
o → ö: bot/böte

	regelmäßige Verben		unregelmäßige Verben	
	Gegenwart	Vergangenheit	Gegenwart	Vergangenheit
	sagen		**fahren**	
ich	sagte	hätte gesagt	führe	wäre gefahren
du	sagtest	hättest gesagt	führest	wärst gefahren
er, sie, es	sagte	hätte gesagt	führe	wäre gefahren
wir	sagten	hätten gesagt	führen	wären gefahren
ihr	sagtet	hättet gesagt	führet	wäret gefahren
sie/Sie	sagten	hätten gesagt	führen	wären gefahren

Wichtige Verben im Konjunktiv II

*Bildung der Vergangenheit mit **haben** oder **sein**, → S. 13*

Infinitiv	Konjunktiv II/Gegenwart	Konjunktiv II/Vergangenheit
haben	ich hätte	ich hätte gehabt
sein	ich wäre	ich wäre gewesen
werden	ich würde	ich wäre geworden*
mögen	ich möchte	ich hätte gemocht*
können	ich könnte	ich hätte gekonnt*
müssen	ich müsste	ich hätte gemusst*
dürfen	ich dürfte	ich hätte gedurft*
wollen	ich wollte	ich hätte gewollt*
sollen	ich sollte	ich hätte gesollt*
bleiben	ich bliebe	ich wäre geblieben
geben	ich gäbe	ich hätte gegeben
brauchen	ich brauchte	ich hätte gebraucht
wissen	ich wüsste	ich hätte gewusst
lassen	ich ließe	ich hätte gelassen

Der Konjunktiv II in verschiedenen Formen

Konjunktiv II im Passiv

Präsens:
Man ersetzt die Form von **werden** durch **würde**.
Wenn die Stadt genug Geld hat, wird hier eine neue Straße gebaut.
Wenn die Stadt genug Geld hätte, würde hier eine neue Straße gebaut.

Präteritum, Perfekt, Plusquamperfekt:
eine Form von **wäre** + **Partizip Perfekt** + **worden**
Der Wagen wurde nicht repariert, denn es war zu teuer.
Der Wagen wäre repariert worden, wenn es nicht so teuer gewesen wäre.

Konjunktiv II mit Modalverben

Präsens:
Modalverb im Konjunktiv II + Infinitiv
Ich kann nicht schlafen, weil es so laut ist.
Ich könnte tief und fest schlafen, wenn es leise wäre.

Präteritum, Perfekt, Plusquamperfekt:
eine Form von **hätte** + **Infinitiv** + Infinitiv des Modalverbs
Er konnte die Reise nicht buchen, weil er keinen Urlaub bekam.
Hätte er Urlaub bekommen, dann hätte er die Reise buchen können.

Gebrauch

Höflichkeit

Den Konjunktiv II benutzt man, wenn man sehr höflich um etwas bittet.

Würden Sie mir helfen? Dürfte ich Sie kurz stören?
Könnten Sie mir einen Euro für den Einkaufswagen geben?

Bedingung: irreale (Wenn-)Sätze

Der Konjunktiv II beschreibt auch, was möglich wäre, wenn die Umstände oder Bedingungen anders wären. Man spricht oder schreibt über Irreales: was wäre, wenn ...

Wenn ich das Betriebssystem verstehen würde, könnte ich die Software installieren.
Hätten wir einen Garten, dann würde ich einen Pool einbauen.

irrealer Wunsch

Bei einem irrealen Wunschsatz wünscht man sich etwas, was nicht Realität ist, war oder werden kann. Ein Wunschsatz kann mit **wenn** beginnen. Meist ergänzt man die Partikeln **doch**, **bloß**, **nur**.

Ich habe keinen Freund. Wenn ich doch nur einen Freund hätte!
Wenn ich nur besser gelernt hätte, wäre die Prüfung kein Problem!
Hätte ich doch bloß keine Aktien gekauft!

Das Verb

Der Konjunktiv II

irrealer Vergleich

Vergleicht man eine reale Situation mit einer fiktiven Situation, dann steht der Vergleich im Konjunktiv II. Der Vergleich wird mit **als ob**, **als wenn** oder **als** eingeleitet.

Der Himmel sieht so aus, als ob es bald regnen würde.
Du fährst, als wenn du heute das erste Mal Auto fahren würdest.
Deine Fotos sind so gut, als wärst du professionelle Fotografin.

ungläubige Fragen

Man stellt eine Frage im Konjunktiv II, um auszudrücken, dass man die Situation nicht glauben kann.

Würdest du um Mitternacht wirklich schwimmen gehen?
Es ist schon spät. Sollten wir heute wirklich noch einkaufen gehen?

Ratschlag

Für einen höflichen Ratschlag benutzt man gern den Konjunktiv II.

Du hast Kopfschmerzen? Dann solltest du eine Tablette nehmen!
Oder: Ich würde (an deiner Stelle) eine Tablette nehmen.
Du bist müde? Dann sollest du nach Hause gehen.
Oder: Ich würde (an deiner Stelle) nach Hause gehen.

Üben und Anwenden

Der Konjunktiv II

1. Worum würden Sie Ihre Kollegen in den folgenden Situationen **höflich bitten**?***

a) Sie möchten das Wörterbuch Ihres Nachbarn benutzen.

   Könnte ich dein Wörterbuch benutzen?

b) Sie möchten wissen, wo die Post ist.

c) Sie haben einen Zehn-Euro-Schein, brauchen aber Kleingeld.

d) Sie möchten kurz den Stift Ihres Kollegen leihen.

e) Sie haben Ihre Kontaktlinse verloren und können Sie nicht finden.

die Kontaktlinse, -n = Sehhilfe direkt am Auge, die man statt einer Brille trägt

f) Sie müssen einkaufen, haben aber Ihr Geld zu Hause gelassen.

2. Was **wünschen** Sie sich?**

a) Es ist so heiß. (kühler sein)

   Wenn es doch nur kühler wäre!

b) Ich fahre ein altes Auto. (neues haben)

c) Mein Mann ist so dick. (Diät machen)

d) Der Urlaub ist so schön. (nie enden)

e) Die Kinder sind so laut. (leiser spielen)

f) Das Hotelzimmer ist schmutzig. (sauberer sein)

g) Ich verdiene so wenig. (mehr verdienen)

65

Üben und Anwenden

Der Konjunktiv II

3. Setzen Sie das Verb im Konjunktiv II ein. Achten Sie auf die Zeitform.**

a) Wenn du ein Müllmann ____wärst____ (sein), ____würdest____ (werden) du sicher nicht so viel Geld verdienen.

b) Wenn es nach dem Finanzminister _____ (gehen), _____ (müssen) alle Studenten hohe Gebühren bezahlen.

die Gebühr, -en = Geld, das eine staatliche oder offizielle Institution fordert

c) Wenn er letztes Jahr nicht nach Italien _____ (gefahren sein), _____ (haben) er seine Frau nicht kennen gelernt.

d) Wenn ich noch einmal _____ (beginnen können), _____ (werden) ich sicher viele Fehler nicht mehr machen.

e) Wenn Sie berühmt _____ (sein), _____ (werden) Sie sofort nach Beverly Hills ziehen.

f) Wenn er mich endlich in Ruhe _____ (lassen), _____ (können) ich meine Hausarbeiten machen.

g) Wenn du gestern nicht so viel Wein _____ (getrunken haben), _____ (haben) du jetzt keine Kopfschmerzen.

4. Ihre Freundin beklagt sich über ihr Leben. Was **raten** Sie ihr?

a) Ich bin viel zu dick! (abnehmen)***

<u>Ich würde (an deiner Stelle) abnehmen. – Du solltest abnehmen.</u>

b) Mein Haar ist grau! (färben lassen)

_____

die Kondition (nur Sg.) = körperlicher Zustand

c) Ich habe keine gute Kondition. (Sport treiben)

_____

d) Ich arbeite zu viel. (weniger arbeiten)

_____

e) Ich bin nie pünktlich! (den Tag besser planen)

_____

f) Ich bin immer müde! (weniger fernsehen)

_____

Das Verb

Reflexive Verben

Reflexive Verben

> Mein Mann hat **sich** eine Krawatte **gewünscht**.
>
> Nun **ärgere** ich **mich**, weil er sagt, dass er **sich** ein anderes Muster **vorgestellt** hat. Dabei habe ich **mir** so viel **Mühe** beim Aussuchen **gegeben**! Männer können **sich** einfach nicht klar **ausdrücken**!

Einige Verben müssen ein Objekt im Akkusativ bei sich haben. Man nennt sie transitive Verben. Innerhalb dieser Gruppe gibt es die Gruppe der reflexiven Verben:

Echte reflexive Verben haben immer ein Reflexivpronomen bei sich.
Reflexiv verwendete Verben können mit Reflexivpronomen stehen.

Ein **Reflexivpronomen** zeigt an, dass sich die Handlung oder der Vorgang auf das Subjekt bezieht. Als Reflexivpronomen werden – außer bei der 3. Person Sing. und Plural – die Personalpronomen im Akkusativ und Dativ verwendet.

Auf der Autobahn hat <u>sich</u> ein Unfall <u>ereignet</u>.
Kannst <u>du</u> <u>dir</u> bitte die <u>Hände</u> waschen?
<u>Wir</u> <u>ärgern</u> <u>uns</u> nicht mehr über den schlechten Service in Deutschland.

Man kann nicht erkennen, ob ein Verb reflexiv ist. Das muss man lernen.

Form

Reflexivpronomen

Subjekt des Satzes Nominativ	Reflexivpronomen Akkusativ	Reflexivpronomen Dativ
ich	mich	mir
du	dich	dir
er, sie, es	sich	sich
wir	uns	uns
ihr	euch	euch
sie/Sie	sich	sich

Die 3. Person Sing. und Plural haben eine besondere Form: sich.

67

Das Verb

Reflexive Verben

Gebrauch

echte reflexive Verben

Diese Verben stehen immer mit Reflexivpronomen. Man kann es nicht durch ein anderes Objekt ersetzen. Nach anderen Akkusativobjekten kann man mit **Wen?** fragen, nicht nach dem Reflexivpronomen dieser Gruppe.

Ich bedanke mich bei meinem Vater.
Beeil(e) dich, bitte!

reflexiv verwendete Verben

Diese Verben brauchen ein Akkusativobjekt. Das kann ein Reflexivpronomen sein. Nach dem Reflexivpronomen kann man mit **Wen?** fragen.

Ich langweile mich. – Ich langweile meinen Mann mit meinen Ideen.
Beruhige dich, bitte! – Ich beruhige in der Zwischenzeit deinen Vater.

reflexiv verwendete Verben mit Reflexivpronomen im Dativ

Einige reflexiv verwendete Verben können neben dem Akkusativobjekt auch eine Ergänzung im Dativ haben. Nimmt diese Ergänzung Bezug auf das Subjekt, muss das Reflexivpronomen stehen.

Ich nehme mir immer das letzte Stück Kuchen.
Du wäschst dir die Hände.

reflexive Formen als Alternative zum Passiv

a) Einige Verben, die einen Vorgang beschreiben, kann man zusammen mit dem Reflexivpronomen als Alternative zum Passiv verwenden.

Passiv:	Der Toyota wird gut verkauft.
Reflexiv:	Der Toyota verkauft sich gut.
Passiv:	Der Ofen wird automatisch gereinigt.
Reflexiv:	Der Ofen reinigt sich automatisch.

b) **sich lassen** + Infinitiv steht of als Alternative zum Passiv mit dem Modalverb **können**.

Passiv:	Das Auto kann noch einmal repariert werden.
sich lassen + zu:	Das Auto lässt sich noch einmal reparieren.
Passiv:	Die Fenster können gut geputzt werden.
sich lassen + zu:	Die Fenster lassen sich gut putzen.

Üben und Anwenden
Reflexive Verben

1. Katharina und Paul sind in der Oper. Setzen Sie das passende **Reflexivpronomen** im **Akkusativ** ein.**

- Ich amüsiere **(a)** _____. Amüsierst du **(b)** _____ auch gut?
- Ja, ich muss **(c)** _____ bei dir für diesen schönen Abend bedanken.
- Denkst du, wir haben **(d)** _____ gut auf die Oper vorbereitet?
- Ja, mein Vater hat **(e)** _____ im Internet über das Orchester informiert und mir alles erzählt. Und weißt du, was? Dieses Orchester hat gespielt, als meine Freundin und ich **(f)** _____ kennen gelernt haben.
- Du hast **(g)** _____ verliebt? Du hast eine Freundin?
- Ja, aber wundert **(h)** _____ das?
- Äh, nein.

2. Ergänzen Sie das **Reflexivpronomen** im **Dativ**.**

a) Patrick, bitte wasch _____ die Hände. Wir wollen gleich essen.

b) Das müsst ihr _____ ansehen! Die Müllers haben ein neues Auto!

c) Was macht ihr, Kinder? Wir holen _____ ein Eis.

d) Papa, ich nehme _____ ein wenig Geld aus deiner Geldbörse. Ich muss _____ für die Schule noch Stifte kaufen.

e) Jetzt lernt ihr schon zwei Stunden Latein. Könnt ihr _____ die Vokabeln nicht merken?

f) Kann ich _____ dein Fahrrad leihen? Ich muss zur Post fahren.

3. Bilden Sie Sätze und achten Sie auf die richtige Zeitform.***

a) **Präsens**: ich – sich ärgern über – Nachbarn – immer

_____

b) **Perfekt**: Giovanni – sich interessieren für – Nachrichten aus Rom

_____

c) **Präsens**: Familie Yanagida – sich freuen auf – 2 Wochen – in Japan

_____

d) **Präteritum**: er – sich aufregen über – den Kollegen – aus Frankreich

_____

Üben und Anwenden

Reflexive Verben

e) **Futur I:** ich – sich informieren über Deutschland – bevor – kommen
_____

f) **Perfekt:** wir – sich kennen lernen – in Paris – letztes Jahr
_____

g) **Präsens:** Patrick und Heather – für die Geschenke - sich bedanken
_____

h) **Perfekt:** nach dem Marathon – einen Tag – Gianna – sich ausruhen
_____

4. Schreiben Sie die passende Antwort.***

a) Haben Sie sich heute im Deutschkurs gelangweilt? (nein)
   Nein, ich habe mich nicht gelangweilt.

b) Wann haben Sie sich heute angezogen? (8.00 Uhr)
_____

c) Haben Sie sich heute schon geärgert? (nein)
_____

d) Haben Sie sich schon mit einem Deutschen getroffen? (ja)
_____

e) Bei wem haben Sie sich für Weihnachtsgeschenke bedankt? (meine Eltern)
_____

f) Wo befindet sich Ihr Deutschlehrer im Moment? (im Deutschkurs)
_____

g) Haben Sie sich diese Woche schon aufgeregt? (ja)
_____

h) Wann haben Sie sich das erste Mal verliebt? (mit 16 Jahren)
_____

Das Verb

Reziproke Verben

Reziproke Verben

Reziproke Verben werden meist im Plural (1., 2., 3. Person Plural) benutzt. Sie drücken aus, dass die Personen oder die Teile des Subjekts in einer **Wechselbeziehung** stehen.

Als Reziprokpronomen benutzt man **einander**, **uns** (1. Pers. Plural), **euch** (2. Pers. Plural) oder **sich** (3. Pers. Plural).

Wir lieben uns/einander:
Ich liebe ihn und er liebt mich.
Wir sehen uns/einander an:
Ich sehe dich an und du siehst mich an.

Form

Plural

wir	ihr	sie
lieben	liebt	lieben
uns/einander	euch/einander	sich/einander

💡 In der Praxis ist die Unterscheidung nicht so wichtig, da die reziproken Verben eine kleine Gruppe bilden und die Unterscheidung nichts am Gebrauch ändert.

Gebrauch

Man unterscheidet drei Gruppen reziproker Verben:

a) **echte reziproke Verben**, die als reziprokes Pronomen **sich** oder **einander** verwenden (*sich anfreunden, sich versöhnen ...*)

Sie einigen sich auf einen neuen Termin.
Wir haben uns verkracht.

b) **reziprok verwendete Verben**, die als reziprokes Pronomen **sich** oder **einander** verwenden (*einander lieben, einander helfen ...*)

Martin und Sabine haben sich/einander immer geholfen.

c) **Verben, die man reziprok und nicht reziprok verwenden kann**
Sie ändern ihre Bedeutung (*sich vertragen, sich treffen, sich versöhnen*)

Nach einem großen Streit haben sie sich wieder vertragen.
Aber: *Viele Menschen vertragen keine Milch.*

71

Üben und Anwenden

Reziproke Verben

1. Sagen Sie es anders und benutzen Sie ein reziprokes Verb.***

a) Wie schön dass wir immer zusammenhalten. (Präsens: helfen)

Ja, wir _____helfen einander_____.

b) Man sieht euch immer zusammen. Seid ihr ein Paar? (Perfekt: verlieben)

Ja, wir _____.

c) Wollt ihr nicht „Guten Tag" sagen? (Präsens: begrüßen)

Doch, wir _____ gleich.

d) Habt ihr euch gestritten? (Perfekt: vertragen)

Ja, aber wir _____ wieder.

e) Wie begrüßt man sich in Japan? (verbeugen)

Man _____ höflich und lächelt dabei.

Das Verb

Die Valenz der Verben

Die Valenz der Verben

> Während der Ferien haben Handwerker die Schule **renoviert**.
>
> An der neuen Garderobe vor dem Lehrerzimmer **hängt** ein Schild: „Nur für Lehrer".
>
> Am nächsten Tag **sehen** alle einen neuen Kommentar darunter:
>
> „Man kann daran auch Jacken **aufhängen**".

Valenz des Verbs bedeutet hier, dass das Verb andere **Satzteile bestimmt**. Diese Satzteile können Subjekte im Nominativ, Objekte im Akkusativ, Dativ oder Genitiv sein oder präpositionale Ergänzungen. Man sagt auch, dass ein Verb den Akkusativ oder den Dativ **regiert**. Das Verb entscheidet also, ob das Objekt des Satzes im Akkusativ oder im Dativ steht und welche Präposition man mit ihm verwenden muss.

Erklärungen zu den präpositionalen Objekten finden Sie im folgenden Kapitel.

schneien
Es* schneit. (kein Subjekt)

duschen
Du   duschst.
Subjekt

***es** ist hier nur grammatisches Subjekt ohne Bedeutung. Man spricht hier von einem subjektlosen Satz.

sehen + Akkusativ
Ich   sehe   einen Regenbogen.
Subjekt   Akkusativobjekt

schenken + Dativ + Akkusativ
Meine Mutter   schenkte   mir   einen Sommerhut.
Subjekt   Dativobjekt Akkusativobjekt

fragen nach + Dativ + Akkusativ
Ich   frage   dich   nach deiner Adresse.
Subjekt   Akkusativobjekt   präpositionale Ergänzung

Man kann jeden Satz mit Zeit- und Ortsangaben ergänzen. Hier ist nur wichtig, ob diese Ergänzung oder das Objekt notwendig sind, um den Satz zu verstehen.

Das Verb

Die Valenz der Verben

Die Verben **sein**, **bleiben** und **werden** stehen mit einer Ergänzung im Nominativ:
Ich bin eine Frau.
Er wird Arzt.
Ich bleibe die Schönste.

Gebrauch

Für die richtige Verwendung von Nominativ, Genitiv, Akkusativ und Dativ ist es wichtig zu wissen, welches Verb welchen Kasus regiert.

Verben ohne Subjekt und Objekt

Das ist eine sehr kleine Gruppe. Dazu gehören die „Wetterverben". Hier benutzt man nur das Verb in der 3. Person Singular + es.

Es regnet. Es schneit. Es hagelt.

Verben mit einem Subjekt

Diese Verben haben nur ein Subjekt, brauchen aber kein Objekt.

Er duscht. Wir schlafen.

Die Ordnung der Objekte und Ergänzungen im Satz ist geregelt.
→ **Satzbau**, S. 226

Verben mit Akkusativobjekt

Das ist die größte Verbgruppe, denn die meisten deutschen Verben verwenden ein Objekt im Akkusativ.

Nächstes Jahr kaufe ich ein neues Auto.
Meine Tochter feiert morgen ihren fünften Geburtstag.

Verben mit Dativobjekt

Es gibt wenige Verben, die nur mit einem Dativobjekt stehen. Verben mit Dativ haben meist auch ein Akkusativobjekt bei sich.

Gökhan antwortet der Lehrerin.
Ich vertraue dir.

Verben mit Dativ- und Akkusativobjekt

Wenn ein Verb zwei Objekte braucht, dann steht ein Objekt meist im Dativ und ein Objekt im Akkusativ.

Die Lehrerin erklärt mir den Dativ.
Mein Chef gibt seiner Mitarbeiterin den neuen Arbeitsvertrag.

Verben mit präpositionalen Objekten, S. 76

Verben mit präpositionalen Ergänzungen

Einige Verben sind fest mit einer Präposition verbunden. Man muss sie lernen und vor allem wissen, welchen Kasus die Präposition fordert.

Meine Teilnahme am Marathon hängt vom Wetter ab.
Ich denke immer an dich.

Das Verb

Die Valenz der Verben

1. Dativverben: Setzen Sie Artikel oder Pronomen im **Dativ** ein.**

a) Warum kaufst du das Auto nicht? Weil ich __dem__ Autohändler nicht vertraue.

b) Der Student antwortet _____ Lehrerin sofort.

c) Schau, das Kind ist hingefallen. Ich helfe _____.

d) Papa hat dich etwas gefragt. Bitte antworte _____.

e) Wir gratulieren _____ besten Chef der Welt zum Geburtstag!

f) Eine Schüssel Sahne schmeckt _____ Katze gut.

g) Wir danken _____ Himmel, dass es nicht geregnet hat.

2. Akkusativverben: Setzen Sie den unbestimmten oder den bestimmten Artikel im **Akkusativ** ein.**

Im Restaurant

- Guten Tag, was bekommen Sie?
- Ich nehme (a) _____ Salat. Mein Mann nimmt (b) _____ Putenschnitzel und wir trinken (c) _____ Flasche Weißwein.
- Darf ich Ihnen noch etwas bringen?
- Ja, gern. Bringen Sie uns bitte (d) _____ Eis mit Früchten.
- So, hat es Ihnen geschmeckt?
- Ja, wir möchten (e) _____ Essen bezahlen. Ich hatte (f) _____ Salat und (g) _____ Wein. Mein Mann hatte (h) _____ Putenschnitzel.

3. Dativ oder Akkusativpronomen?**

a) Schmeckt es _____ (du)? – Ja, es schmeckt _____ gut.

b) Ihr müsst _____ (ich) glauben! Ich habe _____ (er) gesehen.

c) Hören Sie _____ (ich) gut zu: Ich gebe _____ (Sie) noch eine Chance, Ihren Fehler gutzumachen.

d) Ich vermisse _____ (du)! Du fehlst _____ (ich) so sehr!

e) Du weißt, das wird _____ (sie/Sing.) nicht gefallen.

f) Kinder, gebt _____ (ich) das Messer sofort wieder zurück!

75

Das Verb

Verben mit präpositionalem Objekt

Verben mit präpositionalem Objekt

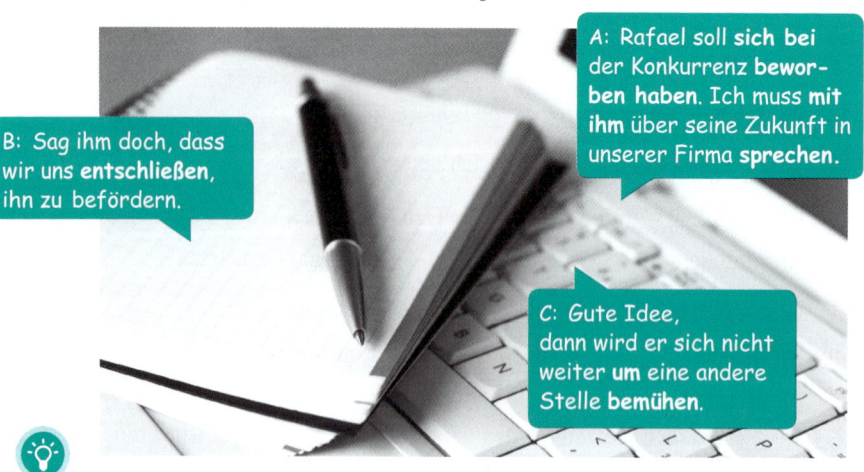

A: Rafael soll **sich bei** der Konkurrenz **beworben haben**. Ich muss **mit ihm** über seine Zukunft in unserer Firma **sprechen**.

B: Sag ihm doch, dass wir uns **entschließen**, ihn zu befördern.

C: Gute Idee, dann wird er sich nicht weiter **um** eine andere Stelle **bemühen**.

Die Präposition **bei** steht meist mit einem Namen oder einer Person:
Ich wohne bei meinen Eltern.
Er beschwert sich beim Kellner über das Essen.

Präpositionen beschreiben, wo, wann, wie, warum, ... etwas geschieht. Man kann sie frei kombinieren, je nachdem, was man sagen möchte. Viele Verben, aber auch Substantive und Adjektive, sind allerdings **fest** mit einer Präposition **verbunden**. Man kann sie nicht frei bestimmen:

teilnehmen an + Dativ
Wir haben an der Besprechung teilgenommen.

sich beschäftigen mit + Dativ
Wir beschäftigen uns schon lange mit dieser Frage.

Form

1. Die folgenden **Präpositionen** stehen immer **mit dem Dativ**:

| aus | bei | mit | nach | seit | von | zu |

Ich arbeite bei einer internationalen Firma.
Er telefoniert seit einer Stunde mit seinem Kollegen.

2. Diese **Präpositionen** stehen immer **mit dem Akkusativ**:

| durch | für | gegen | ohne | um |

Ich habe mich heute für die neue Stelle bei Siemens entschieden.
Hast du etwas gegen meinen neuen Freund?

*Wenn diese Präpositionen Teil einer festen Verbindung sind, muss man lernen, welchen Kasus sie brauchen.

3. Diese **Präpositionen** können **mit Dativ oder Akkusativ** stehen.*

| an | auf | hinter | in | neben | über | unter | vor | zwischen |

Ich arbeite im Moment an einem sehr interessanten Projekt.
Er hat sein ganzes Geld in ein Aktiendepot investiert.

Üben und Anwenden

Verben mit präpositionalem Objekt

1. Welche Sätze gehören zusammen?*

a) Ich verliebe mich nie wieder   1) über mich?

b) Interessierst du dich   2) in einen Sportler.

c) Wir gratulieren dir herzlich   3) für deutsche Politik?

d) Nächste Woche bewerbe ich mich   4) an unsere schöne Zeit?

e) Denkst du noch oft   5) in Nürnberg um eine neue Stelle.

f) Lacht ihr etwa   6) zu deinem 50. Geburtstag.

2. Setzen Sie die richtige **Präposition** ein!**

a) Interessierst du dich eigentlich _____ Sport? – Nein, ich beschäftige mich lieber _____ Schach.

b) Denkst du _____ das Geschenk für Brigitte? – Gut, dass du mich _____ ihren Geburtstag erinnerst. Das hätte ich fast vergessen.

c) Hast du heute schon _____ deiner Mutter telefoniert? Sie wartet _____ deinen Anruf. – Ach, sie will sich doch nur _____ ihre Krankheiten unterhalten.

3. Bilden Sie Fragen. Finden Sie selbst die richtige **Präposition** für das Verb.***

a) erinnern – du dich – deinen ersten Kuss (Präsens)

   <u>Erinnerst du dich an deinen ersten Kuss?</u>

b) gehören – Software – dem Computer (Präsens)

   _____

c) wann – du – laut – einen Witz – gelacht (Perfekt)

   _____

d) du dich – mit Natascha – Geld – gestritten (Perfekt)

   _____

e) du – Sina – eine elektronische Postkarte – Geburtstag – schicken (Futur)

   _____

f) gehen – wieder – Ihr Angebot (Präsens)

   _____

77

Das Verb

Das Partizip

Das Partizip

A: Hast du schon **gehört**? Frau Müller ist beim Putzen **hingefallen** und hat sich **verletzt**. Jetzt soll sie zwei Tage nicht arbeiten, sagt der Arzt.

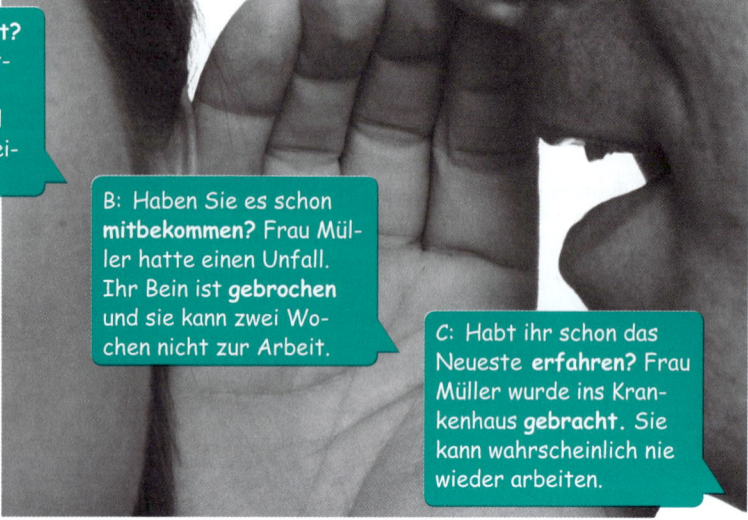

B: Haben Sie es schon **mitbekommen**? Frau Müller hatte einen Unfall. Ihr Bein ist **gebrochen** und sie kann zwei Wochen nicht zur Arbeit.

C: Habt ihr schon das Neueste **erfahren**? Frau Müller wurde ins Krankenhaus **gebracht**. Sie kann wahrscheinlich nie wieder arbeiten.

Das Deutsche kennt zwei Partizipien: Das **Partizip Perfekt** und das **Partizip Präsens**.

Das Partizip Perfekt

Das Partizip Perfekt wird häufig benutzt. Deshalb lernt man es am besten mit jedem neuen Verb.

Das Partizip Perfekt braucht man, um verschiedene Zeiten im Indikativ und Konjunktiv (Perfekt, Plusquamperfekt …) und um das Passiv zu bilden. Es ist in den Verbtabellen die dritte Stammform des Verbs, z. B.:

gehen: er geht – ging – ist <u>gegangen</u>
arbeiten: er arbeitet – arbeitete – hat <u>gearbeitet</u>
bekommen: er bekommt – bekam – hat <u>bekommen</u>
einkaufen: er kauft ein – kaufte ein – hat <u>eingekauft</u>

Form

❗ Man kann im Infinitiv nicht erkennen, zu welcher Gruppe ein Verb gehört. Deshalb sollte man am besten alle drei Formen lernen.

regelmäßige Verben:	**ge** + **Verbstamm** + **-t**
unregelmäßige Verben:	**ge** + **Verbstamm** + **-en**
Mischverben:	**ge** + **Verbstamm** + **-t**

Für **regelmäßige Verben** nimmt man den Verbstamm des Infinitivs, setzt das Präfix **ge-** davor und hängt die Endung **-t** an das Wort.

suchen: Verbstamm such → hat **ge**such**t**
hören: Verbstamm hör → hat **ge**hör**t**
machen: Verbstamm mach → hat **ge**mach**t**

Das Verb

Das Partizip

Bei **unregelmäßigen Verben** hat der Stamm des Partizips eine eigene Form. Die Endung des Partizips ist immer **-en**:

a) Der Stamm kann identisch mit dem Stamm des Infinitivs sein:
   fahren: *(sie fährt, sie fuhr)* → *ist ge**fahr**en*
   fallen: *(sie fällt, sie fiel)* → *ist ge**fall**en*
   lesen: *(sie liest, sie las)* → *hat ge**les**en*

b) Der Stamm kann identisch mit dem Stamm des Präteritums sein:
   schreiben: *(sie schreibt, sie schrieb)* → *hat ge**schrieb**en*
   fliegen: *(sie fliegt, sie flog)* → *ist ge**flog**en*
   stehen: *(sie steht, sie stand)* → *hat ge**stand**en*

c) Der Stamm kann eine neue Form haben:
   bitten: *(sie bittet, sie bat)* → *hat ge**bet**en*
   helfen: *(sie hilft, sie half)* → *hat ge**holf**en*
   trinken: *(sie trinkt, sie trank)* → *hat ge**trunk**en*

> § Liste der **unregelmäßigen Verben** im Anhang
>
> Die Bildung des Partizips Perfekts der unregelmäßigen Verben erscheint schwierig. Deshalb am besten etwa 100 Verbformen lernen. Dadurch bildet sich ein Sprachgefühl und man kann leichter das Partizip eines neuen Verbs bilden.
>
> ❗ Das Partizip Perfekt der reflexiven Verben steht ohne Reflexivpronomen: *der interessierte Kunde.*

Bei **Mischverben** ändert sich der Verbstamm wie bei den unregelmäßigen Verben, die Endung ist aber **-t** wie bei den regelmäßigen Verben:
   bringen: *(sie bringt, sie brachte)* → *ge**brach**t*
   denken: *(sie denkt, sie dachte)* → *hat ge**dach**t*
   nennen: *(sie nennt, sie nannte)* → *hat ge**nann**t*

Die Bildung des Partizips bei **Verben ohne Präfix** ist einfach:
Man stellt das Präfix **ge-** immer direkt vor das Basisverb:
schneiden – geschnitten; haben – gehabt, fahren – gefahren

Untrennbare Präfixe sind so fest mit dem Basisverb verbunden, dass „kein Platz" für **ge-** ist:
besuchen – besucht, verhören – verhört, zerkauen – zerkaut

Trennbare Präfixe sind nicht fest mit dem Basisverb verbunden. Das **ge-** stellt man zwischen Präfix und Basisverb:
aussuchen – ausgesucht, zuhören – zugehört, anfassen – angefasst

Verben mit der **Endung -ieren** haben kein **ge-** und enden auf **-t**:
studieren – studiert, diskutieren – diskutiert, probieren – probiert

Das Verb

Das Partizip

Gebrauch

Das Partizip kann man benutzen ...

▍ für die Bildung der Zeiten **Perfekt**, **Plusquamperfekt** und **Futur II** im Indikativ

Perfekt: *Er hat geschrieben. Sie sind gelaufen.*
Plusquamperfekt: *Er hatte geschrieben. Sie waren gelaufen.*
Futur II: *Er wird geschrieben haben. Sie werden gelaufen sein.*

▍ für die Bildung aller Zeiten im **Passiv**

Präsens: *Er wird gesehen.*
Präteritum: *Er wurde gesehen.*
Perfekt: *Er ist gesehen worden.*

▍ für das **Zustandspassiv**

Gegenwart: *Das Auto ist gewaschen.*
Vergangenheit: *Das Auto war gewaschen.*

▍ für die Bildung der Vergangenheit des **Konjunktivs I** und **Konjunktivs II**

Konjunktiv I: *Maurice sagte, dein Vater habe gestern angerufen.*
Konjunktiv II: *Er wäre gerufen worden.*

▍ als **Adjektiv** mit der entsprechenden Endung, um **Vorzeitigkeit** auszudrücken

Nachdem das Auto falsch geparkt worden war, wurde es abgeschleppt.
→ *Das falsch geparkte Auto wurde abgeschleppt.*
Nachdem die Früchte geerntet worden waren, brachte man sie zur Mosterei.
→ *Man brachte die geernteten Früchte zur Mosterei*.*

▍ in einer **Partizipialkonstruktion**, um einen Nebensatz zu ersetzen

Nachdem wir in Paris gelandet waren, fuhren wir mit der Metro weiter.
→ *Endlich in Paris gelandet, fuhren wir mit der Metro weiter.*
Weil sie sich in der Scheune versteckten, konnte man sie nicht entdecken.
→ *Versteckt in der Scheune konnte man sie nicht entdecken.*

▍ für schnelle, wichtige **Befehle** bei trennbaren oder mehrteiligen Verben

Zugehört! → alternativ: *Hör(t) mir bitte zu! Hören Sie mir bitte zu!*
Mitgemacht! → alternativ: *Mach(t) bitte mit! Machen Sie bitte mit!*
Aufgepasst! → alternativ: *Pass(t) bitte auf! Passen Sie bitte auf!*

---

die Mosterei, -en
= Süddeutsch für eine Stelle, die heimisches Obst zum Entsaften annimmt

der Most, -e
= frisch gepresster Birnen- oder Traubensaft

💡 Eine Partizipialkonstruktion kann mit Komma getrennt werden, wenn sie aus drei Wörtern oder mehr besteht.

Das Partizip Präsens

Das Partizip Präsens drückt aus, dass eine Tätigkeit gleichzeitig zum Prädikat des Satzes stattfindet, unabhängig von der Zeitform des Prädikats.

rauchen → rauchend:
Ron hat das Restaurant rauchend betreten.

schneien → schneiend:
Man kann sogar schneiende Weihnachtsbäume kaufen.

Form

Infinitiv + -d

Dies gilt für regelmäßige und unregelmäßige Verben sowie für Mischverben.
fragen – fragend; zuhören – zuhörend; besuchen – besuchend
kommen – kommend; abfahren – abfahrend; verlassen – verlassend
bringen – bringend; nennen – nennend

Gebrauch

Das Partizip Präsens kann man benutzen ...

- **als Adjektiv** mit der entsprechenden Endung, um **Gleichzeitigkeit** auszudrücken

Das Kind weint und wird von seiner Mutter beruhigt.
→ Das weinende Kind wird von seiner Mutter beruhigt.

- in einer **Partizipialkonstruktion**, um einen Nebensatz zu ersetzen

Die Schafe, die laut blökten, liefen auf die Weide.
→ Laut blökend liefen die Schafe auf die Weide.

- als **Gerundivum**: Diese Konstruktion drückt eine Notwendigkeit oder Möglichkeit aus. Diese Form bildet man aus dem Partizip Präsens + **zu**.

Das Fahrzeug kann nicht mehr repariert werden.
(Konstruktion im Passiv)
→ Das nicht mehr zu reparierende Fahrzeug

- zusammen **mit einem Verb**, das durch das Partizip genauer definiert wird. Diese Form hat keine Endung für Genus oder Numerus.

Ich gehe durch den Wald und singe gleichzeitig.
→ Singend gehe ich durch den Wald.

blöken = das Rufen eines Schafes

das Gerundivum = ein Adjektiv, das von einem Verb abgeleitet ist. Im Deutschen immer in Kombination mit **zu**.

Üben und Anwenden

Das Partizip

1. Bilden Sie von jedem Verb das Perfekt, die Vergangenheit des Konjunktivs II und das Passiv im Präteritum.**

a) ich frage: <u>ich habe gefragt – ich hätte gefragt – ich wurde gefragt</u>

b) er bittet: _____

c) wir fahren: _____

d) sie rufen an: _____

e) du siehst: _____

f) ich verlasse: _____

2. Hier passieren zwei Dinge gleichzeitig. Bilden Sie Sätze mit dem **Partizip Präsens:*****

a) Er kocht und hört laut Musik.

<u>Laut Musik hörend kocht er.</u>

b) Ich sehe fern und telefoniere mit Mutter.

_____

c) Du gehst spazieren und lernst die Verbformen.

_____

d) Sie wärmt die Milch und beruhigt ihr Kind.

_____

e) Ich spreche mit Martin und esse ein Brot.

_____

f) Ich genieße den Abend und trinke Rotwein.

_____

3. Viel Arbeit in einer Bank. Ersetzen Sie den Relativsatz durch eine Partizipialkonstruktion mit dem **Partizip Perfekt.*****

a) Die Überweisungen, die gebucht worden sind, muss das System morgens verarbeiten.

<u>Die gebuchten Überweisungen muss das System morgens verarbeiten.</u>

b) Die Zinsen, die geändert worden sind, müssen neu ausgehängt werden.

_____

Üben und Anwenden

Das Partizip Präsens

c) Die Kollegen, die aus dem Urlaub zurückgekehrt sind, müssen informiert werden.
_____

d) Die Konten, die neu eröffnet worden sind, müssen angelegt werden.
_____

e) Kunden, die verärgert worden sind, müssen angerufen werden.
_____

f) Termine, die abgesagt wurden, müssen neu vereinbart werden.
_____

g) Die Mitarbeiter, die neu eingestellt wurden, müssen eingearbeitet werden.
_____

4. Sagen Sie es kürzer und benutzen Sie das **Partizip Präsens**.***

a) Ein Wasserhahn, der tropft, ist _ein tropfender Wasserhahn_.
b) Ein Vogel, der laut singt, ist _____.
c) Ein Auto, das fährt, ist _____.
d) Eine Kundin, die Hilfe sucht, ist _____.
e) Ein Fahrgast, der sich beschwert, ist _____.
f) Eine Familie, die sich streitet, ist _____.
g) Ein Radio, das nicht funktioniert, ist _____.

5. Formen Sie die Bitte in einen **Befehl** um.***

a) Hören Sie bitte zu. – _Jetzt aber zugehört!_
b) Passen Sie bitte auf. – Jetzt aber _____
c) Kommen Sie bitte her. – _____
d) Räumen Sie das auf. – _____
e) Fahren Sie los. – _____
f) Geben Sie Gas. – _____
g) Bitte wasch die Hände. – _____

Substantive

> A: **Deutschland** ist so schön! Der Rhein und die Donau sind große Flüsse. Auch die Städte Hamburg, Berlin und München sind eine Reise wert.

> B: Und wie reisen die **Menschen** am liebsten?

> A: Mit der **Bahn**, dem **Auto** oder dem **Flugzeug**.

Das Substantiv heißt auch Nomen. Substantive bezeichnen Menschen, Tiere, Pflanzen, Dinge und Abstraktes. Man schreibt sie immer groß.
Frau, Stuttgart, Baum, Tasche, Wasser, Wärme, Liebe, Physik, …

Konkreta sind Substantive, die etwas Gegenständliches bezeichnen, z. B.
Namen *(Maier, Rhein)*,
Gattungen *(Kind, Uhr)*,
Stoffe *(Gold, Blut)*.

Abstrakta sind Substantive, die etwas Begriffliches bezeichnen, z. B.
Ideen *(Seele)*,
Eigenschaften *(Mut)*,
Beziehungen *(Ehe)*,
Maße *(Meter, Stunde)*.

Substantive haben meist ein festes grammatisches **Geschlecht** (**Genus**). Man erkennt es immer am bestimmten Artikel. Das Substantiv kann seine Form nach **Zahl** (**Numerus**) und **Fall** (**Kasus**) verändern. Das heißt **beugen** oder **deklinieren**.

Form

	Nominativ	**Akkusativ**	**Dativ**	**Genitiv**
Singular	Mann	Mann	Mann	Mannes
	Frau	Frau	Frau	Frau
	Kind	Kind	Kind	Kindes
Plural	Männer	Männer	Männern	Männer
	Frauen	Frauen	Frauen	Frauen
	Kinder	Kinder	Kindern	Kinder

Gebrauch

Substantive können im Satz verschiedene Funktionen übernehmen, z. B.

- als **Subjekt** des Satzes

  Die Frau hat einen Hund.

- als **Objekt** des Satzes

  Das Kind isst die Suppe.

- als lokale **Ergänzung**

  Wir fliegen nach London.

- als **Attribut**

  Martin wird im März Vater.

Das Genus: maskulin, feminin, neutrum

A: Wie lege ich das **Besteck** auf den Tisch?

B: **Die Gabel** liegt links, **das Messer** und **der Suppenlöffel** liegen rechts.

A: Und wie esse ich richtig?

B: Beim Essen legt man **die** linke **Hand** neben **den Teller. Die Arme** bleiben am Körper.

Jedes Substantiv hat ein festes Genus: das grammatische Geschlecht. Es gibt drei verschiedene Genera:

maskulin (männlich) | **feminin** (weiblich) | **neutrum** (sächlich)

Da man das Genus eines Substantivs nicht immer erkennen kann, lernt man jedes Substantiv zusammen mit dem bestimmten Artikel im Maskulinum, Femininum oder Neutrum.

Form

NOMINATIV	maskulin	feminin	neutrum
Singular	**der** Mann	**die** Frau	**das** Kind
	ein Mann	**eine** Frau	**ein** Kind
Plural	**die** Männer	**die** Frauen	**die** Kinder

Die Endung **-in** (Plural: **-innen**) zeigt an, dass eine Person feminin ist: *der Lehrer – die Lehrerin* *der Freund – die Freundin*

Gebrauch

Das grammatische Geschlecht und das natürliche/biologische sind bei Personen nicht immer identisch, z. B. *das Mädchen*: das grammatische Geschlecht ist neutrum, obwohl eine weibliche Person gemeint ist.

Das Genus kann man nicht immer erkennen. Meist muss man es mit dem Substantiv zusammen lernen. Manchmal gibt die Endung einen Hinweis: *Auto* oder *Fahrrad*? *Wein* oder *Bier*? Immer muss ich wählen!

Das Mädchen heißt Mona. (natürliches Geschlecht: feminin, grammatisches Geschlecht: neutrum)
Der Mond heißt auf Lateinisch „Luna". (natürliches Geschlecht: keins, grammatisches Geschlecht: maskulin)

Arbeiten Sie beim Lernen mit Assoziationen. Finden Sie eine individuelle Erklärung für das Genus eines Substantivs, z. B.: *Die Nacht ist feminin, weil sie geheimnisvoll wie eine Frau ist.*

Substantive

Substantive

Feminine Substantive

Folgende Gruppen sind meist weiblich:

- Namen von Bäumen und Blumen mit der Endung **-e**
  die Ulme, die Erle, die Tanne, die Nelke, die Dahlie, die Rose
- Namen von Schiffen und Flugzeugen*
  die „Europa", die „Titanic", die Boeing 747, die Cessna
- Namen von Motorradmarken
  die Vespa, die BMW
- Namen von Ländern und Gebieten auf **-ei**, **-ie**, **-e**
  die Türkei, die Mongolei, die Normandie, die Ukraine, die Provence

*Ausnahme: der Airbus. Dieses Wort besteht aus **Air** + (**der**) **Bus**.

Folgende **Endungen** sind meist weiblich:

-ei	die Bücherei, die Bäckerei, <u>aber</u> der Papagei
-in	die Freundin, die Musikerin, die Löwin
-heit	die Krankheit, die Kindheit, die Bosheit
-keit	die Dankbarkeit, die Kleinigkeit
-schaft	die Erbschaft, die Verwandtschaft
-ung	die Werbung, die Bildung, die Nahrung

Diese Endungen nennt man Nominalsuffixe. Im Femininum gibt es viele Endungen aus anderen Sprachen:
-a: *die Kamera*
-ie: *die Folie*
-ur: *die Natur*

Maskuline Substantive

Folgende Gruppen sind meist männlich:

- Namen von Wochentagen, Monaten und Jahreszeiten
  der Montag, der Dienstag, der Januar, der Sommer, der Herbst
- Namen von Winden, Regen und Himmelsrichtungen
  der Wind, der Föhn, der Monsun, der Osten, der Westen
- Namen von Mineralien, Gesteinen
  der Diamant, der Granit, der Sand
- Namen von Gebirgen, Bergen und ausländischen Flüssen**
  der Himalaja, der Harz, der Vesuv, der Nil, der Indus, der Mississippi
- Namen von Automarken
  der Mercedes, der VW, der Porsche
- Namen von Spirituosen
  der Whisky, der Gin, der Wodka

**Ausnahmen z. B.: *die Eifel, die Zugspitze, die Wolga, die Seine*

Folgende **Endungen** sind meist männlich:

-ich	der Teppich, der Rettich
-ig	der Honig, der Käfig, der König
-ling	der Liebling, der Flüchtling, der Schmetterling
-s	der Schnaps, der Knicks

Substantive

Neutrale Substantive

Folgende Gruppen sind überwiegend sächlich:

- Namen von Farben
  das Blau, das Lila, das Karmesinrot
- Namen von chemischen Elementen, z. B. Metallen, Gasen und Medikamenten
  das Eisen, das Silber, das Helium, das Aspirin
- Namen von Ländern, Gebieten und Städten
  das schöne Frankreich, das Wallis, das mittelalterliche Esslingen
- Namen der Buchstaben
  das F, das ABC, das hohe C
- Namen von Hotels, Cafés
  das Kempinski, das Florian
- Kollektivbegriffe mit **Ge-**
  das Getier, das Gewässer, das Geschrei

Folgende **Endungen** sind meist sächlich:

-chen	das Mädchen	**-o**	das Foto, das Motto, das Lotto
-lein	das Fräulein	**-tel**	das Drittel
-icht	das Dickicht	**-tum**	das Eigentum

> Endungen aus anderen Sprachen:
> **-and**: *der Doktorand*
> **-ant**: *der Konsonant*
> **-graph/graf**: *der Fotograf*
> **-ismus**: *der Egoismus*
> **-ist**: *der Optimist*
> **-or**: *der Motor*

> Endungen aus anderen Sprachen, die zum Teil in Deutsch anders geschrieben werden:
> **-eau/-o**: *das Büro*
> **-ett**: *das Duett*
> **-ing**: *das Dressing*
> **-(i)um**: *das Datum*
> **-ma**: *das Klima*
> **-ment**: *das Argument*

Doppeltes Genus

Einige Substantive haben zwei verschiedene Genera, also auch zwei Artikel. Bei den folgenden Wörtern verändert sich dann nicht die Bedeutung:

der/das Bonbon	der/das Gummi	der/das Poster
der/das Curry	der/das Joghurt	der/das Teil
der/das Dschungel	der/das Keks	der/das Virus
der/das Filter	der/das Liter	das/der Zubehör

> Mit **der** *Poster* kann auch jemand gemeint sein, der in einem Blog, einem sozialen Netzwerk etc. eine Nachricht veröffentlicht (= postet).

Andere Substantive **ändern** mit unterschiedlichem Genus ihre **Bedeutung**.

Substantiv	Bedeutung in Kombination mit dem folgenden Artikel		
	der	das	die
Band	Buch	zum Binden, enge Beziehung	Musikgruppe
Gefallen	Bitte	Vergnügen	–
Kunde	Käufer	–	Nachricht
Leiter	Anführer, leitendes Medium	–	Trittleiter
Steuer	–	Lenkrad	Staatseinnahmen

Üben und Anwenden

Substantive

1. **der**, **die** oder **das**? Ergänzen Sie den richtigen bestimmten Artikel.*

a) _der_ Honig schmeckt gut.

b) _Das_ Mädchen heißt Anna.

c) _Der_ Mercedes ist ein deutsches Auto.

d) _____ Architekt plant Häuser.

2. Welches Substantiv passt nicht, weil es ein anderes **Genus** hat?*

a) Agent, Präsident, Dirigent, Studentin

b) Eiche, Kiefer, Ahorn, Lärche

c) Datum, Irrtum, Publikum, Eigentum   _der_

d) Schreinerei, Metzgerei, Krankheit, Lieferant

e) Rede, Meer, Erde, Fliege

3. **Doppeltes Genus:** Welche Bedeutung hat das Substantiv? Welcher Artikel passt?**

Band: zum Binden oder Buch?

a) Ich lese gerade _____ 1 von Goethes „Faust".

b) Ich kann meine Schuhe nicht binden. _____ Schuh_____ ist gerissen.

Gefallen: Bitte oder Vergnügen?

c) Kann ich dich um _____ bitten?

d) Ich finde groß_____ an meiner Arbeit.

Golf: Sportart oder Meeresbucht?

e) In Irland spielen viele Leute _____.

f) _____ dritte _____ krieg begann offiziell am 20. März 2003.

4. Tragen Sie die Substantive links in die Tabelle ein. Die Endung oder die Gruppe der Substantive helfen Ihnen.**

Gold
Donnerstag
Lehrling
Trainerin
Zeitung
Elbe
Christentum
Fichte
Häuslein
Winter
Gesundheit
Amazonas
Mittel
Deutsche
Feigling

feminin	maskulin	neutrum

Substantive

Der Numerus: Singular und Plural

Der Numerus: Singular und Plural

A: Hast Du auch eine **Flasche** Wasser in den Rucksack gepackt?

B: Für unsere Tour habe ich sogar vier **Flaschen** eingepackt!

Die meisten Substantive kann man zählen. Die **Zahl** (**Numerus**) zeigt, wie oft etwas da ist: einmal (= Einzahl/Singular) oder mehrfach (= Mehrzahl/Plural). Der Unterschied wird durch verschiedene Formen des Substantivs oder durch Artikelwörter gezeigt.

Einzahl (Singular)	(eine) Frau	(das) Buch	(mein) Mann	(dieser) Zettel
Mehrzahl (Plural)	(die) Frau**en**	(die) B**ü**ch**er**	(viele) M**ä**nn**er**	(alle) Zett**el***

! Ändert sich der Numerus, muss man auch die Verbendung ändern.

*Hier ist die Endung im Singular identisch mit der Endung im Plural. Singular oder Plural kann man am Artikel oder manchmal an der Verbendung erkennen.

Gebrauch

■ Einige Substantive gibt es nur im Plural, z. B. *die Möbel, die Geschwister, die Kosten, die Lebensmittel, die Leute*.

Vater und Mutter sind die Eltern.
Die Ferien beginnen in Baden-Württemberg Ende Juli.

■ Einige Substantive gibt es nur im Singular, z. B. *der Zucker, die Wolle, der Hunger, die Liebe, das Glück, die Butter, der Schnee, die Hitze*.

Nach dem Sport habe ich großen Durst.
Vielen Dank für deine Hilfe.

■ Bei manchen Nomen hat man die fehlende Pluralform durch eine andere Pluralform ersetzt: **-mann** → **-leute**; Ø → **-stücke**, **-teile**; **der Streit** → **die Streitereien**.

Willst du zum Geburtstag Schmuck? – Nein, ich habe schon so viele Schmuckstücke.
Ich will Bankkaufmann werden. Da muss ich auf eine Schule für Kaufleute gehen.

89

Substantive

Die Bildung des Plurals

Die Bildung des Plurals

> Wörter für elektronische Geräte enden oft auf **-er** und sind maskulin: *Computer, Drucker*. Sie haben im Plural dieselbe Form. Ihr Name ist von einem deutschen oder fremdsprachigen Verb abgeleitet, z. B. *kochen – Wasserkocher, to play – MP3-Player*.

Form

Plural für Substantive ohne Suffix

Im Deutschen gibt es acht verschiedene Möglichkeiten, den Plural zu bilden.

Plural mit	Singular	Plural	Erklärung der Pluralbildung
1. Ø	der Sessel	die Sessel	ohne Änderung
2. ¨ Ø	der Garten	die Gärten	mit Umlaut + ohne Endung
3. -e	der Tisch	die Tische	mit Endung **-e**
4. ¨-e	die Bank	die Bänke	mit Umlaut + Endung **-e**
5. -er	das Bild	die Bilder	mit Endung **-er**
6. ¨-er	das Buch	die Bücher	mit Umlaut + Endung **-er**
7. -(e)n	die Zeitung	die Zeitungen	mit Endung **-(e)n**
8. -s	das Hotel	die Hotels	mit Endung **-s**

*Ausnahme z. B. der Stachel, -n der Vetter, -n

Gruppe 1 und 2*: Viele kurze, maskuline oder neutrale Substantive bilden den Plural ohne Endung. Oft endet das Wort im Singular auf **-el**, **-er** oder **-en**.
Das Projekt ist aus Mitteln der EU finanziert.

Gruppe 3 und 4: Viele kurze Substantive, die maskulin oder neutral sind, bilden den Plural mit der Endung **-e** und manchmal auch mit Umlaut.
Die Stühle, Tische und Bänke hier im Möbelhaus sind sehr billig.

Gruppe 5 und 6: Viele kurze, neutrale Substantive bilden den Plural mit der Endung **-er** und manchmal auch mit Umlaut.
Die Bilder von van Gogh kann man nicht kaufen. Sie sind zu teuer.

Gruppe 7: Kurze feminine Substantive oder feminine Substantive mit Endung **-heit**, **-keit**, **-schaft**, **-ung** und bilden den Plural gern mit der Endung **-(e)n**. Es gibt nie einen Umlaut im Plural.
Viele Zeitungen in Deutschland erscheinen jeden Tag.

> Umgangssprachlich wird der Plural mit -s bei Familiennamen benutzt: *Morgen besucht uns Familie Müller.* → *Morgen besuchen uns die Müllers.*

Gruppe 8: Viele Substantive mit der Endung **-a**, **-i**, **-o** im Singular und Fremdwörter bilden den Plural mit **-s**.
Handys und Kameras kann man im zweiten Stock kaufen.

Substantive

Die Bildung des Plurals

Faustregeln:

Substantive mit Endung **-e** im Singular → **-n** im Plural
Namen, Adressen, Klassen, Hosen, ...

Maskuline Substantive mit Endung **-el**, **-er**, **-en** im Singular → Ø
Computer, Drucker, Scanner, DVD-Spieler, Fernseher, Schlüssel, Kabel, ...

Feminine Substantive auf **-er**, **-el** im Singular → **-n** im Plural
Feiern, Gabeln, Nudeln, Zwiebeln, ...

Form

Plural für Substantive mit Suffix und bestimmten Endungen

Diese Substantive bilden den Plural zuverlässig nach Regel:

Suffix im Singular	Singular	Plural	Suffix im Plural
-ei	die Bäckerei	die Bäckereien	-eien
-in	die Freundin	die Freundinnen	-innen
-heit/-keit	die Krankheit	die Krankheiten	-heiten/-keiten
-schaft	die Eigenschaft	die Eigenschaften	-schaften
-ung	die Zeitung	die Zeitungen	-ungen
-ich	der Teppich	die Teppiche	-iche
-ig	der Honig	die Honige	-ige
-ling	der Liebling	die Lieblinge	-inge
-s	der Schnaps	die Schnäpse	-se
-chen	das Mädchen	die Mädchen	-chen
-lein	das Tischlein	die Tischlein	-lein
-icht	das Dickicht	die Dickichte	-te
-tel	das Drittel	die Drittel	-el
-tum	das Eigentum	die Eigentümer	-tümer
-nis	das Ereignis	die Ereignisse	-nisse

Doppelte Pluralformen

Für Substantive mit zwei Pluralformen ändert sich die Bedeutung:

Singular	Bedeutung	Plural
die Bank	Sitzgelegenheit	die Bänke
	Geldinstitut	die Banken
das Wort	Rede	die Worte
	Einzelwörter	die Wörter
der Rat	Beratungsgruppe	die Räte
	Empfehlung	kein Plural, oft verwendet man *die Ratschläge*

auch:
die Mutter – Mütter/Muttern
der Bau – Baue/Bauten
der Mann – Männer/Mannen
der Strauß – Sträuße/Strauße
das Wasser – Wasser/Wässer

Üben und Anwenden

Die Bildung des Plurals

1. Haben die folgenden Wörter eine andere Form im Plural? Wenn ja, wie heißt die Form?*

a) Lehrerin _____   f) Tür(e) _____

b) Garten _____   g) Apfel _____

c) Fisch _____   h) Rechner _____

d) Hunger _____   i) Butter _____

e) Frau _____   j) Foto _____

2. Doppelte Pluralform: Setzen Sie die richtige Form in die Lücken ein.**

a) **Bank:** Der Park hat viele _____, auf denen man sich ausruhen kann.

b) **Mutter:** Zum Schutz der _____ wurde das Gesetz erlassen.

c) **Wort:** Vielen Dank für deine warmen _____.

d) **Rat:** Meine Freunde haben mir geholfen und gute _____ gegeben.

3. Setzen Sie die richtige Pluralform in die Lücke ein.**

Als ich noch klein war, spielte ich oft mit anderen

(a) _____ (Kind) auf der Straße. Damals waren die

(b) _____ (Straße) nämlich noch nicht so gefährlich:

Es fuhren nur wenige **(c)** _____ (Auto), **(d)**

_____ (Motorrad) und **(e)** _____ (Fahrrad).

Besonders schön waren die **(f)** _____ (Sommertag) in

den **(g)** _____ (Ferien). Dann spielten wir viel draußen,

bis es dunkel wurde. Wir spielten die typischen **(h)** _____

(Kinderspiel) von damals: Verstecken, Fangen, Räuber und Gendarm

und Ballspiele. Wir malten mit vielen bunten **(i)** _____

(Kreide) **(j)** _____ (Haus) auf die Straße und spielten

Mutter, Vater, Kind. Alle **(k)** _____ (Abend) gingen wir

müde heim und freuten uns auf den nächsten Ferientag.

Der Kasus: Nominativ, Akkusativ, Dativ, Genitiv

A: Jetzt habe ich schon das Essen für die nächsten Tage: eine Dose Ravioli, eine Packung Spagetti mit einer milden Tomatensoße und zwei Pakete Reis mit Hühnchen.

B: Kochst du nie selbst?

A: Doch: Heute gibt es einen Fisch zum Aufbacken.

💡 Bei bestimmten Verben, Adjektiven und Präpositionen ist festgelegt, welcher Kasus folgt. Das heißt Rektion.
→ S. 148 (Präpositionen)

Verben und Präpositionen regieren den Kasus: Sie bestimmen, in welchem Fall ein Substantiv steht oder die Substantive im Satz stehen.

Es gibt im Deutschen vier Fälle: **Nominativ**, **Akkusativ**, **Dativ** und **Genitiv**.

Fall	Nominativ (Wer-Fall)		Dativ (Wem-Fall)	Genitiv (Wes-Fall)	Akkusativ (Wen-Fall)
Beispiel Satzfrage	Das Kind **Wer** oder **was** gibt einen Brief?	gibt	der Mutter **Wem** gibt das Kind einen Brief?	des Freundes **Wessen** Mutter gibt das Kind einen Brief?	einen Brief **Wen** oder **was** gibt das Kind der Mutter?

❗ Endet ein Name auf **-s**, **-ß**, **-z**, **-tz**, dann wird nicht noch ein **-s** angehängt, sondern ein Apostroph, z. B. *Markus' Stift*.

❗ Umgangssprachlich wird der Genitiv oft durch **von** + Dativ ersetzt, z. B. *die Tasse von Papa*.

Form

Man unterscheidet die vier Fälle am Begleitwort, zum Beispiel am Artikel. Das Substantiv verändert sich nur im Genitiv Singular und im Dativ Plural.

	Singular maskulin	feminin	neutrum	Plural m/f/n
Nom.	der Mond	die Sonne	das Weltall	die Sterne
Akk.	den Mond	die Sonne	das Weltall	die Sterne
Dat.	dem Mond	der Sonne	dem Weltall	den Sternen
Gen.	des Mondes	der Sonne	des Weltall(e)s	der Sterne

💡 Den Akkusativ benutzt man auch bei Maßen und Mengenangaben sowie in Wendungen wie *Guten Morgen*, *Vielen Dank* und nach *es gibt*, z. B. *Es gibt einen Tee.*

Üben und Anwenden

Der Kasus: Nominativ, Akkusativ, Dativ, Genitiv

1. Finden Sie im Text die Substantive und tragen Sie sie in die Tabelle ein.**

Das Oktoberfest ist das größte Volksfest der Welt. Es findet auf der Münchner Theresienwiese statt. Sehr viele Menschen sitzen in Festzelten, trinken Bier und singen Lieder. Das Fest verdanken wir der Hochzeit des bayerischen Kronprinzen. Er heiratete 1810 seine Therese und feierte mit seinem Volk.

Nominativ	Akkusativ	Dativ	Genitiv

2. Setzen Sie das Substantiv im Dativ Plural oder Genitiv ein.**

a) Das ist die Telefonnummer des _____ (Programmierer).

b) Ich empfehle Ihnen das Gericht des _____ (Tag).

c) Das Auto meiner _____ (Frau) steht in der Garage.

d) Ich muss heute bei meinen _____ (Freundinnen) anrufen.

e) Die Namen meiner _____ (Kinder) hat mein Mann ausgesucht.

f) Dank des guten _____ (Wetter) können wir draußen essen.

3. Beantworten Sie die Fragen in ganzen Sätzen.**

a) Wer kauft die Äpfel? (mein Bruder)

   <u>Mein Bruder kauft die Äpfel.</u>

b) Wessen Mittagessen ist das? (der Lehrer)

   _____

c) Wem backen wir einen Kuchen? (das Geburtstagskind)

   _____

d) Wen treffe ich heute zum ersten Mal? (den Professor)

   _____

e) Wen heiratet Kronprinz Ludwig? (Therese)

   _____

Substantive

Die n-Deklination

Die n-Deklination

A: Habt ihr schon mit den anderen **Studenten** über den neuen **Dozenten** gesprochen?

B: Ja, er soll dem **Briten** Churchill ähnlich sein. Der **Doktorand** nannte den **Namen** des **Diplomaten**. Schließlich ist er der Neffe dieses **Herrn**.

Form

Es gibt eine Gruppe von **maskulinen Substantiven**, die außer im Nominativ Singular immer die Endung -(**e**)**n** haben:

	Singular	Plural
Nominativ	der Mensch	die Menschen
Akkusativ	den Menschen	die Menschen
Dativ	dem Menschen	den Menschen
Genitiv	des Menschen	der Menschen

Auch **das Herz** gehört zur n-Deklination:
das Herz (Nom.)
des Herzens (Gen.)
das Herz (Akk.)
dem Herzen (Dat.)

Die Substantive der n-Deklination kann man an der **Endung** erkennen:

-e	der Junge, der Löwe, der Neffe, der Kunde, der Franzose, der Kollege
-and	der Doktorand
-ant	der Elefant, der Lieferant, der Demonstrant, der Diamant
-ent	der Präsident, der Student, der Dozent
-oge	der Psychologe
-at	der Diplomat, der Automat
-ist	der Journalist, der Polizist, der Christ

Ausnahmen:
*der Buchstabe – des Buchstabens,
der Name – des Namens.*
Bei diesen Substantiven wird der Genitiv Singular mit der Endung **-s** gebildet.

Ausnahme:
der Herr (Nom.)
den Herrn (Akk.)
dem Herrn (Dat.)
des Herrn (Gen.)

Oder man erkennt sie an der **Kategorie**:

Tier	der Affe, der Bulle, der Hase, der Löwe, der Ochse, der Rabe
Beruf	der Bauer, der Bote, der Fürst, der Lotse, der Hirte
Personen	der Mensch, der Junge, der Nachbar, der Narr, der Zeuge
Nationalität	der Brite, der Bulgare, der Chinese, der Finne, der Türke
Technisches	der Satellit, der Planet, der Automat, der Diamant

Zur n-Deklination gehören <u>nicht</u> maskuline Nomen mit der Endung **-or** (z. B. *der Professor*) sowie neutrale Nomen mit der Endung **-ent** (z. B. *das Parlament*).

Üben und Anwenden

Die n-Deklination

1. Markieren Sie die Substantive der n-Deklination.**

a) der Junge, b) der Maler, c) der Riese, d) der Doktor,
e) der Grieche, f) das Testament, g) der Soziologe, h) der Name,
i) der Kurs, j) das Herz, k) der Student, l) die Farbe, m) der Computer,
n) der Geologe, o) der Herr, p) der Kollege, q) der Friede,
r) der Bäcker, s) der Lieferant, t) der Automat, u) der Baum

2. Hier ist etwas vertauscht. Bringen Sie die Sätze in Ordnung!***

a) Der Automat konstruiert einen Ingenieur.
<u>Der Ingenieur konstruiert einen Automaten.</u>

b) Der Kollege gibt dem Teamleiter Urlaub.

c) Der Herr fragt den Bekannten.

d) Der Bundespräsident beschimpft den Demonstranten.

e) Der Arbeiter befiehlt dem Firmenchef.

f) Der Junge beißt den Floh.

g) Der Nachbar bringt dem Briefträger die Post.

h) Der Brite liefert Kugelschreiber an den Chinesen.

i) Der Automat spielt am Journalisten.

Substantive

Substantivierungen

A: Ich habe im Moment keine Zeit zum **Saubermachen**!

B: Ich weiß, was Sie meinen: Das permanente **Kommen** und **Gehen** der Gäste bringt viel Schmutz.

A: Genau! Und mein Liebster hat natürlich keine Zeit zum **Putzen**, typisch Mann!

Wörter anderer Wortarten können zu Substantiven werden.

Form

Wortart	Formel	Beispiele
Verben (im Infinitiv)	Artikelwort + Vollverb	das Lesen, mein Reisen, dieses Kochen
	Artikelwort + reflexives Verb	das Sicherinnern
	Artikelwort + Präfix + Verb	das Einkaufen, das Verlassen
	Artikelwort + mehrteiliges Verb	das Tennisspielen, das Kaffeekochen
Verben (Partizip)	Artikelwort + Partizip + Adjektivendung	der Geliebte, mein Geliebter, die Angestellte, seine Angestellte, das Gekaufte, manches Gekaufte
Adjektiv	Artikelwort + Adjektiv + Adjektivendung	der Fremde, (k)ein Fremder, die Schöne, (m)eine Schöne, das Ganze, (k)ein Ganzes
Adverb	Artikelwort + Adverb	das Hier und Jetzt, das Durcheinander, das Jenseits, das Innen und Außen
Präposition	Artikelwort + Präposition + Adjektivendung	das Für und Wider, das Aus
Pronomen	Artikelwort + Pronomen	das Sie, ein Er

💡 Hinweis auf eine Substantivierung sind die Wörter **im** oder **zum**.

💡 Reflexive Verben werden selten substantiviert. Es klingt zu formal.

❗ Viele Substantive in einem Satz sind kein guter Stil. Also Vorsicht bei der Substantivierung.

💡 Substantivierungen sind fester Teil der Alltagssprache, z. B. *das Essen, das Leben, mein Kommen*.

💡 Der Gebrauch substantivierter Verben klingt sehr formal.

97

Üben und Anwenden

Substantivierungen

1. Bilden Sie aus folgenden Adjektiven und Adverbien je ein neutrales Substantiv.**

a) klein _das Kleine_ f) verdreht _____
b) jenseits _____ g) billig _____
c) schnell _____ h) heiß _____
d) heute _____ i) vergangen _____

2. Verwenden Sie in der Antwort das Verb aus der Frage als Substantiv.**

a) Reist du gern? Ja, _das Reisen_ ist mein Hobby.
b) Singst du gern? Ja, _____ im Chor ist meine Leidenschaft.
c) Kaufst du gern ein? Nein, _____ übernimmt mein Mann.
d) Kommt ihr am Sonntag besuchen? Nein, ____ ständige _____ wird uns zu viel.
e) Spielst du gern Golf? Nein, _____ ist nur etwas für Reiche.
f) Spülst du täglich ab? Ja, _____ dauert ja nicht lang.
g) Angelst du nicht mehr? Nein, _____ habe ich aufgegeben.

3. Bilden Sie aus den Begriffen Substantive und setzen Sie sie an der passenden Stelle ein.***

- du
- süß
- älter
- reisen (2x)
- gut (2x)
- buchstabieren
- verwandt
- danken

a) Meine _____ leben alle in Berlin.
b) Ich habe auf allen _____ ein gutes Buch dabei.
c) Der _____ der beiden Brüder heißt Josef.
d) Im Deutschkurs ist das _____ wichtig.
e) Wir vermissen das _____ durch die Welt sehr.
f) Man sollte an das _____ im Menschen glauben.
g) Ich möchte dir das _____ anbieten. Mein Name ist Richard.
h) Alles _____ zum Geburtstag.
i) Vielen _____ für deine Hilfe.
j) Wir geben unseren Kindern nichts _____. Es ist nicht gut für die Zähne.

Artikelwörter und Pronomen

> Hier sehen Sie **alle** Schuhe, die mir gehören. **Diese** Sandalen habe ich in München gekauft und **die** Sportschuhe in Hamburg. **Meine** Schuhe sind mir wichtig. Schuhe können **das** Leben verändern. Fragen Sie Cinderella!

Artikelwörter

Das deutsche Substantiv steht meist mit einem Begleitwort (Artikelwort).

Zu den Artikelwörtern gehören zum Beispiel:
- bestimmte Artikel (der, die, das)
- unbestimmte Artikel (ein, eine)
- Possessivartikel (mein, dein, ...)
- ein Teil der Fragewörter (was für ein ..., welch- ...)

Artikelwörter stimmen in **Genus** (Geschlecht), **Numerus** (Anzahl) und **Kasus** (Fall) mit dem nachfolgenden Substantiv überein.

<u>Dieses Grammatikbuch</u> ist für Deutschlerner.
(Genus: neutrum; Numerus: Singular, Kasus: Nominativ)

Pronomen

Ein Pronomen steht anstelle des Substantivs und seines Begleiters.

Zu den Pronomen gehören zum Beispiel:
- Personalpronomen (ich, du, er, sie, es, ...)
- Possessivpronomen (meiner, deines, seine, ...)
- Demonstrativpronomen (der, dieser, jener, ...)
- Fragepronomen (wer, was, wo, ...)

Pronomen müssen in **Genus** und **Numerus** mit dem Bezugswort übereinstimmen. Der Kasus des Pronomens hängt aber vom Verb des Satzes oder von der Präposition ab.

<u>Der Fisch</u> hat gut geschmeckt. Ich habe <u>ihn</u> im Supermarkt gekauft.
(Pronomen **ihn**: Genus – maskulin, Numerus – Singular;
Bezugswort **Der Fisch**: Kasus – Nominativ; Pronomen: Kasus – Akkusativ)

Mit jedem neuen Substantiv das Genus mitlernen!

💡

Einige Fragewörter brauchen Endungen wie Artikel:
Was für <u>einen</u> Drucker kaufst du? Einen Laserdrucker oder einen Tintenstrahldrucker?
<u>Welches</u> Notebook ist besser? Das von Sony oder das von Apple?

💡

<u>Numerus</u> = Anzahl
Es gibt Singular und Plural.
<u>Genus</u> = Geschlecht
Es gibt maskulin, feminin und neutrum.
<u>Kasus</u> = Fall
Es gibt Nominativ, Genitiv, Dativ und Akkusativ.

Artikelwörter und Pronomen

Artikelwörter und Pronomen

Zur Ordnung des Kasussystems

Die vier Fälle sind hier wie in allen Lehrbüchern und **Grammatiken für Ausländer** nach Wichtigkeit bzw. nach Häufigkeit des Gebrauchs geordnet:

1. Der **Nominativ**: Man benutzt ihn fast immer für das Subjekt des Satzes (Frage nach dem Subjekt: **Wer** macht etwas?). Da jeder Satz ein Subjekt braucht, benutzt man den Nominativ sehr oft.
Der Tenor singt.

Ob man für das Objekt den Akkusativ oder den Dativ benutzt, wird vom Verb bzw. von der Präposition bestimmt.

2. Der **Akkusativ** ist für das direkte Objekt oder für Präpositionen mit Akkusativ.
Der Tenor singt ein Lied. (singen + Akkusativobjekt)
Der Tenor singt für den Direktor. (für + Akkusativ)

3. Der **Dativ** ist für das indirekte Objekt (mit einer bestimmten Gruppe von Verben) oder steht nach Präpositionen mit Dativ.
Der Tenor singt dem Publikum ein Lied.
(singen + Dativ- und Akkusativobjekt)
Der Tenor singt in der Semperoper. (in + Dativ)

*Der Genitiv klingt sehr formal. Er wird beim Sprechen meist durch **von** + Dativ ersetzt.
Die Stimme des Tenors ist wunderbar. (Genitiv)
Die Stimme von dem Tenor ist wunderbar. (Dativ)

4. Der **Genitiv*** kann die Zugehörigkeit anzeigen. Man kann ihn an jedes Substantiv hängen. Man kann ihn auch mit Präpositionen oder Verben benutzen, die den Genitiv brauchen.
Der Tenor des polnischen Ensembles singt ein Lied.
(Genitiv nach Nominativ)
Der Tenor singt wegen seiner Erkältung nicht sehr gut.
(wegen + Genitiv)
Der Tenor entsinnt sich seines letzten Auftritts im selben Opernhaus.
(sich entsinnen + Genitiv)

In einer **Grammatik für Deutsche** sind die vier Fälle anders geordnet:

1. Fall (Nominativ) unter anderem immer für das Subjekt des Satzes, steht normalerweise an erster Position.
2. Fall (Genitiv) zum Beispiel für ein Attribut. Er kann jedem Substantiven in jedem Kasus folgen.
3. Fall (Dativ) steht meist nach dem Verb, aber vor dem Akkusativ.
4. Fall (Akkusativ) steht meist nach dem Dativobjekt im Satz.

Die Wähler	der Konservativen glauben	dem Kandidaten	kein Wort.
1. Nominativ	2. Genitiv	3. Dativ	4. Akkusativ

Artikelwörter und Pronomen

Der bestimmte Artikel

Der bestimmte Artikel

A: Ist heute schon **der** 20. August? Dann fahren wir morgen an **den** Bodensee.

B: Wo sind eigentlich **der** Koffer und **die** Reisetasche?

A: **Die** Sachen habe ich Jana und Jörg für ihre Reise gegeben.

Der bestimmte Artikel heißt auch definiter Artikel. Man benutzt ihn, um etwas Bekanntes oder Einmaliges zu nennen.

Im Deutschen gibt es **drei bestimmte Artikel**:

Der Film ist interessant.
(der = maskulin bzw. männlich)
Die Katze trinkt Milch.
(die = feminin bzw. weiblich)
Das Auto ist ganz neu.
(das = neutrum bzw. sächlich)

Jeder der drei Artikel kann im Nominativ, Akkusativ, Dativ und Genitiv stehen; im Plural gibt es nur eine Form für jeden Kasus.

Wann man den Nominativ, Genitiv, Dativ oder Akkusativ benutzt, hängt vom Verb (siehe auch Valenz des Verbs) oder von der Präposition (siehe auch Präpositionen) ab. Einige Verben brauchen nur ein Subjekt im Nominativ, andere Verben brauchen auch ein Objekt im Dativ und/oder Akkusativ. Einige Präpositionen stehen mit Akkusativ, andere mit dem Dativ oder dem Genitiv.

Man kann **den bestimmten Artikel auch als Pronomen** benutzen. Er steht meist in Position 1. In dieser Funktion als Demonstrativpronomen hat er sehr starke Bedeutung.*

Siehst du den Mann am Tisch dort? Der sieht dich die ganze Zeit an.
Bezugswort: maskulin Singular im Akkusativ (für das Akkusativobjekt)
Demonstrativpronomen maskulin Singular im Nominativ (für das Subjekt)

Warum lachst du nicht über den Witz? Den kennst du noch nicht.
Bezugswort: maskulin Singular im Akkusativ (für das Akkusativobjekt)
Demonstrativpronomen: maskulin Singular im Akkusativ (für das Akkusativobjekt)

Merken Sie sich das Genus mithilfe von Formen: Ein maskulines Wort steht in einem Rechteck, ein feminines Wort in einem Kreis, ein neutrales Wort steht in einem Dreieck. Versuchen Sie es!

der Sessel
die Couch
das Sofa

*Diese Demonstrativpronomen für Personen zu verwenden, kann negative Bedeutung haben. Deshalb besser ein Personalpronomen verwenden.

101

Artikelwörter und Pronomen

Der bestimmte Artikel

Form

Deklination Gruppe 1: Die Deklination des bestimmten Artikels

Lernen Sie auch die Endungen neben dem Artikel in der Tabelle, denn man braucht sie auch bei anderen Artikelwörtern und Pronomen, zum Beispiel **dieser**, **jener**, **mancher**, **welcher**.

Kasus	maskulin		feminin		neutrum		Plural	
Nominativ	der	-r	die	-e	das	-s	die	-e
Akkusativ	den	-n	die	-e	das	-s	die	-e
Dativ	dem	-m	der	-r	dem	-m	den	-n
Genitiv	des	-s	der	-r	des	-s	der	-r

❗ Genitiv Singular: Auch das Substantiv endet auf **-s**, wenn es maskulin oder neutrum ist. *Der Computer des Sohnes. Die Fenster des Autos.*

❗ Dativ Plural: Das Substantiv im Plural bekommt zusätzlich ein **-n**. *Wir schenken den Kindern eine Reise.*

Gebrauch

Den bestimmten Artikel benutzt man …

▌ … für etwas Bekanntes

Der Koch aus dem Hotel Viktoria wohnt hier in der Straße.
Gib mir bitte die Tasse aus dem Küchenschrank.

▌ … für etwas, das man schon einmal gesagt oder geschrieben hat

Hast du dir eine neue Tasche gekauft? Die Tasche ist wirklich schön.
Wo gibt es hier einen Bäcker? Der nächste Bäcker ist am Marktplatz.

❗ Steht der bestimmte Artikel mit einer Präposition, kann man eine Kurzform bilden:
in dem = im
an dem = am
zu dem = zum
→ **Präpositionen**, S. 147

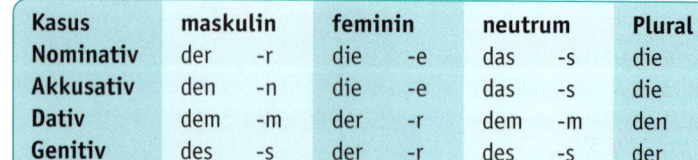

▌ … für Dinge, die es nur einmal gibt, zum Beispiel Bauwerke oder Dinge in der Natur (Flüsse, Seen, Planeten, …)

Da vorn sehen Sie gleich das Brandenburger Tor.
Wollt ihr mit uns an den Bodensee fahren?

▌ … bei Adjektiven im Superlativ vor einem Substantiv. Superlative, die ein Verb beschreiben (adverbialer Gebrauch), stehen mit der Kurzform **am**

Das ist der schönste Tag seit langer Zeit.
Kennst du den schönsten Mann der Stadt?
Nach München fährt man am besten über die A 8.

💡 Der Artikel steht normalerweise nicht bei Eigennamen und Berufen. *Das ist mein Kollege Simon. Er ist Techniker.*
→ **Nullartikel**, S. 107

Als Demonstrativpronomen …

▌ … betont der bestimmte Artikel das Bezugswort sehr stark.

Heute habe ich das Auto gewaschen. Das war auch wirklich schmutzig.

▌ … nimmt **das** auch Bezug auf eine ganze Aussage

Sina wohnt jetzt in Kassel. – Das weiß ich schon.

Der bestimmte Artikel

1. Können Sie die Wörter in die Tabelle einsetzen und die anderen Fälle im Singular ergänzen? Und wie lautet der Dativ Plural? **

Nominativ	Akkusativ	Dativ	Genitiv	Dativ Plural

den Ring
das Kleid
des Baumes
der Tür
das Foto
der Mensch
der Stift
dem Tisch
der Kollege
der Chef

2. Setzen Sie den richtigen Artikel ein.**

a) Ich komme aus _den_ USA.
b) Er kennt _den_ Bodensee.
c) Hast du einen Computer? Ja, aber _mein_ Computer ist schon sehr alt.
d) Wann kaufst du ein Sofa? – Ich plane nicht den Kauf _eines_ Sofas.
e) In welcher Stadt feiert man _das_ Oktoberfest?
f) Wie heißt die Hauptstadt _der_ Schweiz?

kommen aus + Dativ
feiern + Akkusativ
geben + Dativ
kaufen + Akkusativ
kennen + Akkusativ
sein + Nominativ
vergessen + Akkusativ

3. Setzen Sie den richtigen Artikel ein.**

Wollen wir **(a)**_____ Urlaub (mask./Akk.) auf Sylt nicht lieber absagen? **(b)**_____ Urlaub (mask./Nom.) wird viel zu teuer für uns. **(c)**_____ Geld (neutr./Nom.) haben wir nicht. Keine Sorge, ich habe **(d)** _____ alten Sachen auf eBay verkauft. Ich habe **(e)** _____ Skier (Plur./Akk.), **(f)** _____ alte Handy (neutr./Akk.), **(g)**_____ Buggy (mask./Akk.), und **(h)**_____ Videorekorder (mask./Akk.) verkauft.

Sylt ist eine deutsche Insel.

4. Benutzen Sie **den**, **die**, **das** als Pronomen.**

a) Kennst du den neuen Kollegen? - Ja, _____ kenn ich schon.
b) Hier ist dein Bürostuhl. – Danke, _____ brauche ich im Moment nicht.
c) Kannst du die Chefin anrufen? - Nein, _____ ist gerade in einem Meeting.
d) Wo ist eigentlich der Kaffeeautomat? – _____ steht jetzt im Korridor.
e) Wann wird mein Gehalt bezahlt? – _____ wird am 30. des Monats bezahlt.
f) Hast du eine neue Tonerkartusche bestellt? Nein, _____ bestellt Jutta.

Der unbestimmte Artikel

A: Du trägst ja **einen** Ehering. Hast du geheiratet?

B: Ja, ich habe **eine** Frau.

A: Hast du **eine** Anzeige geschrieben?

B: Ja: Millionär sucht **eine** Frau.

A: Du bist doch kein Millionär!

B: Das wussten aber die Frauen nicht.

Der unbestimmte Artikel heißt auch indefiniter Artikel. Man benutzt ihn, um eine Sache oder Person zu nennen, die unbekannt oder beliebig ist bzw. das erste Mal genannt wird.

Im Deutschen bildet das Wort **ein** mit verschiedenen Endungen den unbestimmten Artikel.

Ein Büro ist ein Zimmer, in dem man arbeitet.
(ein = neutrum, Nominativ)

Eine Kantine ist ein Ort, wo Mitarbeiter essen können.
(eine = feminin, Nominativ)

Ein Haus hat viele Zimmer.
(ein = maskulin, Nominativ)

Der unbestimmte **Artikel** kann **im Nominativ**, **Akkusativ**, **Dativ** und **Genitiv** stehen; im Plural gibt es keinen unbestimmten Artikel. Das Substantiv steht dann ohne Begleiter.

Unbestimmter Artikel als Pronomen

*Näheres dazu im Kapitel **Indefinitpronomen**, S. 118

Den unbestimmten Artikel kann man auch als Pronomen benutzen. Er folgt dann der Deklination der Gruppe 1.*

Artikelwörter und Pronomen

Der unbestimmte Artikel

Form

Deklination Gruppe 2: Die Deklination des unbestimmten Artikels

Lernen Sie die Endungen neben dem Artikel in der Tabelle, denn man braucht sie bei anderen Artikelwörtern und Pronomen, z. B. **mein-**, **kein-**.

Kasus	maskulin		feminin		neutrum		Plural	
Nominativ	ein	-*	eine	-e	ein	-*	-	-e
Akkusativ	einen	-(e)n	eine	-e	ein	-*	-	-e
Dativ	einem	-(e)m	einer	-(e)r	einem	-(e)m	-	-(e)n
Genitiv	eines	-(e)s	einer	-(e)r	eines	-(e)s	-	-(e)r

Für den unbestimmten Artikel gibt es keinen Plural. Andere Begleitartikel bilden den Plural mit den Endungen, die hier gelistet sind.

*Diese Endung unterscheidet sich von der Deklination der Gruppe 1.

Gebrauch

Den unbestimmten Artikel benutzt man ...

▎ ... für Dinge oder Lebewesen, die man das erste Mal in einem Text oder beim Sprechen nennt.

Peter beginnt jetzt ein Studium in Heidelberg.
Ist das nicht ein Deutscher Schäferhund?

▎ ... für allgemeine Tatsachen.

Eine Pflanze braucht Wasser.
Wasser gefriert bei einer Temperatur von 0° Celsius.

▎ ... auch für die Zahl 1, aber immer mit Endung.

Ich habe noch eine Frage.
Kann ich bitte einen Kaffee bekommen?

Als Indefinitpronomen ...

▎ ... nimmt **ein-** Bezug auf eine beliebige Sache oder Person, die vorher genannt wurde und die man zählen kann.

Kaufst du mir ein Eis? Ich hätte gern ein(e)s.
Ich suche einen guten Zahnarzt. Kennst du einen?

▎ ... steht **welch-** im Singular für nicht zählbare Gegenstände. Wenn man *Bier* oder *Geld* zählen will, braucht man eine Maßeinheit, z. B. *Flasche* oder *Euro*.

Kaufst du Bier? Wir brauchen noch welches.
Wir haben kein Geld mehr. Bitte hole welches von der Bank.

▎ ... ist **welch-** auch die Pluralform von **ein-**. Die Pronomen folgen der Deklination Gruppe 1.

Bringst du mir Nägel? Dort liegen welche.

Einige Substantive stehen ohne Artikel, z. B. Elemente wie *Wasser*.

Nullartikel, S. 107

Wenn die Zahl 1 allein ohne Bezug zu einem anderen Wort steht, schreibt oder spricht man „eins". Wenn ein Bezugswort davor steht oder folgt, muss man die Zahl eins wie den unbestimmten Artikel benutzen.

Üben und Anwenden

Der unbestimmte Artikel

Zoo
Schloss
Möbelhaus
Zeitung
Flohmarkt
S-Bahn
~~Telefon~~

1. Setzen Sie das richtige Substantiv und den unbestimmten Artikel im **Dativ** ein.**

a) Wir telefonieren mit _____einem Telefon_____.

b) Cinderella und der Prinz wohnen in _____.

c) Wir fahren mit _____ zur Arbeit.

d) Möbel kauft man in _____.

e) Den Artikel habe ich in _____ gefunden.

f) Den kleinen alten Tisch habe ich von _____.

g) Wer exotische Tiere sehen will, findet sie in _____.

2. So viele Fragen! Ergänzen Sie wenn möglich den unbestimmten Artikel im **Nominativ** oder **Akkusativ**.**

a) Haben Sie _____ Moment Zeit?

b) Ich habe _____ Frage. Wo ist hier _____ Hotel?

c) Können hier _____ Autos parken? Ich suche _____ Parkplatz.

d) Haben Sie _____ neues Bier für mich? Das hier ist warm.

e) Kaufst du mir _____ Limonade? Ich habe _____ großen Durst.

f) Haben Sie _____ Euro? Ich brauche Kleingeld für _____ Einkaufswagen.

g) Gibt es hier _____ Friseur? Ich brauche _____ neuen Haarschnitt.

3. Ergänzen Sie den unbestimmten Artikel im **Nominativ**, **Akkusativ**, **Dativ** oder **Genitiv**, wenn erforderlich.***

Die A 8 wurde infolge **(a)** _____ Unfalls gesperrt. Für die Räumung der Unfallstelle hatte man **(b)** _____ Abschleppdienst beauftragt. Einer der Fahrer fühlte sich trotz **(c)** _____ Behandlung durch den Unfallarzt sehr schlecht. Deshalb wurde er mit **(d)** _____ Krankenwagen ins Krankenhaus gefahren. **(e)** _____ Verletzte gab es nicht. Während der Sperrung der Autobahn hatte sich **(f)** _____ Stau über 20 Kilometer Länge gebildet. Zwei Autoinsassen erlitten infolge der großen Hitze **(g)** _____ Kollaps. Auch ihnen konnte **(h)** _____ Arzt schnell helfen, sodass der Verkehr nach **(i)** _____ Stunde wieder rollte.

Artikelwörter und Pronomen
Der Nullartikel

Der Nullartikel

A: Das ist **Paul junior**, dein Sohn. Er ist 53 cm groß und hat **schwarze Haare**.

B: Ich melde ihn morgen sofort in **Harvard** an, denn er soll **Medizin** studieren und später **Arzt** werden. **Als Harvard-Absolvent** hat er beste Karriere-Chancen.

Ein Substantiv kann auch allein stehen, ohne bestimmten oder unbestimmten Artikel. Man nennt dieses Phänomen Nullartikel. Er ändert die Form des Substantivs oder seine Position im Satz nicht.

In Süddeutschland benutzt man den bestimmten Artikel vor dem Vornamen: *die Helga, der Jürgen*. Der bestimmte Artikel vor dem Nachnamen ist sehr positiv (jemand ist eine Koryphäe) oder sehr negativ (jemand hat eine schlechte Reputation).
Den Heine kennt jeder Germanistikstudent.
Den Schmitt als Trainer kann man vergessen, finde ich.

Gebrauch

Der Nullartikel steht ...

1. ... beim Plural von unbestimmten Artikeln.

Ich will später Kinder haben.
Haben Sie noch Fragen?

2. ... bei Eigennamen, Städte- und Ländernamen* und Kontinenten.

Kennen Sie Harry Potter?
Nächstes Jahr wollen wir Rom besuchen.
Italien liegt in Südeuropa.

*außer Ländernamen mit Artikel: *die Schweiz, die Niederlande, der Iran, das/der Kosovo, ...*

3. ... bei Nationalitäten.

David Miller ist Engländer.

4. ... bei Berufsbezeichnungen.

Meine Frau arbeitete erst als Praktikantin und ist jetzt PR-Assistentin.

5. ... bei nicht abzählbaren Stoffen.

Der Mann hat Geld.
Von Luft und Liebe allein kann man nicht leben.

6. ... bei Krankheitsnamen.**

Er hatte erst Bronchitis und dann Grippe.
Seine Mutter leidet an Asthma.

außer Krankheiten mit Zusätzen, z. B.: **-störung, -entzündung, -erkrankung, -anfall, -schwäche, -infarkt
Er hatte einen Herzinfarkt.

107

Artikelwörter und Pronomen

Der Nullartikel

7. ... nach als für einen Beruf oder eine Eigenschaft.

Weißenstein hat als Bodybuilder, Filmstar, Unternehmer und Politiker Karriere gemacht.
Ich musste als Schüler mit dem Bus zur Schule fahren.

8. ... für Materialien oder Stoffe.

Dieser Ring ist aus Platin.
Ich kaufe nur Hemden aus Baumwolle.

9. ... nach Zeitangaben ohne Präposition.

Nächste Woche beginnen die Sommerferien.
Anfang Mai besuche ich meine Schwester.

10. ... bei kirchlichen Feiertagen.

Die Deutschen feiern Weihnachten am 24. Dezember.
Was machst du (an) Silvester?

11. ... nach heißen, nennen und bezeichnen als.

Das Gotteshaus der Christen nennt man Kirche.
Computer heißt auf Deutsch Rechner.
Das Nest eines Eichhörnchens bezeichnet man als Kobel.

12. ... bei Redewendungen aus Wortpaaren und Idiomen.

Er war ein Spieler und verspielte Haus und Hof.
Ich habe keine Zeit; ich bin schon in Hut und Mantel.
Kannst du mir Feuer geben?

das Idiom, -e: eine feste Wortverbindung, z. B.:
1. *Das Schiff ging mit Mann und Maus unter.*
2. *Morgenstund hat Gold im Mund.*

*gilt nicht für Punkt 1

Achtung: eine generelle Ausnahme*

Man verwendet immer einen Artikel, wenn man eine ganz bestimmte Sache meint oder ein Attribut vor dem Substantiv steht.

Wir wollen den guten alten Goethe nicht zu oft zitieren	→ Punkt 2
Ich denke gern an das alte Frankreich zurück.	→ Punkt 2
Ist Xavier nicht der Franzose aus Marseille?	→ Punkt 3
Frau Köhler ist jetzt die einzige Redakteurin im Verlag.	→ Punkt 4
Pack bitte das Gemüse und die Milch in den Kühlschrank.	→ Punkt 5
Bitte gibt mir das Geld zurück, das ich dir geliehen habe.	→ Punkt 5
Er arbeitete als der einzige Deutsche im Club Med in Italien.	→ Punkt 7
Hast du die Wolle gekauft, die du gestern ausgesucht hast?	→ Punkt 8
Dieses Weihnachten war aber schön!	→ Punkt 11
Ich habe eine unglaublich große Lust auf ein Eis.	→ Punkt 12

108

Üben und Anwenden
Der Nullartikel

1. Wo steht der **Nullartikel**, **bestimmter** oder **unbestimmter Artikel**?***

a) Ich fahre zu _____ Weihnachten nach Hause. Kommst du uns _____ Ostern besuchen? – An _____ Ostern kann ich leider nicht kommen.

b) Mama, die Kinder nennen mich immer _____ „Angsthase". Aber ich bin doch _____ Junge, nicht _____ Hase.

c) Er ist als _____ Musicalstar in Hamburg sehr bekannt. Leider mochte das Publikum ihn nicht in der Rolle als _____ Phantom der Oper.

d) Kommst du uns _____ Anfang Juli besuchen?

e) Ich trinke _____ Tee und _____ Kaffee immer schwarz.

f) _____ Dienstag kann ich leider nicht kommen. Ich habe _____ Anfang nächster Woche einen Besuch bei meiner Mutter geplant.

g) Als _____ Experte schickt ihn seine Firma jetzt nach China. _____ Experte, der die Arbeit vorher gemacht hat, geht in den Ruhestand.

h) Diesen Sommer hatten wir _____ schöne Abende auf unserer neuen Terrasse. Es ist übrigens nicht leicht, _____ Terrasse neu anzulegen.

i) _____ Berlin ist _____ größte Stadt Deutschlands. _____ Hansestadt Hamburg liegt in Norddeutschland.

2. Setzen Sie einen **Artikel** bei zählbaren Mengen.***

a) Haben wir noch _____ Geld auf dem Konto?

b) Hast du _____ Moment _____ Zeit?

c) Wir brauchen _____ Sauerstoff zum Atmen.

d) Hast du _____ Problem mit deinem Auto?

e) Wo kaufst du _____ Mineralwasser?

3. Rolf ist Hypochonder. Entscheiden Sie: **Artikel** oder nicht?***

a) Im Januar klagte er über _____ starkes Rheuma.

b) Täglich klagt er über _____ Kopfschmerzen.

c) Jetzt testet er, ob er _____ Diabetes hat.

d) Im Winter geht er immer wegen _____ Halsentzündung zum Arzt.

e) Aber _____ Schmerzen werden nicht besser.

f) Jetzt studiert er _____ Medizin!

der Hypochonder, -
= eine Person, die stets glaubt, dass sie krank ist.

Artikelwörter und Pronomen

Die Negation

Die Negation

Ich kann **nicht** singen, **nicht** tanzen und **nicht** modeln. Ich bin **kein** Star, **kein** Tänzer und **kein** Millionär. Aber ich bin so schön und unwiderstehlich!

nichts ist kein Negationspartikel, sondern ein Adverb.
Ich weiß nichts.
Er hat nichts gemacht.

Negation heißt Verneinung. Dafür gibt es im Deutschen zwei Wörter:
- **nicht**
- **kein** + Endung

Form

Man kann einen ganzen Aussagesatz verneinen, einzelne Satzteile, Wörter oder sogar Präfixe.

Negation von **der/die/das** *+ Substantiv = **nicht** der/die/das + Substantiv*
Kaufst du die Lampe?
Nein, ich kaufe nicht die Lampe, sondern die da.

*Negation von **ein/eine** + Substantiv = **kein/keine** + Substantiv*
Haben Sie eine Frage?
Nein, ich habe keine Frage.

Ich gebe dir meinen Schlüssel nicht.	Verneinung der Aussage
Ich kann dir meinen Schlüssel nicht geben.	
Ich kann dir nicht meinen Schlüssel geben.	Die Verneinung des Objekts
Vielen Dank, ich möchte keinen Kaffee.	
Nicht ich kann dir meine Schlüssel geben.	Die Verneinung des Subjekts
Wir kommen nicht im nächsten Mai, sondern im Juni.	Die Verneinung einer Zeitangabe
Du sollst die Tür nicht auf-, sondern zumachen.	Die Verneinung des Präfix'
Hast du mir kein frisches Handtuch gegeben?	Verneinung einer Wortgruppe aus Adjektiv und Substantiv

nicht verändert sich nicht. Man stellt **nicht** direkt vor den Satzteil, das Wort oder das Präfix, das man verneint. Verneint man einen ganzen Satz, steht nicht möglichst weit am Ende, nach dem Objekt, aber vor dem Verb 2.

kein folgt der Deklination Gruppe 2 (siehe Seite 105). **kein** negiert ein Substantiv oder eine Wortgruppe mit einem Substantiv. Man stellt **kein** direkt vor das Substantiv, das man verneint, oder die Wortgruppe.

Artikelwörter und Pronomen
Die Negation

Gebrauch

nicht und **kein** können allein die Negation übernehmen. Man kann sie auch in Kombination mit anderen Wörtern benutzen, dann ändert sich die Bedeutung ein wenig (siehe Punkte 1, 2, 3, 6). Auch Konjunktionen können inhaltlich die Verneinung übernehmen (Punkt 4, 5).

1. gar nicht/gar kein …; überhaupt nicht/überhaupt kein …

Das bedeutet **kein bisschen**, etwas ist **vollkommen ausgeschlossen**.

Er kann gar nicht kochen. (auch nicht eine einzige Mahlzeit)
Ich kann überhaupt nicht schlafen. (nicht eine Minute)

2. noch nicht/noch kein …

Das bedeutet **bis zu diesem Moment nicht/kein**, aber vielleicht später.

Ich habe noch nicht gegessen. (bis jetzt nicht, aber vielleicht später)
Ich habe noch kein Buch von Goethe gelesen. (aber vielleicht später)

3. nicht mehr/kein … mehr

Das bedeutet **früher ja**, aber jetzt nicht und es ist nicht geplant.

Boris Becker spielt nicht mehr professionell Tennis. (früher ja)
Er hat keine Lust mehr zu spielen. (früher hatte er Lust)

4. weder … noch

Diese Doppelkonjunktion bedeutet: **nicht A und nicht B**.

Auch nach 4 Jahren Deutschkurs kann er weder sprechen noch schreiben.
Sie wollten weder in Italien noch in Frankreich Urlaub machen.

5. sondern

Diese Konjunktion steht nur nach Negation für eine Alternative.

Bitte frag mich nicht warum, sondern komm einfach mit.
Achim trägt keine Brille, sondern Kontaktlinsen.

6. nicht + Substantiv

Man kann nicht als Präfix verwenden und mit einem Substantiv zusammensetzen. Dabei handelt es sich oft um Ableitungen von Verben.

schwimmen – Schwimmer – Nichtschwimmer
einhalten – Einhaltung – Nichteinhaltung
rauchen – Raucher – Nichtraucher

---

nicht steht immer nach dem Reflexivpronomen.
Er hat sich nicht gewaschen.
Wir freuen uns nicht auf die Schule.

Die Konjunktion **aber** steht für einen Gegensatz ohne Negation.
Ich komme gern, aber erst später.

Vorsicht bei **doppelter Negation**, vor allem bei Verben der Meinungsäußerung! Die Aussage wird dann positiv.
Ich glaube nicht, dass ich nicht kommen kann. (= Ich glaube, dass ich kommen kann.)
Ich denke nicht, dass es kein Gewitter gibt. (= Ich denke, dass es ein Gewitter gibt.)

Üben und Anwenden

Die Negation

1. **Verneinen** Sie den Satzteil mit Unterstrich.**

a) Ich komme heute. Ich komme nicht heute.

b) Ich habe Isabelle eine Datei geschickt. _____

c) Ich habe dem Freund geholfen. _____

d) Er kann Tennis spielen. _____

e) Er will das Brot schneiden. _____

f) Bill Clinton hat Geld. _____

g) Er fährt schnell Auto. _____

h) Wir können lange bleiben. _____

2. **nicht** oder **nichts**? Welches Wort passt?**

a) Hast du etwas gesagt? – Nein, ich habe _____ gesagt.

b) Willst du uns _____ besuchen?

c) Bitte fahr _____ so schnell!

d) Ich habe Hunger, denn ich habe noch _____ gegessen.

e) Petra und Dirk haben sich _____ zu sagen.

f) Das passiert mir _____ noch einmal.

g) Es ist so dunkel! Ich kann _____ sehen.

h) Ich wohne _____ mehr in Stuttgart.

3. Verbinden Sie die Sätze mit **sondern** oder **weder ... noch**.**

a) Der Kurs beginnt nicht um 10.00 Uhr. Er beginnt um 11.00 Uhr.

   Der Kurs beginnt nicht um 10.00 Uhr, sondern um 11.00 Uhr.

b) In der Kantine gibt es kein Bier und keinen Wein.

   In der Kantine gibt es weder Bier noch Wein.

c) Ich habe keine Mikrowelle und keine Spülmaschine.

   _____

d) Mein Kollege ist heute nicht im Büro. Er ist morgen da.

   _____

e) Herr Meier geht nicht ins Kino und nicht ins Theater.

   _____

Üben und Anwenden

Die Negation

f) Sie war nicht in Italien und nicht in der Schweiz.
_____

g) Meine Nachbarin wohnt nicht mehr in Stuttgart. Sie wohnt in Ulm.
_____

h) Es heißt nicht „wegen mir". Es heißt „meinetwegen".
_____

4. **nicht/kein mehr** oder **noch nicht/kein?*****

a) Vor zehn Jahren habe ich viel Sport getrieben.

Heute <u>treibe ich keinen Sport mehr</u>_____.

b) Bald gehe ich regelmäßig schwimmen.

Im Moment <u>gehe ich noch nicht regelmäßig schwimmen</u>_____.

c) In meiner Kindheit haben die Leute überall geraucht. Jetzt darf man

auf öffentlichen Plätzen _____ rauchen.

d) Ich will später Medizin studieren.

Aber im Moment _____.

e) Heute bringe ich dein Paket zur Post.

Bisher habe ich es _____.

f) Für die Disco bin ich zu alt.

Ich gehe _____ tanzen.

g) Meine Tochter ist erst 5 Jahre.

Sie kann _____

schreiben._____

Artikelwörter und Pronomen

Demonstrativartikel und -pronomen

Demonstrativartikel und -pronomen

A: Kannst du mir die Bedienungsanleitung für den DVD-Player geben?

B: Meinst du **diese** Anleitung hier oder **jene** Anleitung unter dem TV?

A: Ich meine **diejenige** Anleitung, die du in deiner Hand hältst.

Demonstrativartikel benutzt man wie den bestimmten Artikel. Sie stehen vor dem Substantiv und **verstärken** seine **Bedeutung**.

Demonstrativartikel können auch als Pronomen benutzt werden. Sie stehen anstelle des Substantivs und seines Begleitwortes und **betonen das vorher genannte Substantiv** stark.

Demonstrativartikel sind zum Beispiel:

dieser wird oft mit dem Adverb **hier** kombiniert.

- dieser, diese, dieses
- jener, jene, jenes
- derselbe, dieselbe, dasselbe
- derjenige, diejenige, dasjenige

Form

Deklination Gruppe 1: Demonstrativartikel **dieser** und **derselbe**

Kasus	maskulin	feminin	neutrum	Plural
Nominativ	dieser	diese	dieses	diese
	derselbe	dieselbe	dasselbe	dieselben
Akkusativ	diesen	diese	dieses	diese
	denselben	dieselbe	dasselbe	dieselben
Dativ	diesem	dieser	diesem	diesen
	demselben	derselben	demselben	denselben
Genitiv	dieses	dieser	dieses	dieser
	desselben	derselben	desselben	derselben

Artikelwörter und Pronomen

Demonstrativartikel und -pronomen

Gebrauch

dieser, diese, dieses

Als Artikelwort und Pronomen verwendet man **dieser** wie den bestimmten Artikel. Seine Bedeutung ist aber viel stärker. Meist meint man eine Sache oder eine Person, die räumlich oder zeitlich in der Nähe des Sprechers ist.

Kannst du mir bitte dieses Glas hier geben? (Das Glas ist in der Nähe des Sprechers.)
Diese Frage ist wirklich interessant. (Die Frage kam direkt vorher.)

jener, jene, jenes

Man verwendet **jener** wie den bestimmten Artikel. Seine Bedeutung ist aber stärker. **jener** meint eine Sache oder eine Person, die räumlich oder zeitlich vom Sprecher entfernt ist. Oft steht es als Unterscheidung zu **dieser**.

Kannst du mir bitte jenes Glas dort geben? Dieses hier ist schmutzig. (Das Glas ist vom Sprecher weiter entfernt.)
Jene Frage ist im Moment nicht so wichtig. (Die Frage wurde vor einiger Zeit gestellt, vielleicht vor einer anderen.)

derselbe, dieselbe, dasselbe

Man verwendet **derselbe** für eine Sache oder eine Person, die schon vorher genannt wurde und mit ihr identisch ist.

Ich trage immer noch dieselbe Winterjacke wie vor zehn Jahren. (Die Jacke ist identisch mit der Jacke von vor zehn Jahren.)
Mein Freund lässt seine Haare immer bei demselben Friseur schneiden. (Es ist immer ein Friseur, nie ein anderer.)

der gleiche, die gleiche, das gleiche

Dieser Begleiter bezeichnet etwas, das nur so aussieht wie eine Sache, die schon bekannt ist, mit ihr aber nicht identisch ist.

Ich fahre das gleiche Auto wie du. (Die Autos sind nicht identisch.)
Wir wohnen im gleichen Haus wie unsere Nachbarn. (Die Häuser sind nicht identisch.)

derjenige, diejenige, dasjenige

Man verwendet **derjenige** meist für Personen – weniger für Sachen –, die direkt im Anschluss in einem Relativsatz erklärt werden. **derjenige** macht den Hinweis auf die folgende Erklärung besonders stark.

Wir helfen nur denjenigen Kindern beim Anziehen, die es noch nicht alleine können.
Denjenigen Läufer, der als Erster in Ziel kommt, nennt man Gewinner.

---

dieser und **jener** folgen der Deklination der Gruppe 1.
→ **Deklination der Gruppen**, S. 102/105

Deklination **derselbe, der gleiche, derjenige**:
Der erste Wortteil (der-, die-, das-) wird wie der bestimmte Artikel dekliniert.
Der zweite Wortteil wird wie ein Adjektiv dekliniert.

Diese Pronomen klingen sehr formal und werden meist nur in der Schriftsprache benutzt.

115

Üben und Anwenden

Demonstrativartikel und -pronomen

1. Im Möbelhaus. Bilden Sie Sätze und benutzen Sie **dies-** und **jen-** mit der richtigen Endung.**

a) Tisch aus Holz – Tisch aus Metall

   Wie findest du diesen Tisch aus Holz?

   Ich finde jenen aus Metall besser.

b) Bett in Schwarz – Bett in Braun

c) Sofa aus Stoff – Sofa aus Leder

d) Teppich aus Indien – Teppich aus Asien

e) Schrank für 750,- EUR – Schrank für 498,- EUR

f) Stühle mit Armlehne – Stühle ohne Armlehne

g) Niedrigen Couchtisch – hohen Couchtisch

2. **derselbe/dieselbe/dasselbe** oder **der/die/das gleiche**? Was passt?***

derselbe = etwas ist identisch mit einer schon bekannten Sache
der gleiche = etwas ist so ähnlich wie eine schon bekannte Sache

a) Du trägst ja _dieselbe_ Hose wie gestern. Da ist noch immer der Fleck.

b) So ein Zufall! Carola hat sich gestern _____ Hose wie du gekauft.

c) Ich nehme beim Tennis immer _____ Schläger. Er bringt mir Glück.

d) Ich möchte _____ Tennisschläger wie letztes Jahr kaufen. Mein alter Schläger ist kaputt.

e) Vor unserem Haus parkt immer _____ Auto. Es hat ein Autokennzeichen aus Freiburg.

Üben und Anwenden

Demonstrativartikel und -pronomen

f) Unser neues Auto ist _____ Wagen wie unser letztes Fahrzeug. Es ist preiswert und braucht nicht viel Benzin.

g) Mama, bitte kauf _____ Schokolade wie letzte Woche. Die schmeckt so gut.

h) Jetzt habe ich _____ Schokolade schon dreimal neu versteckt und du findest sie immer wieder. Du darfst doch keine essen.

i) Ich arbeite in der Firma an _____ Computer wie zuhause. Diese Rechner sind besonders schnell.

j) Jetzt arbeite ich schon fünf Jahre mit _____ Computer. Langsam ist es Zeit für ein neues Gerät.

3. Ergänzen Sie die Definitionen mit der richtigen Form von **derjenige**, **diejenige**, **dasjenige**.***

Sie können die Sätze auch in Ihr Heft schreiben.

a) Firma – nehmen – Stellenbewerber/interessanten Lebenslauf haben

   <u>Eine Firma nimmt nur denjenigen Stellenbewerber, der einen</u>

   <u>interessanten Lebenslauf hat.</u>

b) Golfclub – aufnehmen – Personen/Aufnahmegebühr bezahlen können

   _____

c) Universität – zulassen – Bewerber (Sg.)/Abitur haben

   _____

d) für Champagner – nehmen – Trauben/aus der Champagne kommen

   _____

e) für eine Kur – nehmen – Patienten/schwere Gesundheitsprobleme haben

   _____

f) Verlag – beschäftigen – Mitarbeiter (Sg.) als Redakteur/Volontariat gemacht haben

   _____

g) am Iron Man – teilnehmen – Sportler (Sg.)/qualifiziert haben

   _____

h) Biobauernhof – verwenden – Futter- und Düngemittel (Pl.)/biologischer Herkunft sein

   _____

117

Artikelwörter und Pronomen

Indefinitartikel und -pronomen

Indefinitartikel und -pronomen

A: Kennst du hier **irgendjemanden**, der ein Wörterbuch besitzt?

B: Ja, ich kenne **mehrere**, die **eins** haben.

C: Gut, ich habe nämlich **einige** ausländische Kollegen, die **manches** nachschlagen möchten.

Wörter, die sich auf den unbestimmten Artikel **ein** reimen, folgen der Deklination Gruppe 2; auch die folgenden Indefinitartikel: **irgendein, kein, was für ein** → **Deklination der Gruppen**, S. 105

Man kann drei Gruppen indefiniter Pronomen und Artikel unterscheiden:

- solche, die der Deklination Gruppe 1 folgen (wie der bestimmte Artikel)
- solche, die der Deklination Gruppe 2 folgen (z. B. der unbestimmte Artikel)
- solche, die sich nicht verändern

Indefinite Artikel und Pronomen bilden eine große Gruppe. Man kann hier nicht alle aufzählen.

Indefinitartikel **bezeichnen eine beliebige Person oder Sache**.
Als Artikelwort stehen sie vor dem Substantiv und stimmen mit dem Bezugswort in Kasus, Genus und Numerus überein.

Haben Sie noch <u>irgendeine</u> Frage?
Gibt es im Deutschen <u>irgendwelche</u> Regeln, die keine Ausnahme haben?
<u>Viele</u> Köche verderben den Brei.

Das Indefinitpronomen **einer, eine, eines** wechselt im Plural zu **welch-**: *irgendeiner* → *irgendwelche*

Indefinitpronomen sind mit den Indefinitartikeln identisch, **stehen** aber **anstelle des Substantivs**.

Kennst du hier auf der Party <u>irgendjemanden</u>?
<u>Man</u> kann sein eigenes Wort nicht verstehen.
<u>Jeder</u> macht mal Fehler.

Artikelwörter und Pronomen
Indefinitartikel und -pronomen

Form

jed-/all- als Indefinitartikel und -pronomen sowie **welch-** folgen Deklination Gruppe 1. **(k)ein-** als Indefinitartikel folgt Deklination Gruppe 2.

Kasus	maskulin	feminin	neutrum	Plural
Nominativ	jeder	jede	jedes	alle
	(k)einer	(k)eine	(k)eins	ein → welche*
				kein → keine
Akkusativ	jeden	jede	jedes	alle
	(k)einen	(k)eine	(k)ein(e)s	welche, keine
Dativ	jedem	jeder	jedem	allen
	(k)einem	(k)einer	(k)einem	welchen, keinen
Genitiv	jedes	jeder	jedes	aller
	(k)eines	(k)einer	(k)eines	welcher, keiner

*Der Plural von **jede**/**jeder**/ **jedes** ist **alle**.
Der Plural des Indefinitpronomens **ein-** ist **welch-**.

Deklination der Gruppen, S. 102/105

Folgende Indefinitartikel und -pronomen gibt es nur im Plural:

Kasus	einige	mehrere	alle	wenige	einzelne
Nominativ	einige	mehrere	alle	wenige	einzelne
Akkusativ	einige	mehrere	alle	wenige	einzelne
Dativ	einigen	mehreren	allen	wenigen	einzelnen
Genitiv	einiger	mehrerer	aller	weniger	einzelner

Der Indefinitartikel **ein** folgt der Deklination Gruppe 2.
→ **Der unbestimmte Artikel**, S. 105

Folgende Indefinitpronomen* gibt es nur im Singular:

Kasus	man	jemand	niemand
Nominativ	man	jemand	niemand
Akkusativ	einen	jemanden	niemanden
Dativ	einem	jemandem	niemandem
Genitiv	–	jemand(e)s	niemand(e)s

*Diese Pronomen stehen nur für Personen.

Zusammengesetzte Indefinitartikel und -pronomen mit **irgend-** im ersten Wortteil bezeichnen Personen, Dinge, Orte oder Zeiten, die ganz beliebig sind.

	Singular	Plural
Person	irgendein**, irgendwer, irgendjemand	irgendwelche –
Sache	irgendein*, irgendwas	irgendwelche –

(irgend)ein folgt als Pronomen wie **ein** der Deklination Gruppe 2. Der Plural des Indefinitpronomens oder -artikels ist **welch-**.

119

Artikelwörter und Pronomen

Indefinitartikel und -pronomen

Nicht zählbare Sachen erkennt man daran, dass man sie nur mithilfe einer Maßeinheit zählen kann.
nicht: *1 Obst, 2 Obste, 3 Obste*, sondern:
1 Stück Obst, 2 Stück Obst, 3 Stück Obst, …

jeder wird nur im Singular gebraucht.

all: *All die guten Wünsche freuen mich sehr.*
Nach dieser Kurzform folgt bestimmter Artikel, Possessivartikel oder Demonstrativpronomen. Die Form verwendet man gern in literarischen Texten.

Form und Gebrauch des indefiniten Artikels **ein**, S. 104

Gebrauch

ein-, welch-
Als Indefinitpronomen nimmt **ein-/welch-** Bezug auf eine beliebige, Sache oder Person, die vorher genannt wurde. **ein-** steht für zählbare Personen und Dinge im Singular. **welch-** steht im Singular für nicht zählbare Gegenstände. Es ist auch die Pluralform von **ein-**.

Kennst du ein gutes deutsches Restaurant? Ja, ich kenne ein(e)s.
Haben Sie Tomaten im Haus? Ja, ich habe welche.
Hast du noch Geld? – Ja, ich habe noch welches.

jeder
alle Einzelnen in einer Gruppe von Personen oder Dingen

Jeder Deutsche besitzt einen Personalausweis. Jeder kann gewinnen.

alle
nur im Plural: Die Gesamtheit von Personen oder Dingen

Alle Brasilianer sprechen Portugiesisch. Alle helfen mit.

all-
100% einer Sache. Im Singular steht **all-** als Indefinitartikel vor substantivierten Adjektiven und Substantiven ohne Artikel.

Aller Anfang ist schwer. Wir wünschen dir alles Gute.

ander-
Im Plural steht **andere** für einen Kontrast zu einer anderen Gruppe von Dingen oder Personen.

Kannst du mir andere Schuhe geben? Diese sind schmutzig.
Marla lernt mit sechs Jahren lesen. Andere können das mit fünf.

einzeln-
manche(s) oder einige(s) aus einer größeres Zahl oder Menge

Einzelne Autos fahren auf der Autobahn ohne Licht.
Die meisten Nachbarn haben eine Garage. Nur einzelne besitzen keine.

viele/vieler/vielen
Bezeichnung für eine große Menge. Die Bedeutung ist aber subjektiv.

In den 70er Jahren sind viele Gastarbeiter nach Deutschland gekommen.
Die Studenten hatten vieles nicht verstanden.

wenige/weniger/wenigen
Bezeichnung für eine kleine Menge. Die Bedeutung ist aber subjektiv.

Nur wenige Deutsche essen gesund und bewegen sich viel.
Von allen Schülern konnten nur wenige gut lesen und schreiben.

Artikelwörter und Pronomen

Indefinitartikel und -pronomen

manch-
Bezeichnung für weniger als die Hälfte, aber mehr als zwei

*An manchen Tagen im Juni fällt die Temperatur unter 15°C.
Mancher hätte gern eine Frau wie Claudia Schiffer.*

manch
Der verkürzte Singular steht immer mit dem unbestimmten Artikel.

*Manch ein Kind besitzt zu viele Spielsachen.
Manch eine Stadt hat viele Sehenswürdigkeiten.*

einig-
weniger als die Hälfte der Personen oder Dinge, aber mehr als zwei

Am Kongress nahmen auch Politiker aus einigen afrikanischen Staaten teil.

mehrer-
einige (= eine nicht bestimmte Anzahl) Personen oder Dinge.

*Die Reise nach Italien dauerte mehrere Tage.
Ich habe schon mehrere Bücher über den Zweiten Weltkrieg gelesen.*

nicht nur eine Person oder Sache, sondern **verschiedene** (= eine Variation)

*Es gibt mehrere Möglichkeiten.
Das Restaurant serviert auch mehrere Weine aus Südafrika.*

man
Meistens steht **man** für allgemeine Aussagen oder Fakten.

*Man nennt Bruce Springsteen auch „den Boss".
Das habe ich nicht gewusst. Das muss einem doch erklärt werden!*

jemand
Meist steht **jemand** für eine beliebige unbekannte Person. Man kann die Bedeutung durch **irgend-** verstärken.

*Ist hier (irgend)jemand zu Hause?
Kennen Sie (irgend)jemanden, der mein Auto reparieren kann?*

niemand
niemand bedeutet **keine Person**.

*Niemand würde ein Auto kaufen, das kein Lenkrad hat.
Wir haben in unserem Kurs niemanden, der Russisch spricht.*

💡 **jemand** und **niemand** sind grammatisch maskulin. Sie folgen in der Deklination der 3. Person Singular.
Ich kenne niemanden, der im Winter im Bodensee badet.

💡 In der Alltagssprache verlieren **jemand** und **niemand** oft ihre Endungen im Dativ und Akkusativ.
Kennst du jemand, der Sigurd heißt?

❗ **Man** ist grammatisch maskulin und steht für eine beliebige Person.
Der Mann ist ein Substantiv und steht für eine männliche Person.

Üben und Anwenden

Indefinitartikel und -pronomen

1. **jed-** oder **alle**? Setzen Sie die richtige Form ein.**

a) Ich habe jetzt __alle__ Dokumente für unsere Hochzeit.

b) _____ Studenten müssen in Deutschland Studiengebühren bezahlen.

c) _____ Bundesland hat einen Ministerpräsidenten, _____ Stadtstaat einen Regierenden Bürgermeister.

d) Ich stehe _____ Tag schon um 7.00 Uhr auf.

e) Meine Freundin hat schon _____ Bücher von Donna Leon gelesen.

f) Mein Mann liebt _____ Pfund an mir.

g) Wir hatten an _____ Urlaubstag Sonnenschein.

2. **wenig-** oder **viel-**? Setzen Sie das richtige Wort ein. Achten Sie auf die Endung.**

Bill Gates ist ein reicher Mann. Er besitzt **(a)** _____ Geld. Aber er unterstützt auch **(b)** _____ soziale Projekte. Jetzt spenden auch **(c)** _____ Milliardäre aus den USA einen Teil ihres Geldes. Leider wollen in Deutschland nur **(d)** _____ Reiche ihr Geld mit anderen teilen. Sie zahlen **(e)** _____ Steuern, aber sie bekommen auch **(f)** _____ Zinsen für ihr Kapital. Leider sprechen nur **(g)** _____ Reiche über ihren Besitz. „Über Geld spricht man nicht, Geld hat man", sagt ein deutsches Sprichwort.

3. **alle**, **all** oder **all-**? Setzen Sie die richtige Form des Indefinitartikels ein.**

a) Ich wünsche dir _____ Liebe zum Geburtstag.

b) Essen ist fertig! Nun können _____ Kinder hereinkommen!

c) Wer soll _____ die Schuhe tragen, die hier im Schuhschrank stehen?

d) Nun hat er zu _____ Unglück auch noch seine Arbeit verloren.

e) Die Eheleute haben sich in _____ Freundschaft getrennt.

f) Zu meinem Geburtstag habe ich _____ die Freunde eingeladen, die ich lange nicht gesehen habe.

g) Der Kandidat konnte _____ Quizfragen beantworten und gewann eine Million Euro.

Üben und Anwenden

Indefinitartikel und -pronomen

4. Ergänzen Sie die fehlenden Indefinitpronomen **ein-**, **kein-**, **welch-**.**

a) Hier ist ein Schreibtisch. Steht da noch ____einer____?

Nein, da ist ____keiner____ mehr.

b) Hier ist ein Flipchart. Steht dort noch _____?

Nein, da ist _____ mehr.

c) Hier ist ein Overhead-Projektor. Steht da noch _____?

Nein, da ist _____ mehr.

d) Hier sind fünf Stühle. Sind dort noch _____?

Nein, da sind _____ mehr.

e) Hier ist eine Tasche. Ist dort noch _____?

Nein, hier ist _____ mehr.

5. Morgen ist Monikas Geburtstag. Was können wir schenken?**

a) Eine CD mit Jazzmusik? – Besser nicht, Sie hat schon _____.

b) Einen Krimi? – Besser nicht, sie mag (Pl.) _____.

c) Geschirr? – Besser nicht, sie hat schon _____.

d) Ein Handy? – Besser nicht, sie will _____.

e) Parfüm? – Besser nicht, sie mag _____.

f) Eine Kurzreise? Gute Idee! Sie will schon lange _____ machen.

6. Was fehlt in den Sätzen – **man**, **jemand** oder **niemand**?***

a) • Wo kann _____ hier eine Zahnbürste kaufen?

○ Gehen Sie am besten in die Drogerie.

• Ist denn da noch _____ um diese Uhrzeit?

○ Nein, Sie haben Recht. Da ist jetzt _____ mehr.

b) • Darf _____ hier auf dem Bahnsteig rauchen?

○ Natürlich nicht. Das hat _____ schon 2008 verboten.

• Aber wo kann _____ denn rauchen?

○ Ich weiß es nicht. Fragen Sie _____ vom Personal.

c) • Kann mir _____ den Kinderwagen in den Bus heben?

○ Hat Ihnen _____ Hilfe angeboten?

• Nein, immer muss ich _____ bitten, mir zu helfen.

123

Artikelwörter und Pronomen

Possessivartikel und -pronomen

Possessivartikel und -pronomen

A: Max, du hast wieder an **meinem** Computer gespielt!

B: Ja, denn **deiner** ist schneller als **meiner**.

A: Nimm doch Mamas Computer. **Ihrer** ist ganz neu und sehr schnell.

Possessivartikel und -pronomen zeigen an, **wem oder zu wem eine Sache oder Person gehört**. Die Possessivpronomen und -artikel ändern sich nicht. Um sie zu deklinieren, hängt man verschiedene Endungen an.

Als Possessivartikel stehen sie vor dem Substantiv.

1. So wählen Sie **das richtige Possessivwort**:
   (Zu) Wem gehört die Sache oder Person nach dem Possessivartikel?

2. So wählen Sie **die richtige Endung** aus Tabelle „Possessivartikel":
   – Welches Genus (mask./fem./neut.) hat das folgende Substantiv?
   – Welchen Numerus (Singular/Plural) hat das folgende Substantiv?
   – In welchem Kasus (Nom./Akk./Dat./Gen.) steht das folgende Substantiv?

Possessivpronomen beziehen sich auf das Genus des Bezugswortes, nicht auf das natürliche Geschlecht, z. B.: mein Mädchen (gramm. Genus: neutrum; natürliches Geschlecht: feminin).

*Britta hat eine Tochter. **Ihr** + **-e** Tochter ist fünf Jahre alt.*

Als Possessivpronomen stehen diese Wörter anstelle des Substantivs.

1. So wählen Sie **das richtige Possessivwort**:
   (Zu) Wem gehört die Sache oder Person nach dem Possessivartikel?

2. So wählen Sie **die richtige Endung** aus Tabelle „Possessivpronomen":
   – Welches Genus (mask./fem./neut.) hat das Bezugswort?
   – Welchen Numerus (Singular/Plural) hat das Bezugswort?
   – In welchem Kasus (Nom./Akk./Dat./Gen.) muss das Pronomen wegen seiner Funktion im Satz stehen?

*Gibst du mir deinen Stift? **Mein** + **-er** ist kaputt.*

Artikelwörter und Pronomen

Possessivartikel und -pronomen

Form

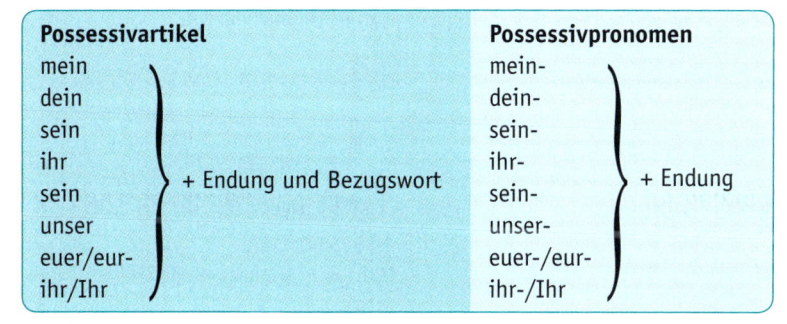

Possessivartikel		Possessivpronomen	
mein		mein-	
dein		dein-	
sein		sein-	
ihr	+ Endung und Bezugswort	ihr-	+ Endung
sein		sein-	
unser		unser-	
euer/eur-		euer-/eur-	
ihr/Ihr		ihr-/Ihr	

Der Genitiv wird in der Umgangssprache oft durch **von** + Dativ ersetzt.
Genitiv: *Das ist die Nummer meiner Kollegin.*
Dativ: *Das ist die Nummer von meiner Kollegin.*

Endung der Possessivartikel – Deklination nach Gruppe 2

Folgewort	Nominativ	Akkusativ	Dativ	Genitiv
mask.	-	-en	-em	-es
fem.	-e	-e	-er	-er
neutr.	-	-	-em	-es
Plural	-e	-e	-en	-er

Die Form von **euer** ändert sich beim Wechsel des Kasus in **eur-**.

Endung der Possessivpronomen – Deklination nach Gruppe 1

Bezugswort	Nominativ	Akkusativ	Dativ	Genitiv
mask.	-er	-en	-em	-es
fem.	-e	-e	-er	-er
neutr.	-s	-s	-em	-es
Plural	-e	-e	-en	-er

Gebrauch (Beispiele)

▌**mein**

als Possessivartikel ohne Endung, da im Nominativ Singular maskulin

Ich habe mir einen Computer gekauft. Das ist mein Computer.

als Possessivpronomen mit Endung im Nominativ Singular maskulin

Gib mir den Stift! Das ist meiner.

▌**dein**

als Possessivartikel mit Endung im Akkusativ Singular feminin

Kannst du mir deine Jacke leihen?

als Possessivpronomen mit Endung im Nominativ feminin

Kann ich die CD leihen? Ist das deine?

125

Artikelwörter und Pronomen

Possessivartikel und -pronomen

sein
als Possessivartikel mit Endung im Dativ Singular maskulin

Er kommt zur Party mit seinem Freund.

als Possessivpronomen mit Endung im Dativ Singular maskulin

Sind die Schulbücher von meinem Sohn oder von deinem?

ihr (Bezugswort im Singular)
als Possessivartikel im Akkusativ Singular neutrum

Leider hat sie ihr Geld vergessen.

als Possessivpronomen mit Endung im Genitiv Plural

Sie kommt anstatt ihrer Eltern. Sie kommt statt ihrer.

sein
als Possessivartikel mit Endung im Akkusativ Singular feminin

Das Mädchen hat seine Schultasche dabei.

als Possessivpronomen mit Endung im Akkusativ Singular neutrum

Braucht John auch ein Ticket? Dann kann ich seines schon kaufen.

unser
als Possessivartikel mit Endung im Akkusativ maskulin

Kennt ihr schon unseren neuen Hund?

als Possessivpronomen mit Endung im Dativ maskulin

Fahren wir mit meinem oder mit eurem Wagen? Wir fahren mit unserem.

euer
als Possessivartikel mit Endung im Akkusativ Singular feminin

Habt ihr eure Reise nach Schweden schon gebucht?

als Possessivpronomen mit Endung im Nominativ Plural

Hier stehen noch drei Paar Schuhe. Sind das eure?

ihr (Bezugswort im Plural)
als Possessivartikel mit Endung im Akkusativ Singular feminin

Unsere Kinder sollten ihre Großmutter mal wieder besuchen.

als Possessivpronomen mit Endung im Nominativ Singular maskulin

Gehört der Schlüssel Luca und Sofia? Ja, das ist ihrer.

Üben und Anwenden

Possessivartikel und -pronomen

1. Setzen Sie den richtigen **Possessivartikel** ein.*

a) Kinder, sind das _____ Sachen? Räumt sie bitte schnell auf.

b) Peter hat heute _____ ersten Arbeitstag bei Siemens.

c) Besuchst du in den Ferien immer _____ älteren Bruder?

d) Frau Schultz, wie heißt _____ Mann mit Vornamen?

e) Am Wochenende sehen wir endlich _____ Freunde wieder.

f) Hat Sabine _____ Ausweis dabei?

g) Meine Freunde bringen heute _____ Urlaubsfotos mit.

h) Du Maria, fahren _____ Schwestern auch mit ins Schwimmbad?

i) Ich vermisse etwas. Habt ihr _____ Notebook gesehen?

j) Peter, darf ich _____ Stift für einen Moment ausleihen?

deinen
ihren
deinen
ihre
eure
seinen
ihr
unsere
mein
deine

2. Die Sekretärin räumt auf. Finden Sie die richtigen **Possessivpronomen**.**

a) Hier ist ein Skript. Ist das _____, Herr Müller?

b) Da liegt eine Brotdose. Ist das _____, Frau Moll?

c) Am Flipchart hängen Notizen. Sind das _____, Sabrina?

d) Aber die roten Stifte dort gehören mir. Das sind _____.

e) Wem gehört die Daten-CD? Ist das _____, Thomas?

f) Gehört der Putzeimer der Putzfrau? - Ja, das ist _____.

deine
Ihres
meine
ihrer
Ihre
deine

3. Setzen Sie die fehlenden **Possessivartikel** ein.**

a) • Ich kann <u>meinen</u> Schlüssel nicht finden. <u>Mein</u> Schlüssel ist weg.

○ Wo hast du <u>deinen</u> Schlüssel denn zuletzt gesehen?

• Ich weiß es. Papa hat <u>seinen</u> Schlüssel in die Tasche gesteckt.

b) • Ich kann _____ Handy nicht finden. _____ Handy ist weg.

○ Wo hast du _____ Handy denn zuletzt gesehen?

• Ich weiß es. Papa hat _____ Handy in die Tasche gesteckt.

c) • Ich kann _____ Geldbörse nicht finden. _____ Geldbörse ist weg.

○ Wo hast du _____ Geldbörse denn zuletzt gesehen?

• Ich weiß es. Mama hat _____ Geldbörse in die Tasche gesteckt.

127

Üben und Anwenden

Possessivartikel und -pronomen

d) • Ich kann _____ Papiere nicht finden. _____ Papiere sind weg.

○ Wo hast du _____ Papiere denn zuletzt gesehen?

• Ich weiß es. Papa hat _____ Papiere in die Tasche gesteckt.

e) • Ich kann _____ Kalender nicht finden. _____ Kalender ist weg.

○ Wo hast du _____ Kalender denn zuletzt gesehen?

• Ich weiß es. Mama hat _____ Kalender in die Tasche gesteckt.

4. Setzen Sie die **Endungen** der Possessivartikel ein, wenn es nötig ist.***

Liebe Franziska,

vielen Dank für dein___ **(a)** Antwort auf mein___ **(b)** E-Mail. Ich habe mich über dein___ **(c)** lieben Wünsche zu mein___ **(d)** Geburtstag sehr gefreut. Der Grund mein___ **(e)** E-Mails ist aber unser___ **(f)** gemeinsamer Urlaub im Juni. Mein___ **(g)** Schwägerin hat einen Bauernhof. Nun hat sie dich, dein___ **(h)** Bruder und mich auf ihr___ **(i)** Bauernhof im Allgäu* eingeladen. Was meinst du? Es war doch schon lange unser___ **(j)** Wunsch, unser___ **(k)** Urlaub gemeinsam zu verbringen. Mein___ **(l)** Schwägerin und ihr___ **(m)** Mann nennen ihr___ **(n)** Hof „Unser___ **(o)** Bioparadies", weil sie ihr___ **(p)** Kühen, ihr___ **(q)** Schafen, ihr___ **(r)** Ziegen und ihr___ **(s)** Hühnern nur pflanzliches Futter geben. Auch ihr___ **(t)** Obstbäume und ihr___ **(u)** Gemüsepflanzen düngen sie nicht. Deshalb enthalten ihr___ **(v)** Produkte auch keine Gifte. Wenn du willst, können wir unser___ **(w)** ganzen Ferien bei ihnen verbringen. Antworte auf mein___ **(x)** E-Mail bitte schnell. Denn mein___ **(y)** Verwandten vermieten ihr___ **(z)** Zimmer sonst an Touristen.

Herzliche Grüße an dich, dein___ **(aa)** Bruder und dein___ **(bb)** Mutter.

Dein___ **(cc)** Elisabeth

Das Substantiv **E-Mail** kann sowohl feminin als auch neutral sein. In dieser Übung ist es neutral.

*Das **Allgäu** ist eine Landschaft in Süddeutschland und Österreich.

Artikelwörter und Pronomen

Personalpronomen

Personalpronomen

A: Wo ist eigentlich Herr Ziegler? **Ich** habe **ihn** lange nicht gesehen.

B **Ich** glaube, **er** hat seine Frau verlassen.

A: Und das Haus? **Sie** haben **es** doch erst gebaut!

B: Das weiß **ich** nicht. Das muss nicht **unsere** Sorge sein.

Personalpronomen stehen für eine Person oder Sache, die bekannt ist oder schon einmal genannt wurde. Sie werden kleingeschrieben. Nur das höfliche **Sie** schreibt man in allen Formen als Anrede groß.

> In persönlichen Texten kann man die Anrede **Du** auch großschreiben.

Form

	Nominativ	Akkusativ	Dativ	Genitiv*
Singular				
1. Person	ich	mich	mir	meiner
2. Person	du	dich	dir	deiner
3. Person/mask.	er	ihn	ihm	seiner
3. Person/fem.	sie	sie	ihr	ihrer
3. Person/neutr.	es	es	ihm	seiner
Plural				
1. Person	wir	uns	uns	unser
2. Person	ihr	euch	euch	euer
3. Person**	sie/Sie	sie/Sie	ihnen/Ihnen	ihrer/Ihrer

> *Im Genitiv benutzt man die Personalpronomen nicht mehr. Man findet diese Form meist in alten oder formalen Texten.

> **Die Form der 3. Person Plural ist identisch mit der Höflichkeitsform **Sie**.

Der Wechsel vom Sie zum Du

Wenn neue Mitglieder in die Familie kommen oder wenn Bekannte zu Freunden werden, dann wechselt man vom höflichen **Sie** zum **Du**. Dieser Wechsel muss aber explizit erfragt oder angekündigt werden, z. B.:

Wollen wir nicht Du sagen? Ich heiße Martin.
Wir duzen uns alle. Ich heiße Sofia.

Man kann nur selten vom **Du** zurück zum **Sie** wechseln: Wenn ein Freund auch der Vorgesetzte ist oder wenn man einen schweren Streit hat, der über lange Zeit geht. Man wechselt dann zum **Sie** ohne Ankündigung.

Artikelwörter und Pronomen

Personalpronomen

Gebrauch

ich – mich – mir
Die 1. Person bezieht sich auf den Schreiber eines Textes oder den Sprecher. In fiktiven Texten kann **ich** ein Tier oder eine Sache sein.

Zu meiner Geburtstagsfeier begrüße ich euch ganz herzlich.
Bitte bestätigen Sie mir den Erhalt meiner Kündigung schriftlich.

du – dich – dir
Man verwendet das **Du** für Verwandte, Kinder, Jugendliche und Freunde. Manchmal duzen sich Angehörige einer Gruppe, wie Studenten, Arbeiter, Kollegen. Dafür gibt es aber keine Regeln.

Danke, Papa, dass du mich von der Schule abholst.
Kann ich dir den Weg zur Mensa der Universität zeigen?

er – ihn – ihm, sie – sie – ihr, es – es – ihm
Die Pronomen der 3. Person Singular beziehen sich auf eine Person oder Sache, die bekannt ist oder vorher genannt wurde. Wichtig ist dabei das grammatische Geschlecht (Genus), nicht das natürliche Geschlecht.

Wann kommt Peter? Hast du ihn über das Meeting informiert?
Sag Sandra einen Gruß von mir und gib ihr das Geschenk.

wir – uns – uns
wir bezieht sich auf eine Gruppe Personen inklusive Sprecher oder Schreiber. Diese Gruppe hat mindestens zwei Personen.

Wir haben dieses Jahr mehr Produkte verkauft als letztes Jahr.
Kannst du uns bitte zum Bahnhof fahren?

ihr – euch – euch
Mit **ihr** spricht man zwei oder mehr Personen direkt an, die man duzt, z. B. Kinder, Jugendliche, Verwandte oder Freunde.

Kinder, könnt ihr mir bitte zuhören?
Liebe Freunde, endlich sehe ich euch nach langer Zeit wieder.

sie – sie – ihnen
Mit **sie** spricht man über eine Gruppe von Personen oder Sachen.

Die Müllers? – Sie kommen nächste Woche aus dem Urlaub zurück.
Jutta und Jörg haben Hochzeitstag. Was schenken wir ihnen?

Sie – Sie – Ihnen
Sie ist die formelle, höfliche Anrede unter Erwachsenen, wenn sie sich nicht oder nur wenig kennen.

Entschuldigung, können Sie mir helfen? Ich suche die Post.
Leider können wir Ihnen die Möbel erst in acht Wochen bringen.

! Das Personalpronomen bezieht sich auf das Genus des Bezugswortes, nicht auf das natürliche Geschlecht einer Person oder eines Lebewesens.
Unser Söhnchen sah so niedlich aus. Es hatte ganz schwarze Haare.

duzen = man sagt „du" zu einer Person

siezen = man sagt „Sie" zu einer Person

Üben und Anwenden

Personalpronomen

1. Was machen Sie jeden Tag? Bilden Sie Sätze mit dem **Personalpronomen** in der 1. Person Singular.**

a) der Wecker/wecken/um 7.00 Uhr
_____

b) waschen/und etwas Schönes anziehen
_____

c) Frühstück/machen
_____

d) dann/um 9.00 Uhr/ins Büro/fahren
_____

e) alle Kollegen/viel Arbeit/haben für
_____

f) um 16.00 Uhr/die S-Bahn/nach Hause/nehmen
_____

der TÜV = Kurzform für **Technischer Überwachungsverein**. Diese Institution kontrolliert Maschinen, wie Autos, und Geräte, wie Staubsauger. Autos und Motorräder in Deutschland müssen zur Kontrolle alle ein bis drei Jahre zum TÜV.

2. Setzen Sie das richtige **Personalpronomen** ein.**

a) Ist der Tisch braun? Nein, _____ ist weiß.
b) Das Handy ist brandneu. Ich habe _____ heute gekauft.
c) Wie viele Seiten hat das Buch? _____ hat 124 Seiten.
d) Findest du den Unterricht interessant? Ja, _____ ist interessant.
e) Woher kommen Sie, Herr Schmidt? _____ komme aus Bonn.
f) Hat dir die Suppe geschmeckt? Ja, _____ war fantastisch.
g) Muss dein Auto zum TÜV? Ja, _____ muss nächsten Monat zum TÜV.
h) Wie findest du die Musik von Mozart? _____ ist einfach wunderbar.
i) Was macht ihr hier? _____ lernen Deutsch.

mich
ich
mich
mir
ich
mir
ich
für mich
ich

3. Für wen ist das? Verwenden Sie das richtige **Personalpronomen** im Akkusativ und bilden Sie Sätze.***

Für mich? Ich liebe Kleidung und Kosmetik.
Für dich? Shannon aus New York liebt Autos und Computer.
Für sie? Elena aus Russland kocht und isst gern.
Für uns? Shannon und ich telefonieren gern.

131

Üben und Anwenden

Personalpronomen

a) Das Parfüm   ist für mich, denn ich liebe Kosmetik. _____.

b) Der neue Computer _____.

c) Das Sommerkleid _____.

d) Das Ticket nach New York _____.

e) Der schnelle Audi _____.

f) Die Prepaid-Karte _____.

g) Der neue Kochtopf _____.

h) Das russisch-deutsche Wörterbuch _____.

4. Der Froschkönig. Setzen Sie das passende **Personalpronomen** ein.***

Märchen werden im *Präteritum* erzählt.
lebte → leben
hatte → haben
besaß → besitzen
spielte → spielen
rollte → rollen
sprach → sprechen
sah → sehen
wollte → wollen
musste → müssen
versprach → ver-sprechen
lief → laufen
kam → kommen
öffnete → öffnen
warf → werfen
wurde → werden
gestorben → sterben

Ein alter König hatte eine hübsche Tochter. (a) _____ (**die Tochter**) besaß eine goldene Kugel. Damit spielte (b) _____ (**die Tochter**) sehr gern. Aber eines Tages rollte (c) _____ (**die Kugel**) in den Brunnen. Da sprach jemand: (d) „_____ darfst nicht weinen. (e) _____ kann (f) _____ helfen."

Der Frosch wollte die Kugel aus dem Brunnen holen, aber die Prinzessin musste (g) _____ (**dem Frosch**) versprechen, (h) _____ (**den Frosch**) zum Freund zu nehmen. (i) _____ (**die Prinzessin**) versprach alles; aber als (j) _____ (**die Prinzessin**) ihre Kugel hatte, lief (k) _____ (**die Prinzessin**) weg.

Da kam der Frosch zur Prinzessin ins Schloss, doch (l) _____ (**die Prinzessin**) wollte (m) _____ (**den Frosch**) nicht sehen. Da sagte der König: „Was (n) _____ (**2. Pers. Sg.**) in der Not versprochen hast, das musst (o) _____ (**2. Pers. Sg.**) halten." Da öffnete (p) _____ (**die Prinzessin**) die Tür.

Doch als (q) _____ (**der Frosch**) im Bett der Prinzessin schlafen wollte, warf (r) _____ (**die Prinzessin**) (s) _____ (**den Frosch**) gegen die Wand. Da wurde aus (t) _____ (**dem Frosch**) ein schöner Königsohn.

Artikelwörter und Pronomen
Das Wort es

Das Wort es

A: **Es** regnet schon wieder.

B: Ja, ich habe **es** gesehen und **es** gefällt mir nicht.

A: Ach du meine Güte! **Es** wird doch heute im Tennisclub gegrillt.

B: **Es** ist möglich, dass **es** abgesagt wird.

Das Wort **es** kann man in verschiedenen Funktionen benutzen:
- als **Pronomen**. **Es** wird dekliniert und ist obligatorisch.
- als **Begleiter** bei bestimmten Verben und Ausdrücken. Dann wird **es** nicht dekliniert und ist obligatorisch.
- als **Platzhalter** auf Position 1. **Es** wird nicht dekliniert und ist fakultativ.

Form

Nominativ	Akkusativ	Dativ	Genitiv*
es	es	ihm	seiner

* Der Genitiv wird fast nie benutzt.

Gebrauch

1. Als Pronomen

Das Pronomen **es** steht für ein Substantiv, das vorher genannt wurde. Man benutzt **es** meist im Nominativ oder Akkusativ.

Das Baby weint. Es braucht sein Fläschchen.
Kaufst du das Hemd? Ja, ich nehme es.

es ersetzt ein Adverb. **es** steht nach dem Verb und nie in Position 1.

Meine Mutter ist wirklich fortschrittlich. – Meine ist es leider nicht.
Bist du musikalisch? Ich bin es nämlich auch.

es bezieht sich auf eine Aussage direkt vorher. **es** steht nicht in Position 1.

Wohin fahren wir in Urlaub? – Ich weiß nicht, wohin wir fahren.
= Ich weiß es nicht.
Komm endlich, wir müssen gehen! – Aber ja, ich habe es gehört.

Das Pronomen **es** kündigt ein Aussage an, die im folgenden Nebensatz steht. **es** steht nicht in Position 1, sondern nach dem Verb.

Ich muss es ihm noch sagen, dass wir morgen um 8.00 Uhr starten.

💡 Das Pronomen **es** muss hier nicht stehen. Wenn man es benutzt, betont man die folgende Aussage besonders.

133

Artikelwörter und Pronomen

Das Wort es

2. Das unpersönliche *es* bei bestimmten Verben und Ausdrücken

für Verben, die das Wetter beschreiben, z. B. *schneien, regnen, hageln ...*

Es regnet. *Es* schneit. *Es* hagelt.

für Verben, die Geräusche beschreiben, z. B. *klingeln, klopfen, läuten ...*

Es hat an der Tür geklingelt. Hat es geklopft?

für Verben, die Sinneseindrücke oder das Wohlbefinden beschreiben, z. B. *gefallen, kalt/warm sein, riechen ...*

Es geht mir gut/schlecht/blendend/ausgezeichnet ...
Es duftet hier so gut nach frischem Brot.

für Verben, die etwas Neues vorstellen oder ein Thema beginnen

Es geht um eine Rechnung, die ich geschickt hatte.
Es handelt sich um ein neues Produkt.

als unpersönliches Subjekt in Ausdrücken mit **es gibt**

Es gibt in Deutschland etwa 86 Millionen Menschen.
Heute gibt es eine Überraschung für euch.

als unpersönliches Subjekt in Ausdrücken mit **es ist**

Es ist schön, dich mal wieder zusehen.
Es wäre nett, wenn du mir etwas aus der Stadt mitbringen könntest.

als unpersönliches Objekt für allgemeine Aussagen. **es** steht in Position 3

Bernd kann jetzt nicht mit dir telefonieren. Er hat es eilig.
Wir finden es hier zu laut.

3. Das Pronomen *es* als Platzhalter auf Position 1

Es kann die Funktion eines Subjekts übernehmen. **Es** hat keine Bedeutung, sondern ist ein Stilmittel, um das persönliche Subjekt zu betonen.

Es kommen heute endlich meine Eltern zu Besuch.
besser: *Heute kommen endlich meine Eltern zu Besuch.*

Dieser Satzbau wird oft beim Sprechen benutzt. Beim Schreiben sollte man diese Konstruktion vermeiden.

Konstruktionen mit **es** in Passivsätzen klingen umständlich. Besser ist ein Aktivsatz mit dem unpersönlichen Pronomen **man**.

Es werden in Deutschland pro Kopf pro Jahr 235 kg Papier verbraucht.
besser: *Man verbraucht pro Kopf pro Jahr 235 kg Papier.*

Üben und Anwenden

Das Wort es

1. Finden Sie den passenden zweiten Satz.*

a) Bei 30° C im Schatten bleibe ich im Haus. ___9___
b) Einen Marathon kann man in weniger als 4 Stunden laufen. _____
c) Auf öffentlichen Plätzen darf man nicht rauchen. _____
d) Du kochst wirklich wunderbar. _____
e) Schau dir das Gewitter an. _____
f) Du hast wirklich deinen Job gekündigt? _____
g) Ich muss unbedingt einen neuen Reisepass machen lassen. _____
h) Siehst du die schwarzen Wolken über der Stadt? _____
i) Ich bin wieder gesund. _____

1) Es ist verboten.
2) Es ist wirklich notwendig.
3) Es blitzt und donnert.
4) Es ist möglich.
5) Es überrascht mich.
6) Es regnet dort.
7). Es geht mir wieder gut.
8) Es schmeckt mir sehr.
9) ~~Es ist zu warm für mich.~~

2. Antworten Sie mit **es**.***

a) Wann kaufen wir endlich einen neuen Schrank? (nicht wissen)
   <u>Ich weiß es nicht.</u>

b) Warum fährst du niemals Rad? (nicht können)
   _____

c) Warum kommt Isabelle nicht mit auf die Party? (nicht dürfen)
   _____

d) Hast du deine langen Haare abgeschnitten? (selbst nicht glauben)
   Ja, _____

e) Ich kündige sofort! (besser nicht tun)
   _____

f) Vergiss nicht, die Blumen zu gießen. (nicht vergessen)
   Nein, _____

g) Wie findest du es hier? (schön sein)
   Hier _____

Artikelwörter und Pronomen

Fragewörter

Fragewörter

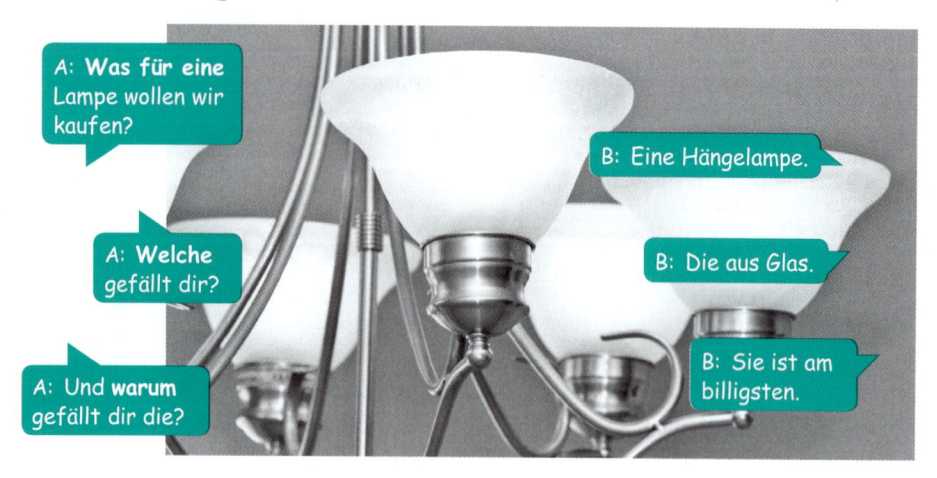

A: **Was für eine** Lampe wollen wir kaufen?
B: Eine Hängelampe.
A: **Welche** gefällt dir?
B: Die aus Glas.
A: Und **warum** gefällt dir die?
B: Sie ist am billigsten.

Es gibt zwei Arten von Fragesätzen:

1. Satzfragen oder **Entscheidungsfragen**. Sie beginnen mit einem Verb und werden mit **Ja** oder **Nein** beantwortet.

   Steht der Reichstag in Frankfurt? Nein. (Er steht in Berlin.)
   Findet man den Eiffelturm in Paris? Ja. (Man findet ihn in Paris.)

   > In der Umgangssprache beantwortet man Wortfragen auch kurz.
   > *Wann kommst du? – Morgen.*

2. Wortfragen werden auch **Ergänzungsfragen** genannt. Sie beginnen mit einem Fragewort, das mit dem Buchstaben **w** beginnt. Man antwortet mit einem ganzen Satz oder mündlich auch mit einem Teilsatz.

   Wo kaufst du deine Tomaten?
   Welcher Tag passt dir am besten für unser Treffen?

Man unterscheidet drei Gruppen von Fragewörtern:

- Unveränderliche **Fragewörter** stehen allein in Position 1.
- **Fragepronomen**, die sich verändern, stehen allein in Position 1.
- **Frageartikel**, die sich verändern, stehen mit Substantiv oder Adverb.

Form

> Es gibt viele verschiedene Fragewörter; in der Tabelle stehen nur die wichtigsten.

Beispiele für **unveränderliche Fragewörter**

Fragewort	Bedeutung
warum	kausal: Frage nach einem Grund
weswegen	kausal: Frage nach einem Grund
wann	temporal: Frage nach einem Zeitpunkt
wo	lokal: Frage nach einem Ort
woher	lokal: Frage nach der Herkunft
wohin	lokal: Frage nach einem Ziel
wie	modal: Frage nach der Art und Weise

Artikelwörter und Pronomen
Fragewörter

Beispiele für **Fragepronomen**: Sie **stehen allein** und können sich verändern:

Nominativ	Akkusativ	Dativ	Genitiv	Frage nach
wer	wen	wem	wessen	Person
was	was	wem	wessen	Sache
welcher*	welchen	welchem	eines welchen**	maskulin
welche*	welche	welcher	einer welchen**	feminin
welches*	welches	welchem	eines welchen**	neutrum
was für einer/ eine/ eines*	was für einen/ eine/ eines	was für einem/ einer/ einem	(Der Genitiv kommt nicht vor.)	Eigenschaft

*Diese Fragepronomen können auch als Frageartikel benutzt werden.
**Das Fragepronomen im Genitiv wird nur in sehr formalen oder literarischen Texten verwendet.

Frageartikel: Sie **stehen vor einem Substantiv** und können sich verändern:

Nominativ	Akkusativ	Dativ	Genitiv	Frage nach
welcher	welchen	welchem	welches	maskulin
welche	welche	welcher	welcher	feminin
welches	welches	welchem	welches	neutrum
wie viele	wie viele	wie vielen	wie vieler	Anzahl
was für ein/ eine/ ein*	was für einen/eine/ ein	was für einem/einer/ einem	was für eines/einer/ eines	Eigenschaft

*Plural: **was für welche**

Gebrauch

warum, weswegen, weshalb
Kausale Fragewörter fragen nach dem Grund. Diese hier stehen allein in Position 1. Die Antwort wird meist mit **weil** oder **da** eingeleitet.

Warum haben Kamele so lange Wimpern?
Weswegen fahren die Deutschen nach Spanien in Urlaub?

wann
Dieses temporale Fragewort fragt nach einem Zeitpunkt, der auch mehrere Jahre dauern kann. Die Antwort braucht eine Präposition vor der Zeitangabe.

Wann hast du in Deutschland gelebt?
Wann beginnt das Konzert?

Jahreszahlen stehen ohne Präposition: *im Jahr(e) 2005* oder nur *2005*

wo
Dieses lokale Fragewort fragt nach einem Ort. Für die lokale Angabe in der Antwort braucht man meist eine Präposition, z. B. **in**, **bei** oder **an**.

Wo finde ich das Ausländeramt?
Wo kann ich hier bezahlen?

Artikelwörter und Pronomen

Fragewörter

▍**woher**
Dieses lokale Fragewort fragt nach der Herkunft. Das kann etwa ein Ort, eine Person oder eine Veranstaltung sein. Die Antwort braucht die Präposition **aus** oder **von**.

Woher kommt eigentlich deine Mutter?
Woher weißt du das?

▍**wohin**
Dieses lokale Fragewort fragt nach einem Ziel. Das kann ein Ort, eine Person oder Veranstaltung sein. Die Antwort braucht die Präposition **nach**, **in** oder **zu**.

Wohin fährst du heute nach der Arbeit?
Wohin soll das nur führen?

▍**wie**
wie fragt nach der Art und Weise einer Handlung oder eines Zustandes.

Wie geht es dir?
Wie findest du mein neues Kleid?

▍**wie + Adverb**
In dieser Kombination kann man nach der Zeitdauer, der Häufigkeit, dem Gewicht oder dem Alter fragen.

Wie viel Geld besitzen die zehn reichsten Männer Deutschlands?
Wie hoch ist der Berliner Fernsehturm?

▍**wer**
Dieses Fragepronomen fragt nach dem Subjekt oder Objekt im Satz. Die Antwort kann ein Name oder ein Substantiv sein, aber auch ein Pronomen (z. B. *niemand*).

Wer hat das Telefon erfunden?
Wen willst du um diese Uhrzeit noch anrufen?

▍**welcher, welche, welches**
Dieses Fragewort kann allein als Pronomen stehen oder als Frageartikel vor einem Substantiv. Es fragt nach einer bestimmten Sache oder Person aus einer Gruppe (mindestens zwei).

Welchen Wein soll ich trinken?
Das Reihenhaus in der Bahnhostraße? Welches meinst du?

▍**was**
Dieses Fragepronomen fragt nach einer Sache oder etwas Abstraktem.

Was hast du Martin erzählt?
Was hältst du von einer Reise nach Griechenland?

Artikelwörter und Pronomen

Fragewörter

▎ **was für eine/ein** (Frageartikel) – **was für welche**
was für einer/eine/eins (Fragepronomen) – **was für welche**
Diese Fragewörter fragen nach der Eigenschaft einer Person oder Sache.

Was für einen Arzt soll ich bei Magenschmerzen anrufen?
Du brauchst einen Stift? Was für einen?
Hier sind die Medikamente. – Was für welche soll ich nehmen?

▎ **Präposition + Fragewort**
Einige Fragewörter kann man zusammen mit einer Präposition benutzen. Die Präposition steht dann vor dem Fragewort.

Ab wann willst du studieren? – Ab nächstem Jahr.
Mit wem bist du in Urlaub gefahren? – Mit Sabine.
Mit was für einem Auto kommst du? – Mit einem blauen.

▎ **wo + Präposition**
Man fragt nach präpositionalen Objekten mit einem speziellen Fragewort. Es ist eine Kombination aus **wo** + **(-r-)** + **Präposition**.

Woran denkst du gerade?
Wofür interessiert sich dein Freund?

> **❗**
> **Präposition + was** ist grammatisch nicht korrekt. Man benutzt es aber in der Umgangssprache.
> *Für was interessierst du dich?*
> *Mit was spielt Clara am liebsten?*

> **§** Präpositionalpronomen, S. 166

139

Üben und Anwenden

Fragewörter

1. Mit welchem **Fragewort** beginnt jede Frage?*

a) _____ heißt die Hauptstadt von Deutschland?

b) _____ Sprache sprechen die Deutschen?

c) _____ Einwohner hat Deutschland?

d) _____ liegt Hamburg?

e) _____ kommt man am besten nach Hamburg?

f) _____ Fluss fließt durch Hamburg?

g) _____ wurde die Bundesrepublik gegründet?

h) _____ hieß der erste deutsche Bundespräsident?

i) _____ Jahre gab es zwei deutsche Staaten?

j) _____ ist Deutschland wiedervereinigt?

k) _____ sitzt der deutsche Bundestag?

2. Fragen Sie nach dem fett markierten Satzteil.**

a) Er kommt **aus Hannover**.

   <u>Woher kommt er?</u>

b) Seine Eltern wohnen aber **in Hameln**.

   _____

c) **Seit 25 Jahren** lebt er in Süddeutschland.

   _____

d) Jetzt wohnt er in Stuttgart, **weil er hier arbeitet**.

   _____

e) Er liebt besonders **das milde Klima und die zentrale Lage in Europa**.

   _____

f) **In nur zwei Stunden** ist man in Frankreich, in Österreich, in der Schweiz oder in Italien.

   _____

g) Er nimmt seinen Urlaub meist **im September**.

   _____

h) Dann fährt er für drei Wochen **nach Tirol** zum Wandern.

   _____

Üben und Anwenden

Fragewörter

i) Dort wohnt er **in einem kleinen Haus**.
___

j) Nun plant er schon, **was er als Rentner macht**.
___

k) Trotzdem spart er schon **für ein kleines Haus** in Italien.
___

3. Quizfragen. Ergänzen Sie **welcher-** oder **was für ein-**? Die Lösungen der Quizfragen finden Sie am Rand.**

a) _____ Automarke hat einen Stern auf der Motorhaube?

b) _____ Spiel verdankt seinen Namen dem persischen Wort für König?

c) Aus _____ Material sind die Stoßzähne der Elefanten?

d) _____ ist der höchste Berg?

e) Aus _____ Material besteht ein Diamant?

f) _____ Berufssparte leistet den Hippokratischen Eid?

g) _____ Holzstück kommt nach dem Wurf zurück?

4. Benutzen Sie für jede Frage eine **Präposition + Fragewort**.***

a) Robert fährt **mit einem geliehenen Sportwagen** zur Party.

Mit was für einem Wagen fährt Robert zur Party?

b) Laura geht noch **bis 2012** zur Schule.
___

c) Dieser Kuchen ist **für meinen Mann**.
___

d) Unser Geschäft bleibt **ab 01. August** geschlossen.
___

e) **Vom Gipfel aus** hat man einen fantastischen Ausblick.
___

f) Gerade haben wir **von dir** gesprochen.
___

Lösungen zu 3.:
a) der Mercedes
b) Schach
c) aus Elfenbein
d) der Mount Everest
e) aus Kohlenstoff
f) die Mediziner
g) ein Bumerang

Artikelwörter und Pronomen

Relativpronomen

Relativpronomen

A: Der erste Fotoapparat, **den** ich bekommen habe, war eine Polaroid-Kamera.

B: Ist das nicht die Kamera, **die** Fotos sofort entwickelt?

A: Genau! Ich habe auch ein Foto, **auf dem** man sie sieht. Ich habe damals viel fotografiert, **was** aber nicht billig war.

Relativpronomen **leiten Relativsätze ein**. Das sind Nebensätze, die meistens einem Hauptsatz folgen oder in einen Hauptsatz eingeschoben werden.

Relativpronomen beziehen sich auf ein Wort, einen Satzteil, einen Satz oder eine ganze Aussage vorher. Im Relativsatz wird das genauer erklärt.

Die Relativpronomen sind mit dem bestimmten Artikel identisch. Nur der Dativ Plural und der Genitiv haben eigene Formen.

Auch andere Wörter kann man als Relativpronomen verwenden, zum Beispiel **was**, **wo**, **welch-**.

welch- als Relativpronomen klingt sehr formal. Man benutzt es beim Sprechen nur in sehr offiziellen Situationen, beim Schreiben formaler Texte oder als Kontrast zum Relativpronomen **der, die, das**.

Form

	maskulin	feminin	neutrum	Plural
Nominativ	der welcher	die welche	das welches	die welche
Akkusativ	den welchen	die welche	das welche	die welche
Dativ	dem welchem	der welcher	dem welchem	denen welchen
Genitiv	dessen	deren	dessen	deren

142

Artikelwörter und Pronomen

Relativpronomen

Gebrauch

Allgemeine Regeln zum Satzbau im Relativsatz:

Das Relativpronomen stimmt in Genus und Numerus mit dem Bezugswort überein. Der Kasus richtet sich nach der Funktion des Pronomens im Satz.

Ich gehe noch heute zu dem Arzt, der mir schon einmal geholfen hat.

Relativsätze sind Nebensätze: Das konjugierte Verb steht am Ende des Satzes.

Lass uns doch in ein Restaurant gehen, wo wir ungestört reden können.

Der Relativsatz folgt normalerweise direkt dem Bezugswort. Ausnahme: Nach dem Relativsatz steht nur noch ein Wort allein.

Aber gestern habe ich einen Saft, der frisch gepresst war, bestellt.
besser: *Aber gestern habe ich einen Saft bestellt, der frisch gepresst war.*

Das Bezugswort kann manchmal auch in einem Nebensatz stehen.

Du hast versprochen, dass du den Tisch, an dem wir uns verlobt haben, auf jeden Fall reservierst.

Zum Gebrauch der Relativpronomen:

die Relativpronomen der, die, das
Relativpronomen beziehen sich auf eine Person oder Sache.

Dort drüben steht der Verkäufer, der uns das Auto gezeigt hat.
Wollen wir mit dem Autoverkäufer sprechen, den wir schon kennen?

Bei Relativpronomen im Genitiv steht das nachfolgende Substantiv ohne Artikel.

Wir kaufen kein Fahrzeug, dessen Reifen nicht mehr neu sind.
Alle Fahrzeuge, deren Preis höher als 5000 EUR ist, sind uninteressant.

Präposition + Relativpronomen
Im Relativsatz stellt man die Präposition direkt vor das Relativpronomen.

Ist das nicht der Verkäufer, mit dem du letzte Woche gesprochen hast?*
Meinst du diese Schublade, in die du den Autoschlüssel gelegt hast?

wo
Man kann bei Ortsangaben die Präposition **in + Relativpronomen** durch **wo** ersetzen.

Hier siehst du das Autohaus, in dem ich mein erstes Auto gekauft habe.
Hier siehst du das Autohaus, wo ich mein erstes Auto gekauft habe.

!

Für Städte- und Ländernamen verwendet man das Relativpronomen im Neutrum:
Stuttgart, das weniger als 1 Million Einwohner hat, ist die Landeshauptstadt.
Andorra, das mitten in den Pyrenäen liegt, ist ein Zwergstaat.

*sprechen mit + Dativ

Artikelwörter und Pronomen

Relativpronomen

wo bezieht sich auf Ortsangaben mit Eigennamen, z. B. Länder, Städte, Geschäfte, Plätze.

Ich fahre heute zu Aldi, wo es diese Woche Scheibenwischer gibt.
Kommst du mit nach Würzburg, wo man gut einkaufen kann?

▎ **wo(r) + Präposition**
Bezieht sich der Relativsatz auf eine ganze Aussage und braucht man vor dem Relativpronomen eine Präposition, dann steht **wo(r) + Präposition**.

Endlich schrieb Elisabeth ihrem Vater, worüber er sich sehr gefreut hat.
Er hat mir damals sehr geholfen, wofür ich ihm dankbar bin.

▎ **das Relativpronomen was**
Nach den Indefinitpronomen, z. B. **alles**, **nichts**, **viel(es)**, **wenig(es)**, **etwas**, **allerlei**, **manches**, nach dem Demonstrativpronomen **das** und nach dem Superlativ im Neutrum beginnt ein Relativsatz mit **was**.

Hier siehst du alles, was mir gehört.
Die Reise ist seit langem das Schönste, was ich erlebt habe.

▎ **die Relativpronomen wer, wen, wem, wessen**
Relativsätze, die mit **wer**, **wen**, **wem**, **wessen** beginnen, sind verkürzte Formen. Ursprünglich bezieht sich das Relativpronomen auf eine unbestimmte Person oder ein Indefinitpronomen.

Jedem, der einmal lügt, (dem) glaubt man nicht.
→ *Wer einmal lügt, dem glaubt man nicht.*
Denjenigen, den man liebt, (den) betrügt man nicht.
→ *Wen man liebt, (den) betrügt man nicht.*

Mit dem Relativpronomen **wo** sollte man sich nicht auf eine Zeitangabe beziehen.
Damals, wo alles besser war, gab es hier noch Apfelbäume.
Besser: *Damals, als alles noch besser war, gab es hier noch Apfelbäume.*

Zwischen **wo** und Präposition steht ein **-r-**, wenn die Präposition mit einem Vokal beginnt: *woran, worauf, worin* usw.

Üben und Anwenden

Relativpronomen

1. Bilden Sie **Relativsätze**.**

Peter liebt eine Frau, ...

a) nicht gern/sieht/die/Seifenopern

   ... die nicht gern Seifenopern sieht.

b) schon/geschieden/die/ist

   _____

c) klein/ist/dick/die/und

   _____

d) ins Museum/der/er/oft/geht/mit

   _____

e) er/die/bewundert

   _____

f) schlanke Hände/deren/gefallen/ihm

   _____

2. Setzen Sie das **Relativpronomen** im Nominativ, Dativ oder Akkusativ ein.***

a) Ist **das Buch** interessant? Du willst **das Buch** lesen.

   Ist das Buch interessant, _das du lesen willst?_

b) Grammatik ist **ein schwieriges Thema**. Ich mag **das Thema**.

   Grammatik ist ein schwieriges Thema, _____.

c) **Familie Kressmann** ist jetzt in Finnland. Ich schreibe **der Familie** bald.

   Familie Kressmann, _____, ist jetzt in Finnland.

d) Die Firma sucht neue **Mitarbeiter**. **Sie** müssen hart arbeiten.

   Die Firma sucht neue Mitarbeiter, _____.

e) Meine Katze schläft **auf dem Sofa**. **Das Sofa** ist schön weich.

   Meine Katze schläft auf dem Sofa, _____.

f) Dort steht **meine Mutter**. Du sollst **ihr** einen Blumenstrauß geben.

   Dort steht meine Mutter, _____.

Üben und Anwenden

Relativpronomen

3. Bilden Sie verkürzte Nebensätze mit **wer**, **wen**, **wem** oder **wessen**.***

a) Haben **Sie** eine Idee? Dann schreiben Sie mir.

   Wer eine Idee hat, (der) soll mir schreiben.

b) Wollen **Sie** Kritik üben? Dann rufen Sie mich an.

c) Fahre ich **Ihnen** zu schnell? Dann sagen Sie es.

d) Brauchen **Sie** einen Termin? Dann fragen Sie meine Sekretärin.

e) Wollen **Sie** die Ware zurückgeben? Dann bringen Sie den Bon mit.

f) Ist **Ihre Frage** nicht beantwortet? Dann kommen Sie morgen wieder.

g) Ist **Ihnen** etwas Interessantes eingefallen? Dann schreiben Sie es auf.

4. Beschreiben Sie die folgenden Wörter.***

a) Sandalen (Schuhe, im Sommer anziehen)

   Sandalen sind Schuhe, die man im Sommer anzieht.

b) Säugetiere (Tiere, lebend geboren und Muttermilch trinken)

c) Monatszeitschrift (Zeitschrift, einmal pro Monat erscheinen)

d) Tanzschule (Schule, Tanzen lernen)

e) Spielcasino (Haus, Leute spielen Roulette)

f) Kinderbett (Bett, kleine Kinder schlafen)

g) Student (Person, an der Universität studieren)

Präpositionen

> A: Der FC Bayern München spielt **am** Freitag **um** 20.30 Uhr **in** München.
>
> B: Und wo genau?
>
> A: **In** der Allianzarena. Ich habe Karten **für** das Spiel **beim** Fanclub bestellt.

Präpositionen – auch **Verhältniswörter** genannt – stehen meist vor einem Substantiv, Pronomen, Adverb oder einer Wortgruppe. Einige Verhältniswörter werden auch nachgestellt (*zuliebe, halber* ...) oder umschließen den Ausdruck (*um ... herum, um ... willen*).

Präpositionen drücken ein Verhältnis zwischen Personen, Dingen oder Sachverhalten aus. Jede Präposition kann verschiedene Verhältnisse ausdrücken, z. B. lokal und temporal und kausal und modal.

Präpositionen verändern sich nicht. Man kann sie nicht deklinieren.

Da Präpositionen aber einen bestimmten Kasus regieren, wird der Kasus des nachfolgenden Wortes bzw. der Wortgruppe durch die Präposition bestimmt.

> Man unterscheidet:
> **Präpositionen** stehen vor dem regierten Ausdruck.
> **Postpositionen** stehen nach dem regierten Ausdruck.
> **Zirkumpositionen** umgeben den Ausdruck.

Gebrauch

Man kann Präpositionen unter zwei verschiedenen Aspekten lernen:

▌ nach dem **Kasus**, den sie regieren

Akkusativ: z. B. *in* das Haus gehen, *für* meinen Vater
Dativ: z. B. *auf* dem Marktplatz sitzen, *vor* einem Jahr
Genitiv: z. B. *wegen* des Wetters*, *aufgrund* meiner Krankheit

▌ nach dem **Verhältnis**, das sie bestimmen

lokal: z. B. *in* dem Haus, *aus* Frankreich, *nach* München
temporal: z. B. *in* einer Woche, *vor* einem Monat, *für* einen Tag
modal: z. B. *aus* Angst, *mit* großer Schnelligkeit, *durch* Zufall
kausal: z. B. *wegen* des Feiertags, *durch* die lange Wartezeit

> *In der gesprochenen Sprache hört man auch den Dativ:
> *wegen dem Wetter*

147

Präpositionen

Form

Rektion der Präpositionen, Postpositionen und Zirkumpositionen

Akkusativ	vorangestellt	bis, durch, für, gegen, ohne, um, wider
	umgebend	um … herum
	nachgestellt	entlang
Dativ	vorangestellt	ab, aus, außer, bei, entgegen, entsprechend, gegenüber, gemäß, mit, (mit)samt, nach, nebst, nahe, seit, von, zu
	nachgestellt	zufolge, zuliebe, entsprechend, gegenüber, gemäß, nach
Dativ oder Genitiv	vorangestellt	dank, laut
Genitiv	vorangestellt	abzüglich, angesichts, anhand, anlässlich, anstelle, (an)statt, aufgrund, außerhalb, bar, bezüglich, entlang, einschließlich, exklusive, hinsichtlich, infolge, inklusive, innerhalb, inmitten, jenseits, kraft, längs, mangels, mithilfe, mittels, oberhalb, seitens, trotz, unbeschadet, ungeachtet, unterhalb, unweit, während, wegen, zugunsten, zuzüglich, zwecks
	umgebend	um … willen
	nachgestellt	statt, halber
Wechselpräpositionen: Dativ/Akkusativ	vorangestellt	**Wo? → Dativ	Wohin? → Akkusativ** an, auf, hinter, in*, neben, über, unter, vor, zwischen

*Kasuswechsel nur bei lokalem Gebrauch:
Ich bin in dem Zimmer. – Ich gehe in das Zimmer.

Bei temporalem Gebrauch immer mit Dativ:
In einer Stunde fährt mein Zug.

Folgende Kurzformen verwendet man nur beim Sprechen: **überm, unterm, fürs, durchs, hinters, übers, ums, unters, vors**

Kurzformen:

an + dem	→	am	bei + dem	→	beim
in + dem	→	im	von + dem	→	vom
an + das	→	ans	auf + das	→	aufs
in + das	→	ins	zu + der	→	zur

148

Präpositionen

Lokale Präpositionen

Lokale Präpositionen

A: Wollen wir **in** den Biergarten fahren?

B: **Im** Biergarten ist es bestimmt sehr voll.

A: Dann bleiben wir hier **auf** dem Balkon und trinken ein Bier **aus** dem Kühlschrank.

Form

	Woher?	*Wo?*	*Wohin?*
Personen, Namen	**von + Dat.** meinem Mann	**bei + Dat.** einer Tante	**zu + Dat.** Mercedes
geografische Orte (Länder*, Kontinente, Städte)	**aus + Dat.** Mexiko	**in + Dat.** Deutschland	**nach + Dat.** Australien
Inseln	**von + Dat.** den Balearen	**auf + Dat.** den Fidschis	**auf + Akk.** die Kanaren
Gewässer (Meer, See, Strand)	**von + Dat.** dem Bodensee	**an + Dat.** der Nordsee	**an + Akk.** das Ufer
Landschaft (Natur, Gebirge**)	**aus + Dat.** den Alpen	**in + Dat.** dem Park	**in + Akk.** das Tal
Gebäude, Straßen	**aus + Dat.** der Kirche	**in + Dat.** dem Rathaus	**in + Akk.** das Geschäft
Lage in einem Raum/Zimmer	**aus + Dat.** dem Schrank **von + Dat.** dem Tisch **von + Dat.** der Wand	**in + Dat.** dem Regal **auf + Dat.** dem Tisch **an + Dat.** der Wand	**in + Akk.** in das Bett **auf + Akk.** den Stuhl **an + Akk.** die Wand
Extras: – Bank, Post – Toilette – Haus(e)	**aus/von + Dat.** der Bank/Post von der Toilette **zu** Hause	**auf + Dat.** der Bank/Post der Toilette **zu** Hause	**auf + Akk.** die Bank/Post die Toilette **nach** Hause
Veranstaltung	**von + Dat.** dem Kongress	**auf + Dat.** dem Kongress	**auf + Akk.** den Kongress

In der Tabelle: schwarz = Präpositionen mit Dativ, grün = Wechselpräpositionen

Großbritannien ist keine Insel, sondern ein Land: *aus/in/nach Großbritannien*

*Länder mit Artikel: *aus der Schweiz/dem Irak; in der Schweiz/im Irak; in die Schweiz/in den Irak*

**vom Berg/auf dem Berg/auf den Berg

zu Hause/zuhause – nach Hause/nachhause beide Schreibungen sind korrekt; die jeweils erste wird häufiger gebraucht.

Präpositionen

Lokale Präpositionen

Wechselpräpositionen

Verben der Bewegung sind zum Beispiel: *gehen, fahren, laufen, rennen, fliegen, …*

Präposition	+ Akkusativ *(Wohin?)*	+ Dativ *(Wo?)*
an	Sie gehen an den Strand.	Sie spielen am Strand.
auf	Ich springe auf den Tisch.	Sie sitzt ist auf dem Tisch
hinter	Er rennt hinter den Baum.	Er steht hinter dem Baum.
in	Ich gehe in das Haus.	Ich wohne in dem Haus.
neben	Stell den Stuhl neben mich.	Der Stuhl steht neben mir.
über	Er hängt das Bild über das Bett.	Es hängt über dem Bett.
unter	Komm unter die Decke.	Sie schläft unter dem Sofa.
vor	Ich fahre vor das Haus.	Es steht vor dem Haus.
zwischen	Ich stecke die Postkarte zwischen die Buchseiten.	Die Postkarte steckt zwischen den Buchseiten.

Er rennt in den Wald. – **Akkusativ**
Man benutzt Wechselpräpositionen mit dem Akkusativ bei Verben der Bewegung, oder für eine Bewegung zu einem Ziel hin. Man fragt: *Wohin …?*

Ich laufe im Büro herum. – **Dativ**
Achtung: Die Bewegung allein ist nicht wichtig. Wichtig ist eine Bewegung auf ein Ziel hin: A • → • B. Im Beispiel spricht man vom Laufen ohne Ziel.

Er schläft im Bett. – **Dativ**
Man benutzt den Dativ, um einen Zustand oder eine Situation zu beschreiben.

Die Verben setzen – sitzen, stellen – stehen, legen – liegen

Verben Gruppe A:
– sind regelmäßig
– drücken eine Bewegung aus
– brauchen ein Akkusativobjekt
Die präpositionale Ergänzung steht im Akkusativ.

Verben Gruppe B:
– sind unregelmäßig
– beschreiben einen Zustand
– brauchen kein Objekt
Die präpositionale Ergänzung steht im Dativ.

		Präsens	Präteritum	Perfekt
A	setzen	ich setze	ich setzte	ich habe gesetzt
	stellen	ich stelle	ich stellte	ich habe gestellt
	legen	ich lege	ich legte	ich habe gelegt
	hängen	ich hänge	ich hängte	ich habe gehängt
	stecken	ich stecke	ich steckte	ich habe gesteckt
B	sitzen	ich sitze	ich saß	ich habe gesessen
	stehen	ich stehe	ich stand	ich habe gestanden
	liegen	ich liege	ich lag	ich habe gelegen
	hängen	es hängt	es hing	es hat gehangen
	stecken	es steckt	es (stak) steckte	es hat gesteckt

Gruppe A: *Ich habe das Buch auf den Tisch gelegt.*
Er setzt das Kind auf den Stuhl.

Gruppe B: *Das Buch liegt auf dem Tisch.*
Das Kind sitzt auf dem Stuhl.

Üben und Anwenden

Lokale Präpositionen

1. Wohin gehst du? Wo bist du? Wählen Sie die richtige Präposition mit **Akkusativ** oder **Dativ**.* Benutzen Sie auch die Kurzformen.*

		Akkusativ: Ich gehe ...	Dativ: Ich bin ...
a)	der Garten	in den Garten.	in dem (im) Garten.
b)	die Messe	_____	_____
c)	die Firma Mercedes	_____	_____
d)	das Restaurant	_____	_____
e)	der Kongress	_____	_____
f)	das Büro	_____	_____
g)	die Küche	_____	_____
h)	Europa	_____	_____
i)	der Park	_____	_____
j)	Hause	_____	_____

2. Setzen Sie die Präposition im **Dativ** oder **Akkusativ** ein – wenn nötig mit Artikel.**

Lara fährt heute **(a)** _____ Heidelberg. Sie muss verschiedene Sachen erledigen. Erst geht sie **(b)** ____ _____ Post, um einen Brief an Bernd **(c)** _____ Köln abzuschicken. Dann macht sie einen Besuch **(d)** _____ ihrer Mutter, die **(e)** _____ derselben Straße wohnt. Als sie **(f)** _____ Haus geht, kommt ihre Mutter mit einem jungen Mann **(g)** ____ _____ Wohnung **(h)** _____ Erdgeschoss. „Das ist Robert **(i)** _____ Ulm. Er wohnt zwei Wochen **(j)** _____ mir. Wir wollen **(k)** _____ Café am Schloss einen Kaffee trinken." „Lass uns gemeinsam den Bus **(l)** ____ _____ Stadt nehmen. Dann fahren wir **(m)** _____ Marktplatz und gehen nur fünf Minuten **(n)** _____ Café."

erledigen = etwas ausführen, etwas zu Ende bringen

151

Üben und Anwenden

Lokale Präpositionen

im
in der
in den
in die
ins

das Magazin, -e =
hier: ein Lagerraum (z. B. für Büromaterial)

die Quittung, -en =
ein Beleg, ein Bon, ein Kassenzettel

3. Unser Chef kann nichts allein. Wählen Sie aus den Präpositionen links jeweils die richtige aus.**

a) Legen Sie bitte die Schere ____ _____ Schublade.
b) Stellen Sie bitte unsere Flyer _____ Regal.
c) ____ Magazin sind keine Toner mehr.
d) Steht genügend Wasser ____ Konferenzraum?
e) Hier liegt zu viel Altpapier ____ _____ Ecke.
f) Meine Briefe bleiben hier ____ _____ Schreibtisch.
g) Die Quittungen legen Sie bitte ____ _____ Ablage.

4. Was machen Sie heute? Finden Sie die richtige Präposition. Vergessen Sie nicht, dass das Verb in Position 2 steht.***

a) 11.00 Uhr/mein Fahrrad/Werkstatt/bringen

   <u>Um 11.00 Uhr bringe ich mein Fahrrad in die Werkstatt.</u>

b) um 18.00 Uhr/meine Freundin/Bahnhof/abholen.

   _____

   _____

c) heute Vormittag/ein Paket/Büchern/USA/verschicken

   _____

   _____

d) heute Mittag/Wochenmarkt/Sindelfingen/einkaufen

   _____

   _____

e) um 8 Uhr/die Kinder/Auto/Schule/bringen

   _____

   _____

f) heute Abend/Internet/Geburtstagsgeschenk/meine Mutter/bestellen

   _____

   _____

Üben und Anwenden

Lokale Präpositionen

5. **Setzen** oder **sitzen**? **Stehen** oder **stellen**? **Legen** oder **liegen**?
Streichen Sie das falsche Wort durch.***

a) Das Buch liegt/legt auf dem Schreibtisch.
b) Hast du es auf den Schreibtisch gelegt/gelegen?
c) Ich habe die Gläser in den Schrank gestellt/gestanden.
d) Die Gläser haben in der Küche gestellt/gestanden.
e) Der Arzt hat den Kranken auf den Stuhl gesetzt/gesessen.
f) Der Kranke hat ein bisschen in der Sonne gesetzt/gesessen.
g) Hast du die Bücher ins Regal gestanden/gestellt?
h) Hast du Peter schon ins Bett gelegen/gelegt?
i) Ja, er liegt/legt schon im Bett.
j) Die Familie hat sich vor den Fernseher gesessen/gesetzt.
k) Sie sitzt/setzt den ganzen Abend vor dem Fernseher.
l) Er hat sich im Kino auf seinen Platz gesessen/gesetzt.
m) Er hat zwei Stunden im Kino gesetzt/gesessen.

6. **Dativ** oder **Akkusativ**? Benutzen Sie auch die Kurzformen.***

a) Er stellt das Geschirr in _____ Schrank (mask.).
b) Die Gläser stehen in _____/_____ Schrank (mask.).
c) Ich stelle den Kaffee auf _____ Tisch (mask.).
d) Das Papier liegt in _____/_____ Konferenzraum (mask.).
e) Mein Auto steht auf _____ Parkplatz (mask.).
f) Meine Frau sitzt schon in _____/_____ Auto (neutr.).
g) Ich setze unseren Sohn immer in _____ Kindersitz (mask.).
h) Kann ich die Broschüren in _____/_____ Büro (neutr.) legen?
i) Sollen wir den Tisch nicht besser in _____ Küche (fem.) stellen?
j) Steht Peters Fahrrad schon in _____ Garage (fem.)?

Präpositionen

Temporale Präpositionen

Temporale Präpositionen

A: Hast du morgen **um** 12 Uhr Zeit?

B: Nein, ich kann erst **nach** 14 Uhr.

A: Dann treffen wir uns doch **gegen** 15 Uhr in der Stadt!

Form

Angabe eines Zeitpunktes

Zeitangaben können auch ohne Präposition stehen. Sie stehen dann immer im Akkusativ.
Ich mache dieses Wochenende einen Ausflug.
Ich mache an diesem Wochenende einen Ausflug.

Zeitpunkt	vor	um, an, in	nach, in
Uhrzeit	vor 9.00 Uhr	um 9.00 Uhr gegen 9.00 Uhr	nach 9.00 Uhr in 10 Minuten
Tageszeit	vor dem Mittag vor Mitternacht vor Montag	am Mittag um Mitternacht am Montag	nach dem Mittag nach Mitternacht nach Montag
Tag	vor drei Tagen	am Tag an diesem Tag	in drei Tagen nach dem 16. Mai
Datum	vor dem 16. Mai	am 16. Mai	
Woche	vor einer Woche	in dieser Woche in KW 23	in einer Woche nach KW 23
Monat	vor (dem) Juni vor einem Monat	im Juni in diesem Monat	nach (dem) Juni in einem Monat
Jahreszeit	vor dem Winter	im Winter	nach dem Winter
Feste	vor Ostern	an/zu Ostern	nach Ostern
Jahrhundert	vor dem 19. Jahrhundert	im 19. Jahrhundert	nach dem 19. Jahrhundert

Präpositionen

Temporale Präpositionen

Gebrauch: Zeitpunkt

Fragewort	Dativ	Akkusativ
wann?	in, an, vor	gegen, um

Ein Zeitpunkt ist ein bestimmter Moment in der Zeit. Das kann auch eine Periode sein, zum Beispiel *eine Woche*.

Ich fahre <u>in einer Woche</u> nach Konstanz.
Wir müssen unser Treffen <u>um einen Monat</u> verschieben.
<u>Wann</u> kommst du uns besuchen?

Form

Angabe eines Zeitraums

Anfang	ab nächstem Monat
	seit einer Woche
	vom nächsten Monat an
Anfang und Ende	zwischen Mai und Oktober
Ende	bis zum 15. Mai/Juni/Sommer/Ende des Monats
Zeitraum	zwischen den Feiertagen
	über das (übers) Wochenende
	einen Monat (lang)
	zwei Stunden (lang)
	für eine Woche
	während der Feiertage
	bei schönem Wetter
	innerhalb des nächsten Monats
	außerhalb der Ferien
	nach drei Wochen

Gebrauch: Zeitraum

Fragewörter	Dativ	Akkusativ	Genitiv
Wie lange?	ab, bei, bis, in,	für, ... lang,	innerhalb,
Von wann bis wann?	seit, von ...	über	während,
Wann?	bis, von ... an,		außerhalb
	während, zu,		
	zwischen		

Ein Zeitraum beschreibt ein Zeitintervall mit Start und Ende.

<u>Wie lange</u> dauern die Ferien?
<u>Von wann bis wann</u> hat das Museum geöffnet?
<u>Wann</u> sind Fledermäuse nachts aktiv?

wann kann nach einem Zeitraum oder einem Zeitpunkt fragen:
Wann fährst du in Urlaub?
→ *Am Montag.*
(Zeitpunkt)
→ *Von Montag bis Freitag.*
(Zeitdauer)

Üben und Anwenden

Temporale Präpositionen

1. Setzen Sie ein: **an/am**, **bei**, **in/im**, **um**, **zu**.**

a) _____ Pfingsten
b) _____ der Nacht
c) _____ Beginn des Jahres
d) _____ Tagesanbruch
e) _____ 19. Jahrhundert
f) _____ Nachmittag
g) _____ 24. Dezember
h) _____ Mitte des Monats
i) _____ Wochenende
j) _____ diesem Jahr
k) _____ Silvester
l) _____ Montag
m) _____ der nächsten Woche
n) _____ Spätherbst
o) _____ Winter
p) _____ 12.30 Uhr
q) _____ Mitternacht
r) _____ jüngster Zeit
s) _____ der Zwischenzeit
t) _____ meiner Zeit
u) _____ letzter Zeit

2. Was ist richtig?**

a) Du musst _____ Pause unbedingt Brot und Käse einkaufen.
   1) in der   2) bei der   3) in die

b) Bei uns _____ Dorf gibt es aber keinen Supermarkt.
   1) in   2) in die   3) im

c) Warum kannst du denn nicht _____ Bus fahren?
   1) mit dem   2) mit den   3) in der

d) Dann komme ich zu spät _____ Firma.
   1) bei   2) in der   3) in die

e) Sie schaut _____ Fenster.
   1) aus   2) in   3) aus dem

f) Ich sitze gerade _____ Fernseher.
   1) an dem   2) bei dem   3) vor dem

156

Üben und Anwenden

Temporale Präpositionen

3. Wie ist Ihr Alltag? Setzen Sie die passende **Präposition** und falls nötig den Artikel ein.***

a) Wann stehen Sie morgens auf? – Wenn meine Frau mich weckt, __gegen__ 6.30 Uhr.

b) Wann müssen Sie im Büro sein? – Pünktlich _____ 8.00 Uhr.

c) Wann ist Ihr wöchentliches Meeting? – So etwa _____ 11.00 Uhr. Es kommt darauf an, wie viel gerade zu tun ist.

d) Wann treffen Sie Ihre Kunden? – Meist erst _____ Nachmittag.

e) Wann schreiben Sie Ihre Test-Protokolle? – Damit bin ich meist _____ Abend fertig.

f) Wann erledigen Sie Ihre E-Mails? – Das mache ich genau _____ 10.00 Uhr.

g) Wann machen Sie Pause? – Normalerweise _____ 12:30 Uhr und 13:00 Uhr.

h) Wann nehmen Sie die S-Bahn nach Hause? – Die nehme ich etwa _____ 18.00 Uhr.

i) Wie lange schlafen Sie? – _____ 23.00 Uhr _____ 6.00 Uhr morgens.

4. So ein Stress! Setzen Sie die richtige **Präposition** ein.***

a) Heute, __am__ 22. April, hat zum Beispiel meine Frau Geburtstag.

b) Heute Abend _____ 20 Uhr gehen wir gemeinsam essen.

c) _____ drei Tagen war ich in München auf einer Messe.

d) _____ zwei Tagen ist mein Auto in der Werkstatt.

e) Das ganze Wochenende _____ bin ich auch verplant.

f) _____ _____ Wochenende kommen nämlich meine Eltern zu Besuch.

g) Sie bleiben _____ _____ Sonntag.

h) ____ 16. Mai habe ich gleich _____ _____ Früh einen Arzttermin und _____ Nachmittag einen wichtigen Kunden zu Besuch.

i) _____ _____ Woche gehe ich nach Polen auf Geschäftsreise.

j) _____ Montag habe ich Urlaub für eine ganze Woche.

k) Aber _____ frühen Morgen kannst du mich gut erreichen.

l) Und _____ _____ 25. Oktober ist ein Treffen auch kein Problem.

---

ab
~~am~~
am
am
am
an diesem
bis zum
in der
in einer
nach dem
seit
über
um
vor

157

Präpositionen

Kausale Präpositionen

Kausale Präpositionen

Kausale Präpositionen nennen einen **Grund**, **Gegengrund** oder einen **Zweck**.

Wir konnten <u>wegen des Regens</u> den geplanten Ausflug nicht machen.
Der Kandidat zitterte <u>vor Aufregung</u> am ganzen Körper.
Hanna wollte <u>trotz guten Zuredens</u> nicht mit ins Restaurant kommen.
Der Vertrag wurde nur <u>durch sein Verhandlungsgeschick</u> unterschrieben.
Die Herzkranken fuhren <u>zur Rehabilitation</u> in die Kur.

A: Hat dir dein Mann gesagt, dass ich euch eingeladen habe?

B: Natürlich, und ich komme **wegen** des guten Essens bei dir, **trotz** der späten Einladung und einzig und allein **zum** Entspannen.

Kausale Präpositionen geben eine Antwort auf eine Frage mit: **Warum? Weswegen? Weshalb?** oder **Wozu?**

Form

Genitivpräpositionen klingen sehr formal. Oft wird der Genitiv durch den Dativ ersetzt.

Genitiv	Dativ	Akkusativ
angesichts, aufgrund, anlässlich, betreffs, bezüglich, dank, gemäß, halber, infolge, kraft, laut, mangels, mittels, seitens, trotz, um ... willen, ungeachtet, wegen, zufolge	auf, aus bei, mit, nach, von, vor, zu	durch, für, über, als

Das Verb **haben** substantiviert man nicht.
..., *weil ich Zeit habe.*
..., *wegen ~~des Habens der Zeit~~.*

Gebrauch

Die wichtigsten kausalen Präpositionen

Die kausalen Präpositionen **wegen**, **aufgrund** oder **von** ersetzen oft einen kausalen Nebensatz, der mit **weil** oder **da** eingeleitet wird.

Ich kann nicht kommen, weil ich morgen auf Geschäftsreise gehe.
→ <u>Wegen</u>/<u>Aufgrund</u> *meiner morgigen Geschäftsreise kann ich nicht kommen.*
Da ich so lange Rad gefahren bin, habe ich heute Muskelkater.
→ <u>Vom</u> *langen Radfahren habe ich heute Muskelkater.*

Präpositionen

Kausale Präpositionen

▎ Die kausale Präposition **mangels** steht für einen verneinten Kausalsatz mit **weil** bzw. **da**.

Er schließt sein Geschäft abends um 18.00 Uhr, weil/da er kein Personal hat.
→ Mangels Personal schließt er sein Geschäft schon um 18.00 Uhr.

▎ Die kausale Präposition **durch** (instrumentaler Gebrauch) gibt an, durch welches Mittel ein Sachverhalt oder ein Zustand erreicht wurde.

Das Haus wurde durch den Orkan schwer beschädigt.

▎ Die kausale Präposition **trotz** (konzessiver Gebrauch) gibt einen Gegensatz an. Sie ersetzt oft einen Nebensatz mit **obwohl**.

Obwohl der Verkehr sehr laut war, versuchte er zu lernen.
→ Trotz des Verkehrslärms versuchte er zu lernen.
Obwohl sie starke Kopfschmerzen hatte, fuhr sie zur Arbeit.
→ Sie fuhr trotz ihrer starken Kopfschmerzen zur Arbeit.

▎ Die kausale Präposition **zu** kann einen finalen Nebensatz mit **um ... zu** oder **damit** ersetzen.

Um einen Unfall zu vermeiden, fuhr er sehr langsam.
→ Zur Vermeidung eines Unfalls fuhr er sehr langsam.
Ich arbeite nur noch halbtags, damit ich mehr Zeit gewinne.
→ Zur Zeitgewinnung arbeite ich nur noch halbtags.

▎ Die Präposition **aus** gibt den Grund für einen psychischen Zustand an, der bewusst oder geplant ist. **vor** gibt einen Zustand an, der nicht geplant bzw. unbewusst ist.

Nach dem Gruselfilm konnte ich vor Angst nicht schlafen.
Ich weiß aus eigener Erfahrung, wie langsam eine Wunde heilt.

▎ Die kausale Präposition **für** bezeichnet einen Grund oder ein Ziel.

Für seine gute Arbeit bekam er einen Preis.
1980 kämpften die polnischen Arbeiter für bessere Arbeitsbedingungen.

▎ Die kausale Präposition **angesichts** ersetzt einen Satz mit **wenn man berücksichtigt** oder **bei Betrachtung**.

Wenn man die knappe Zeit berücksichtigt, ist das Ergebnis gut.
Angesichts der knappen Zeit ist das Ergebnis sehr gut.

▎ Die kausale Präposition **anhand** bedeutet „mit Hilfe".

Ich erkläre es Ihnen anhand eines Schaubilds.

▎ Die kausale Präposition **über** kann instrumental gebraucht werden. Dann nennt sie Mittel oder Personen, die etwas verbreiten.

Ich habe Ihre Telefonnummer über einen Freund erhalten.

💡 Meist steht zwischen **angesichts** und dem Substantiv noch ein Adjektiv.

❗ **anhand + von** = adverbialer Gebrauch
Anhand von Fingerabdrücken wurde der Täter überführt.

Üben und Anwenden

Kausale Präpositionen

1. Gute Ausreden! Sagen Sie es förmlicher, indem Sie die Präposition **wegen** benutzen.***

a) Ich komme heute später, weil ich noch ein Meeting habe.
   Wegen eines Meetings komme ich heute später.

b) Das Open-air-Konzert wurde abgesagt, weil es zu stark regnete.
   _____

c) Da ich etwas vorbereiten muss, kann ich Lottes Geschenk nicht kaufen.
   _____

d) Da ich Rückenschmerzen habe, kann ich leider nicht Rad fahren.
   _____

e) Meine Tochter kann heute nicht kommen, weil sie eine Erkältung hat.
   _____

f) Mein Mann kann euch leider nicht beim Umzug helfen, weil er einige Besorgungen machen muss.
   _____

2. Geben Sie einen Grund an: **aus** (geplant und bewusst) oder **vor** (spontan und ungeplant).***

a) Als er den Job bekam, sprang er __vor__ Freude in die Luft.

b) Ein Haus kann man __aus__ eigener Kraft nicht bauen.

c) Sein Internetanschluss ging nicht! Er war außer sich _____ Wut.

d) Romeo und Julia wollten _____ Liebe heiraten.

e) Da er im Test so viele Fehler gemacht hatte, blieb er _____ Frust am nächsten Tag zu Hause.

f) Bei dem Blitz und Donner von letzter Nacht wäre ich _____ Schreck fast gestorben.

g) Viele Familien in Pakistan haben bei dem Hochwasser alles verloren. Nun spenden Personen und Firmen _____ Mitleid Geld und Waren.

h) Ich weiß _____ Erfahrung, wie schwer es ist, Kinder zu erziehen.

i) Obwohl er Schmerzmittel nahm, jammerte er _____ Schmerzen.

Üben und Anwenden

Kausale Präpositionen

3. Was wissen Sie von Miriam? Bilden Sie Sätze mit **trotz**.***

a) Kälte – dünnes T-Shirt tragen

   Trotz der Kälte trägt sie ein dünnes T-Shirt.

b) große Müdigkeit – Auto fahren

   _____

c) gute Bezahlung – unglücklich sein

   _____

d) planmäßige Abfahrt – ihr Zug verspätet sein

   _____

e) dringende Bitte um Hilfe – kein Geld spenden

   _____

4. Ersetzen Sie den Infinitivsatz durch ein präpositionales Gefüge mit **zum/zur**.***

a) Ich habe ein Smartphone, um zu telefonieren.

   Ich habe ein Smartphone zum Telefonieren.

b) Wasser brauchen wir, um zu trinken.

   _____

c) Ich kaufe einen Kleinwagen, um Kosten zu sparen. (Kosteneinsparung)

   _____

d) Wir brauchen einen Herd, um zu kochen.

   _____

e) Wir brauchen Schnee, um Ski zu fahren. (Skifahren)

   _____

5. Was passt: **angesichts** oder **anhand**?***

a) _____ der Lage mussten sie sich schnell entscheiden.

b) Ich erkläre die grammatische Regel _____ eines Beispiels.

c) _____ der Wetterlage wurde das Konzert in die Halle verlegt.

d) _____ der hohen Preise für Kraftstoff entscheiden sich immer mehr Leute für ein spritsparendes Fahrzeug.

Modale Präpositionen

> In unserer Abteilung unterhalten wir uns **auf Deutsch**, obwohl das **entgegen der Firmenpolitik** ist. Eigentlich sollten wir **in Englisch** sprechen und schreiben.

Modale Präpositionen beschreiben die **Art und Weise** einer Handlung, eines Zustands oder eine Sache.

Morgen trinke ich Wasser (an)statt Wein.
Er bewarb sich um die Stelle ohne große Motivation.
Diese Tasche ist aus Leder.

Modale Präpositionen geben eine Antwort auf eine Frage mit **Wie …?** oder **In welchen Maß …?**, **Unter welchen Umständen…?** und andere.

Form

Genitiv	Dativ	Akkusativ
abzüglich, (an)statt, ausschließlich, einschließlich, exklusive, inklusive, nebst, zuzüglich	aus, auf, außer, entgegen, gegenüber, mit, unter, von, bis, zu, (mit)samt	für, gegen, in, ohne, wider

Präpositionen
Modale Präpositionen

Gebrauch

Die wichtigsten modalen Präpositionen

in: gibt die Art und Weise an. Man fragt: Wie ist das?

Dieses Buch ist in Deutsch geschrieben.
Ich bin in Eile.
Das Sofa gibt es in vielen Farben.

aus: gibt die Beschaffenheit an

Der Ring ist aus Gold.
Ein erwachsener Mensch besteht zu 60–70 % aus Wasser.

auf: gibt die Art und Weise einer Handlung an

Bitte wiederholen Sie den Satz auf Englisch.
Es ist so laut! Auf diese Weise kann ich nicht arbeiten.

ohne: drückt aus, dass jemand/etwas nicht vorhanden ist

Martha kann ohne Schokolade nicht leben.
Ich habe die Prüfung ohne einen einzigen Fehler bestanden.

mit: gibt den Umstand einer Handlung an. Man fragt: „Wie ist das?"

Hast du mich mit Absicht geschlagen oder war es ein Versehen?
Mein Mann isst immer mit großem Appetit.

gegen: bezeichnet einen Gegensatz, einen Widerstand oder eine Abneigung

Er hat das Auto gegen meinen Willen bei der Bank finanziert.
Ich bin gegen Atomkraft.

unter: bezeichnet einen Begleitumstand oder die Art und Weise, unter der etwas geschieht

Der Teenager gestand den Diebstahl unter Tränen.
Die Zirkusclowns beendeten ihren Auftritt unter großem Beifall.
Das Projekt wurde unter großem Zeitdruck beendet.

Üben und Anwenden

Modale Präpositionen

1. Ergänzen Sie **mit** oder **ohne**.**

a) Ich habe den Artikel _____ großem Interesse gelesen.

b) Ein Buch kann man nur _____ großer Disziplin schreiben.

c) Der Kandidat ist _____ Angst in die Prüfung gegangen.

d) Man kann einen Marathon nicht _____ Anstrengung gewinnen.

e) Dieses Essen habe ich _____ Liebe gekocht.

f) Ich bezahle meine Rechnungen immer pünktlich. Das ist _____ Frage so.

2. Schreiben Sie Sätze mit **aus**.**

a) Man braucht Gold, um einen Ring zu fertigen.

Der Ring ist aus Gold.

b) Man braucht Papier, um eine Zeitung herzustellen.

_____

c) Man braucht Blech, um ein Auto zu produzieren.

_____

d) Man braucht Holz, um ein Bett zu bauen.

_____

e) Man braucht Wolle, um einen Pullover zu stricken.

_____

3. **wider** oder **gegen**?***

a) Viele Demonstranten versammelten sich _____ Erwarten, um _____ Entlassungen zu demonstrieren.

b) _____ Willen hat sie sich dem Ausflug der Firma angeschlossen.

c) Die meisten Deutschen sind _____ eine Erhöhung der Einkommensteuer.

d) Im Finale muss der FC Bayern München _____ Inter Mailand spielen.

Präpositionen in festen Wendungen

A: Immer will er **mit dem Kopf durch die Wand.**

B: Er hat ja auch viel **um die Ohren.**

A: Und er nimmt nichts **auf die leichte Schulter.**

Präpositionen können mit Wörtern anderer Wortarten eine feste Verbindung bilden. Man kann die Präposition dann nicht frei wählen. Vielmehr bildet die feste Verbindung eine Wortgruppe mit einer neuen Bedeutung.

Feste Verbindungen <u>mit Verben</u>: Sie werden beim Sprechen und Schreiben häufig gebraucht, z. B.:

glauben an	*65 Prozent der Deutschen glauben an Gott.*
halten für	*Viele Menschen halten das Rad für die größte Erfindung.*
(sich) streiten über	*Eheleute streiten sich gern über Geld.*

Feste Verbindungen <u>mit Substantiven</u>: Sie werden überwiegend beim Schreiben gebraucht oder in formalen Situationen, z. B.:

die Forderung nach	*die Forderung nach Gerechtigkeit*
die Liebe zu	*die Liebe zur Natur*
die Entscheidung über	*die Entscheidung über das neue Gesetz*

Feste Verbindungen <u>mit Adjektiven</u>: Man benutzt sie häufig beim Sprechen und Schreiben, z. B.:

froh über	*Er war froh über seine neue Arbeitsstelle.*
zuständig für	*Die Agentur für Arbeit ist zuständig für das Arbeitslosengeld I.*
fertig mit	*Nach zwei Stunden war er endlich fertig mit dem Aufräumen.*

Lernen Sie Verbindungen aus Verb + Präp., Substantiv + Präp., Adjektiv + Präp. immer als ganzen Ausdruck.

Präpositionen

Präpositionalpronomen und Pronominaladverbien

Präpositionalpronomen und Pronominaladverbien

A: Möchtest du ein Softeis?

B: Nein, **davon** werde ich zu dick.

A: Einen Rotwein?

B: Kommt **darauf** an, ob du mit mir trinkst.

A: **Darüber** muss ich erst nachdenken.

> Beginnt die Präposition mit einem Vokal, wird zwischen **da-** bzw. **wo-** und der Präposition ein **-r** eingeschoben: daran, woran, darüber, worüber

Viele Verben, Nomen und Adjektive werden zusammen mit einer festen Präposition gebraucht, der ein Objekt in einem bestimmten Kasus folgt. Die Präposition und das Objekt bilden zusammen **das präpositionale Objekt**.

Wir warten <u>auf Martin</u>.   Wir warten <u>auf das Essen</u>.
Er hat Zeit <u>für seine Freundin</u>.   Er hat Zeit <u>fürs Segeln</u>.

Das präpositionale Objekt kann man durch ein Pronomen ersetzen. Dabei unterscheidet man:

1. Ist das Substantiv nach der Präposition **eine Person**, wird es durch ein Personalpronomen ersetzt:
   Wir warten auf ihn (= auf Martin).
   Er hat Zeit für sie (= für seine Freundin).

   Für die **Frage nach einer Person** verwendet man Präposition und Fragewort:
   Auf wen warten wir? – Auf Martin.
   Für wen hat er Zeit? – Für seine Freundin.

> *Diese Form klingt sehr formal und wird weniger oft gebraucht. Meist benutzt man sie, wenn man das Präpositionalpronomen besonders betonen möchte.

2. Ist das Substantiv nach der Präposition **eine Sache**, eine Handlung, etwas Abstraktes, dann steht das Präpositionalpronomen. Es wird gebildet aus: **da + (r) + Präposition oder hier + Präposition.***
   Wir warten darauf/hierauf (= auf das Essen).
   Er hat Zeit dafür/hierfür (= fürs Segeln).

   Fragt man nach einer Sache, einer Handlung oder etwas Abstraktem, steht ein spezielles Fragewort: **wo + (r) + Präposition**.
   Worauf warten wir? – Auf das Essen.
   Wofür hat er Zeit? – Fürs Segeln.

Präpositionen

Präpositionalpronomen und Pronominaladverbien

Form

Präposition	Präpositional-pronomen	Kurz-form	Pronominal-adverb	Frage-pronomen
an	daran	dran	hieran	woran
auf	darauf	drauf	hierauf	worauf
aus	daraus	draus	hieraus	woraus
bei	dabei	-	hierbei	wobei
durch	dadurch	-	hierdurch	wodurch
entlang	da entlang	-	hierentlang	wo entlang
für	dafür	-	hierfür	wofür
gegen	dagegen	-	hiergegen	wogegen
hinter	dahinter	-	hierhinter	wohinter
in	darin	drin	hierin/hierein	worin/worein
mit	damit	-	hiermit	womit
nach	danach	-	hiernach	wonach
neben	daneben	-	hierneben	woneben
über	darüber	drüber	hierüber	worüber
um	darum	drum	hierum	worum
unter	darunter	drunter	hierunter	worunter
von	davon	-	hiervon	wovon
vor	davor	-	hiervor	wovor
wegen	deswegen	-	-	weswegen
zu	dazu	-	hierzu	wozu
zwischen	dazwischen	-	hierzwischen	wozwischen

Präpositionalpronomen bestehen aus **da** + (**r**) + Präposition und ersetzen ein präpositionales Objekt.

Pronominaladverbien werden auch aus anderen Adverbien gebildet (*hier, dort, wo*) und können auch in anderer Funktion gebraucht werden.
→ Gebrauch

Nicht alle Präpositionen können das Pronominaladverb bilden: ~~darohne~~, ~~daranhand~~

Besonderheiten

Einige Präpositionen können kein Präpositionalpronomen bilden, wie es oben beschrieben ist.

Verwendet man solche Präpositionen **temporal** für die Zukunft, benutzt man **Präposition + dann**:
bis Montag → *bis dann; für morgen* → *für dann*
aber: *vor 9.00 Uhr* → *davor; am 16. Mai* → *dann*

Umgangssprachlich sagt man statt **bis dann** auch **bis dahin**.

Verwendet man Präpositionen **lokal** mit einer Richtungsänderung (direktiv), benutzt man meist ein Adverb **da-/dort- + hin**:
nach Köln → *dorthin, dahin; zum Marktplatz* → *dorthin, dahin; in das Haus* → *dorthin, dahin oder darein*

Alternativ kann man die Präposition mit dem Demonstrativpronomen in dem Kasus verbinden, den die Präposition regiert:
mit Akkusativ: ohne meine Tasche → *ohne die*
mit Dativ: außer meinem Handy → *außer dem; dem Protokoll entsprechend* → *dementsprechend; seinen Argumenten gegenüber* → ***demgegenüber***

Das Demonstrativpronomen steht vor der Präposition, die man (auch) nachgestellt benutzt.

Präpositionen

Präpositionalpronomen und Pronominaladverbien

Gebrauch

▪ Als Pronomen stehen Präpositionalpronomen anstelle des präpositionalen Objekts. Dieses wird bestimmt durch ein Verb.

Vom Rotwein bekomme ich Kopfschmerzen. Deshalb trinke ich selten davon.

▪ Als Attribut können sich Pronominaladverbien auf ein Substantiv oder Adverb beziehen.

Die Lust darauf (= auf einen Kaffee) ist ihm vergangen.
Er ist nicht geeignet dafür (= für ein Studium).

> ❗ Umgangssprachlich benutzt man auch **an was** statt **woran**, **für was** statt **wofür**, **von was** statt **wovon**, **mit was** statt **womit**.

▪ Als Fragepronomen leitet **wo** + (**r**) + Präposition eine Frage nach einer Sache ein.

Woran denkst du? – An meinen Urlaub.
Wofür interessiert sich deine Tochter? – für ein Studium in Oxford.

▪ Als Relativpronomen leitet **wo** + (**r**) + Präposition einen Nebensatz ein. Das Pronominaladverb wird durch Verb, Substantiv oder Adverb im Relativsatz bestimmt.

Sam brachte seine Frau mit, worüber sich seine Eltern sehr freuten.

▪ Das Pronominaladverb kann auf einen Infinitivsatz oder einen Satz hinweisen, der mit **dass**, **ob**, **wann** und anderen Konjunktionen oder Fragepronomen eingeleitet wird.

Nach der Geburt meiner Tochter gewöhnte ich mich daran, weniger zu schlafen.
Ich freue mich darauf, dass wir bald nach Italien fahren.

▪ Das Pronominaladverb kann eine folgende Aussage ankündigen.

Bitte denke daran: Du hast heute einen Termin beim Friseur.

▪ Das Pronominaladverb bezieht sich auf eine Aussage vorher.

Zum Geburtstag schenkte Isabelle mir eine schöne Kette. Damit/Hiermit hatte ich nicht gerechnet.
Andreas hat mir spontan finanziell geholfen. Dafür danke ich ihm sehr.

▪ Das Pronominaladverb kann auf eine Sache Bezug nehmen, die man in der Situation sieht oder erlebt.

Bitte trinken Sie davon (= von dem Apfelsaft auf dem Tisch).
Versuchen Sie es hiermit (= mit dem Kugelschreiber in meiner Hand).

Üben und Anwenden

Präpositionalpronomen und Pronominaladverbien

1. Benutzen Sie das richtige **Präpositionalpronomen** für Ihre Antwort.**

a) Hast du dich von deiner anstrengenden Geschäftsreise erholt?
   Ja, davon habe ich mich erholt.

b) Können wir über die Probleme mit unserem Chef sprechen?
   Ja, _____

c) Wen lädst du zum Meeting ein?
   _____ lade ich unsere fünf Kollegen ein.

d) Denkst du an unseren Termin morgen früh?
   Ja, _____

e) Hältst du viel von unserer neuen Software?
   Nein, _____

f) Nächste Woche haben wir Betriebsferien. Freust du dich auf die freien Tage?
   Ja, _____

g) Hat unsere Abteilung zu viel Geld für neue Testgeräte ausgegeben?
   Ja, _____

h) Peter hatte gestern seinen Einstand. Hat er sich über das Willkommensgeschenk gefreut?
   Ja, _____

i) Willst du noch lange auf eine Gehaltserhöhung warten?
   Nein, _____

2. Fragen Sie nach dem kursiv gedruckten Satzteil.**

a) Ich habe Angst *vor Ratten*. *Wovor hast du Angst?*

b) Er bittet *um ein wenig Geld*. _____

c) Lydia hofft *auf ein gutes Ergebnis* im Examen. _____

d) Andreas hat sich *für eine BMW** entschieden. _____

e) Der Text handelt *von der deutschen Sprache*. _____

f) Mein Freund träumt *von einem Porsche*. _____

g) Ihr interessiert euch *für eine Reise* nach Rom. _____

*Motorradmarken sind feminin, Automarken sind maskulin:
der BMW (das Auto), *die BMW* (das Motorrad).

Üben und Anwenden

Präpositionalpronomen und Pronominaladverbien

3. Bilden Sie Sätze. Verwenden Sie das Präteritum im Hauptsatz, das Plusquamperfekt im Relativsatz und **wo** + **(r)** + Präposition als **Relativpronomen.*****

a) er/im Lotto gewinnen – nicht gerechnet hatte mit

   Er gewann im Lotto, womit er nicht gerechnet hatte.

b) endlich/Urlaub beginnen – sie/sich gefreut hatten auf

   _____

c) heute/er das Protokoll bekommen – er/lange gewartet hatte auf

   _____

d) seine Eltern/alte Geschichten erzählen – sie/ihn/immer gelangweilt hatten mit

   _____

e) seine Firma/neue Kollegen einstellen – er/lange/gekämpft hatten für

   _____

4. Antworten Sie. Verwenden Sie in Ihrer Antwort das richtige **Pronominaladverb** mit einem Infinitiv- oder **dass**-Satz.***

a) Worauf freust du dich? (ich – Ausflug machen)

   Ich freue mich darauf, dass wir einen Ausflug machen.

b) Wofür bedankst du dich? (ich – du zu meinem Geburtstag kommen)

   _____

c) Worüber beschwert ihr euch? (wir – Möbel von schlechter Qualität sind)

   _____

d) Worüber ärgern Sie sich? (ich – Petra nicht für die Prüfung lernen)

   _____

e) Wogegen protestiert ihr? (wir – Arbeitszeiten verlängert werden)

   _____

f) Wovon handelt das Märchen? (es – zwei Kinder sich im Wald verlaufen)

   _____

Adjektive

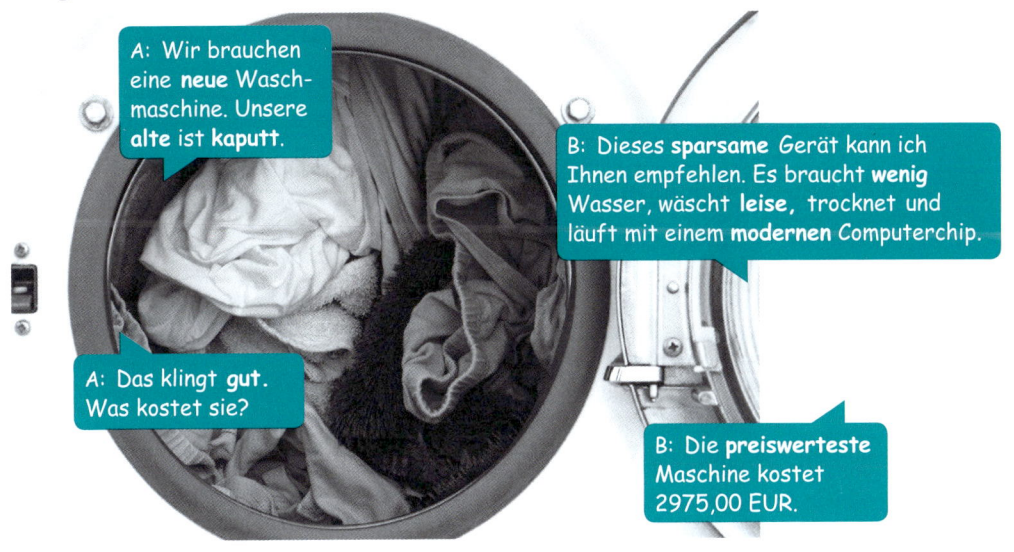

A: Wir brauchen eine **neue** Waschmaschine. Unsere **alte** ist **kaputt**.

B: Dieses **sparsame** Gerät kann ich Ihnen empfehlen. Es braucht **wenig** Wasser, wäscht **leise**, trocknet und läuft mit einem **modernen** Computerchip.

A: Das klingt **gut**. Was kostet sie?

B: Die **preiswerteste** Maschine kostet 2975,00 EUR.

Adjektive heißen auch **Eigenschaftswörter**. Ein Adjektiv beschreibt, wie etwas oder jemand ist. Man fragt nach einem Adjektiv mit „Wie ...?"

Form

Die meisten Adjektive werden aus anderen Wortarten abgeleitet, indem man eine Nachsilbe (Suffix) anhängt oder eine Vorsilbe (Präfix) davorstellt. Oft wird ein anderes Wort mit einem Adjektiv zusammensetzt.

Beispiele für Ableitungen

1. Wortteil:	Substantiv	Verb	Adjektiv
Nachsilbe			
-bar	streit**bar**	fahr**bar**	
-haft	zauber**haft**	leb**haft**	
-ig	schmutz**ig**		
-isch	laun**isch**	erfinder**isch**	
-lich	brüder**lich**	beweg**lich**	schwer**lich**

2. Wortteil:		Verb	Adjektiv
Vorsilbe			
un-			**un**freundlich
über-		**über**fragt	
wider-			**wider**rechtlich
inner-			**inner**betrieblich
miss-			**miss**verständlich

Es gibt viele Vorsilben aus anderen Sprachen, die sich mit Fremdwörtern verbinden. Oft benutzt man sie in Fachsprachen, z. B.: *trans-, hyper-, semi-, de-*.

Bedeutung der **Vor- und Nachsilben**, S. 268–270

Adjektive

Adjektive

Beispiele für Zusammensetzungen

Substantiv + Adjektiv	Verbstamm + Adjektiv	Adjektiv + Adjektiv
steinreich	**kauf**freudig	**hell**grün
kinderarm	**fahr**bereit	**hell**hörig

Gebrauch

Adjektive können sich auf ein Substantiv beziehen. Meist stehen sie direkt vor dem Substantiv und nach einem Artikelwort. Dann muss das Adjektiv eine Endung haben, die in Kasus, Genus und Numerus mit dem Beziehungswort übereinstimmt.

▌Steht das Adjektiv allein und bezieht es sich auf das Substantiv vorher, dann stimmen Genus und Numerus überein.

Wollen wir den neuen Film von Scorsese sehen? Der vorige war auch sehr interessant. – Das ist eine gute Idee.

▌Adjektive können sich auf andere Adjektive beziehen. Bei diesem attributiven Gebrauch stehen sie direkt vor dem Adjektiv und haben keine Endung.

Wir wohnen in einem frisch renovierten Haus.
Hannes war neulich schwer krank.

▌Wenn Adjektive sich auf ein Verb beziehen, bleiben sie ohne Endung. Sie stehen im Hauptsatz nach dem Verb, im Nebensatz davor.

Hier riecht es aber gut nach Tomaten, Knoblauch und Oregano. –
Es riecht so gut, weil ich heute italienisch koche.

▌Die Hilfsverben **sein**, **bleiben** und **werden** brauchen eine Ergänzung, zum Beispiel ein Adjektiv. Das Adjektiv bleibt dann ohne Endung.

Gestern blieb mein Geschäft geschlossen, weil ich krank war.
Heute habe ich verschlafen. Das ist mir sehr peinlich.

Üben und Anwenden

Adjektive

1. Bilden Sie Adjektive aus den folgenden Substantiven.*

mit der Endung -lich		mit der Endung -ig
a) der Ärger ___ärgerlich___	e) die Sonne _____
b) der Freund _____	f) der Matsch _____
c) das Kind _____	g) der Ekel _____
d) das Amt _____	h) der Stein _____

2. Verbinden Sie je ein Wort rechts mit den folgenden Adjektiven.*

a) _____ groß d) _____ reich
b) _____ scharf e) _____ grün
c) _____ weiß f) _____ braun

> riesen-
> kaffee-
> schnee-
> gras-
> messer-
> stein-

3. Charaktereigenschaften: Wie heißt das **Gegenteil**?**

a) freundlich ___unfreundlich___ f) ehrlich _____
b) höflich _____ g) großzügig _____
c) gut aussehend _____ h) nett _____
d) offen _____ i) treu _____
e) interessiert _____

> un- (x 4)
> verschlossen
> hässlich
> verlogen
> geizig
> böse

Adjektive

Die Steigerung der Adjektive

Die Steigerung der Adjektive

A: Mein Leben ist viel **schöner**, als ich gedacht habe: Ich bin **attraktiver**, **reicher** und **erfolgreicher** als meine Freundinnen.

B: Aber die **glücklichste** Frau bist du nicht.

Die meisten Adjektive kann man steigern. Die Grundform nennt man **Positiv**, die erste Stufe **Komparativ** und die „höchste" Stufe **Superlativ**.

Form

		Positiv	**Komparativ** ... + -er	**Superlativ** am + ... -sten	**Superlativ** der/die/das ... -ste
1. normale Steigerung	1	klein	kleiner	am kleinsten	der kleinste
2. Endet das Adjektiv auf -s, -d, -sch, -ss, -ß, -t, -tz, -x, -z, dann ist die Endung im Superlativ -est.	2	interessant	interessanter	am interessantesten	der interessanteste
		heiß	heißer	am heißesten	der heißeste
		blöd	blöder	am blödesten	der blödeste
3. Viele kurze Adjektive bilden Komparativ und Superlativ mit Umlaut.	3	alt	älter	am ältesten	der älteste
		groß	größer	am größten	der größte
		kurz	kürzer	am kürzesten	der kürzeste
4. Adjektive mit Endung -er und -el verlieren im Komparativ das -e.	4	dunkel	dunkler	am dunkelsten	der dunkelste
		edel	edler	am edelsten	der edelste
		teuer	teurer	am teuersten	der teuerste
5. unregelmäßige Adjektive	5	gern	lieber	am liebsten	der liebste
		gut	besser	am besten	der beste
		viel	mehr	am meisten	der meiste
		hoch	höher	am höchsten	der höchste
		nah	näher	am nächsten	der nächste

Adverbien, die man steigern kann

	Positiv	**Komparativ**	**Superlativ**
Adverbien kann man nicht deklinieren und meist auch nicht steigern: *hier – hieser – am hiersten*	gern	lieber	am liebsten
	oft	öfter	am häufigsten
	bald	eher	am ehesten
	wohl	wohler	am wohlsten
	sehr	mehr	am meisten

174

Adjektive

Die Steigerung der Adjektive

Graduierung der Steigerungsform

Was wird verwendet?	Verstärkung	Abschwächung
weniger + Positiv	–	weniger laut → nicht so laut
Komparativ ohne Vergleich	–	ärmer → nicht sehr arm
immer + Komparativ ohne Vergleich	immer schöner → schöner und schöner	–
eingeschränkter Superlativ	–	eine der schönsten → nur eine von mehreren mit größter Schönheit
Elativ: 1. als Superlativ ohne Vergleich	höchster Genuss → absoluter Genuss	
2. Vorsilbe* + Positiv extra-: extragroß hoch-: hochinteressant super-: superreich	extrem … – – –	
3. Gradpartikel* + Positiv absolut außerordentlich besonders extrem ganz sehr total überaus	– – – – – – – –	
einigermaßen halbwegs recht relativ vergleichsweise ziemlich		– – – – – –

*Diese Vorsilben oder Gradpartikeln müssen eine Absolutheit ausdrücken. Es entstehen immer neue Vorsilben und Gradpartikeln. Man findet sie oft in Soziolekten und Dialekten: *mega-, sau-, super-, ober-, …*

175

Adjektive

Die Steigerung der Adjektive

Ein Adjektiv vor dem Substantiv muss immer eine Adjektivendung haben.

Gebrauch

Der Positiv kann eine **Eigenschaft** beschreiben.

Das Wasser ist aber <u>kalt</u>.
Siehst du den <u>alten</u> Mann dort?

In der Alltagssprache verwenden manche Leute als **wie** oder **wie** anstatt als: *Wir sind jetzt klüger als ~~wie~~ vor dem Examen.*

Mit dem Positiv kann man etwas **vergleichen**, das auf gleicher Stufe ist. Man braucht: **so/ebenso/genauso/gleich** + **Positiv** + **wie** direkt danach.

Meine Tochter ist etwa <u>so alt wie</u> dein Sohn.
Ein Luxusfahrrad kostet <u>ebenso/genauso viel wie</u> ein Kleinwagen.

Mit dem Komparativ nennt man den **Unterschied** zwischen zwei Personen, Dingen, Sachen. Man braucht: **Komparativ** + **als** direkt danach.

Ein Rennwagen fährt <u>schneller</u> als ein Kleinwagen.
Ich habe einen <u>klügeren</u> Vater als du.

Der Komparativ ohne Vergleich kann die Bedeutung eines Adjektivs **abschwächen**, **älter** bedeutet dann „relativ alt"; **jünger** heißt: „relativ jung".

Dieses <u>ältere</u> Mädchen geht schon in die Schule.
Meine Großeltern kommen aus einer <u>ärmeren</u> Familie.

Adjektive, die Zustände und Eigenschaften beschreiben, stehen meist mit den Verben **sein**, **bleiben**, **werden**.

Mit dem Superlativ vergleicht man drei oder mehr Personen, Dinge oder abstrakte Sachen und nennt die Höchststufe aus dieser Gruppe.

Das <u>größte</u> Problem der Menschen ist der Hunger.
In Namibia ist es zwischen November und Januar <u>am heißesten</u>.

Manchmal bilden in einer Gruppe mehrere Dinge oder Personen die Höchstform. Will man davon nur eine nennen, braucht man: **deklinierter unbestimmter Artikel** + **Superlativ im Genitiv** + **Substantiv**.

Dieser Ferrari ist <u>einer der schnellsten</u> Rennwagen, die es gibt.
Rom ist <u>eine der schönsten</u> Städte Europas.

Adjektive, die einen **Zustand beschreiben**, nennt man absolute Adjektive. Man kann sie nicht steigern*. Dazu gehören unter anderem **schwanger, viereckig, lebendig, tot, stumm, mündlich, kinderlos, vergleichbar**.

Beethoven ist nicht ~~toter~~ als Mozart.
Meine Freundin ist viel ~~schwangerer~~ als du.

*Die Steigerung ist in der Umgangssprache oder Werbung möglich, aber nicht korrekt: *Mit maximalster Geschwindigkeit in den Urlaub!*

Einige Adjektive bezeichnen schon einen höchsten oder niedrigsten **Grad**. Man kann sie nicht steigern. Dazu gehören **absolut, einzig, extrem, link-, maximal, minimal, mittler-, total, perfekt**.

Ich setze mich auf den mittlersten Platz.*
Das ist die extremste Bergtour, die je gemacht wurde.*

176

Adjektive

Die Steigerung der Adjektive

■ **Farbadjektive** aus anderen Sprachen werden nicht dekliniert oder gesteigert. Das gilt auch für **orange, pink, lila**. Man verwendet stattdessen die Nachsilbe **-farben** oder **-farbig**.

Zu Neujahr schenken Deutsche rosafarbene Schweinchen als Glücksbringer.
Diese beigefarbene Jacke steht dir nicht.

■ **Länder-Adjektive** werden normalerweise nicht gesteigert. Ausnahme ist eine ironische Verwendung der Formen.

Das ist der spanischste Wein, den ich je getrunken habe.
„Du bist deutscher als die Deutschen, liebe Fatma", sagte meine Schwester.

■ Einzelne Adverbien können die Bedeutung des Adjektivs **verstärken**.

Das ist ein außerordentlich schönes Bild von Monet.
Diese Uhr war ganz teuer.

■ Einzelne Adverbien können die Bedeutung des Adjektivs **abschwächen**. Man verwendet diese Wörter zum Beispiel, wenn das negative Adjektiv zu stark wäre oder weil es zum individuellen Stil des Sprechers passt.

Der Abend bei Fleischmanns war recht nett.
Deine neue Motorsäge ist ziemlich laut.

■ Ein Komparativ zeigt bei einem Vergleich immer einen Unterschied zum Höheren an. Mit **weniger** bezeichnet man ebenfalls einen Unterschied, aber nach unten hin. Auf einer Werteskala: **weniger gut → gut → besser**.

Deine Idee finde ich weniger gut.
Weniger schöne Schuhe werden im Ausverkauf billiger verkauft.

■ Der **absolute Superlativ** oder **Elativ** steht – anders als der Superlativ – ohne Vergleich. Der Superlativ zeigt die höchste Stufe einer Eigenschaft in einer Gruppe – er wird also im Vergleich benutzt.
Der Elativ steht nicht im Vergleich, sondern beschreibt die absolute Eigenschaft. Alternativ kann der Elativ auch mit einer Vorsilbe (top-, extrem-) oder einer Gradpartikel benutzt werden.

Unsere neue Kaffeesorte verspricht höchsten Genuss.
Wir verbleiben mit freundlichsten Grüßen.

> In der Werbung, in pathetischen oder ironischen Aussagen findet man auch Komparative und Superlative von Adjektiven, die man nicht steigern kann.

Üben und Anwenden

Die Steigerung der Adjektive

die Fabel, -n = eine kurze lehrreiche Erzählung, in der meist Tiere menschliche Eigenschaften besitzen und wie Menschen handeln

1. Markieren Sie die **Adjektive** in der folgenden Fabel.*

Der Esel und der Fuchs

Ein **alter** Esel und ein **schlauer** Fuchs lebten seit langer Zeit freundschaftlich zusammen. Sie gingen auch gemeinsam auf gefährliche Jagd. Da kam ihnen einmal ein großer Löwe so plötzlich in den Weg, dass der kleine Fuchs Angst hatte, er könne nicht mehr fliehen. Mit falscher Freundlichkeit sprach er zum Löwen: „Ich fürchte dich nicht, mächtiger König! Kann ich dir aber mit dem leckeren Fleische meines dummen Freundes dienen, so sag es mir schnell."

Der Löwe versprach, ihm nichts zu tun. Und so führte der listige Fuchs den armen Esel in eine Grube, in der er gefangen wurde. Mit lautem Gebrüll packte der starke Löwe rasch den Fuchs und sprach: „Der Esel ist mir gewiss, aber dich zerreiße ich wegen deiner großen Falschheit zuerst."

2. Schreiben Sie auf einem Extrablatt zu den Adjektiven aus Übung 1 den Komparativ und den Superlativ.**

alt → _älter, am ältesten_

schlau → _schlauer, am schlauesten_

3. Bilden Sie Sätze nach folgendem Beispiel.**

a) alt sein: mein Bruder, meine Mutter, meine Großmutter

Mein Bruder ist alt, meine Mutter ist älter, meine Oma ist am ältesten.

b) fleißig arbeiten: ich, meine Schwester, mein Freund

c) jung sein: meine Kusine, das Mädchen, das Kind

d) nah sein: das Theater, das Kino, die Schule

e) viel kosten: die Hose, der Pullover, der Mantel

f) groß sein: die Tochter, der Sohn, der Vater

Üben und Anwenden

Die Steigerung der Adjektive

4. Vergleichen Sie: Benutzen Sie **Positiv** und **Komparativ**.***

So geht's:
= so ... wie
↑ Komparativ
↓ weniger + Positiv

a) groß: ich = du ↑ Martina

   Ich bin so groß wie du, aber Martina ist größer.

b) alt: meine Schuhe = deine Schuhe ↓ Vaters Schuhe

   Meine Schuhe sind so alt wie deine, aber Vaters Schuhe

   sind weniger alt.

c) klug: mein Sohn = deine Tochter ↓ Ricardas Zwillinge

   _____

   _____

d) schnell: dieser Kleinwagen = das Motorrad ↑ Geländewagen

   _____

   _____

e) schwierig: diese Aufgabe = die vorige Aufgabe ↓ nächste Aufgabe

   _____

   _____

f) modern: Meine Wohnung = deine Wohnung ↓ das Haus meiner Eltern

   _____

   _____

5. Benutzen Sie **nacheinander** die **Adverbien** rechts, um die Bedeutung des Adjektivs zu relativieren.***

a) Hier sind aber viele Menschen im Bierzelt. (voll) → Es ist _ziemlich voll_.

b) Es hat geschneit. (kalt) → Es ist _____.

c) Ich habe 65,00 EUR für unser Essen bezahlt. (teuer)

   Das _____.

d) Ich sehe gern Reportagen über Gentechnik. (interessant)

   Das _____.

e) Ich kann nicht zu deinem Geburtstag kommen. (sicher)

   Das _____.

ziemlich   *recht*   *vergleichsweise*   *relativ*   *halbwegs*

Adjektive

Die Deklination des Adjektivs

Die Deklination des Adjektivs

> Junge Welpen zu verkaufen.

> Kleine, anschmiegsame Kätzchen in gute Hände abzugeben.

> Neuwertiges Aquarium mit bunten Fischen kostenlos.

> Züchter bietet reinrassige Bulldogge zum Verkauf.

Im Deutschen erkennt man den Kasus am Kasussignal. Dieses Kasussignal findet man entweder am Artikelwort:
Hier sehen Sie das kleinste Motorrad der Welt.

Oder man findet es am Adjektiv:
Ich habe noch nie so ein kleines Motorrad gesehen.

Die Deklination des Adjektivs folgt drei unterschiedlichen Klassen.

Typ 1 für Adjektive, die nach dem bestimmten Artikel stehen.
Typ 2 für Adjektive, die nach dem unbestimmten Artikel stehen.
Typ 3 für Adjektive, die ohne Artikel stehen.

Typ 1: Deklination des Adjektivs nach bestimmtem Artikel

Form

Sing.	maskulin	feminin	neutrum
Nom.	der große Mann	die schöne Frau	das kleine Kind
Akk.	den großen Mann	die schöne Frau	das kleine Kind
Dat.	dem großen Mann	der schönen Frau	dem kleinen Kind
Gen.	des großen Mannes	der schönen Frau	des kleinen Kindes

Plural	m/f/n
Nom.	die vielen Leute
Akk.	die vielen Leute
Dat.	den vielen Leuten
Gen.	der vielen Leute

Adjektive

Die Deklination des Adjektivs

§ Artikelwörter, S. 99

Gebrauch

▌ Nach Artikelwörtern wie **dies-**, **jen-**, **jed-**, **manch-**, **solch-**, **welch-**, **derselb-**, **der gleich-** folgt das Adjektiv der Deklination Typ 1.

*Kaufst du <u>diesen großen</u> Tisch/<u>diese kleine</u> Lampe/<u>dieses blaue</u> Sofa?
Ich nehme <u>jenen kleinen</u> Tisch/<u>jene kleine</u> Lampe/<u>jenes grüne</u> Sofa.
Ich lese sofort <u>jeden neuen</u> Brief/<u>jede lokale</u> Zeitung/<u>jedes aktuelle</u> E-Mail.
<u>Mancher nächtliche</u> Traum/<u>Manche verrückte</u> Idee/<u>Manches moderne</u> Musikstück macht mich nachdenklich.
<u>Solchen schönen</u> Hut/<u>Solche modische</u> Jacke/<u>Solches wollene</u> Kleid wollte ich mir auch kaufen.
<u>Welcher liebenswürdige</u> Kollege/<u>Welche freundliche</u> Kollegin/<u>Welches nette</u> Team kann mir meine Frage beantworten?
Ich trage zur Hochzeit <u>denselben goldenen</u> Ring/<u>dieselbe silberne</u> Kette/<u>dasselbe diamantene</u> Armband wie damals meine Mutter.
Du hast ja <u>den gleichen japanischen</u> Computer/<u>die gleiche lustige</u> Maus/<u>das gleiche moderne</u> Telefon gekauft wie ich.*

▌ **beide** kann als Artikel oder als Adjektiv gebraucht werden.

*Ich nehme <u>die beiden</u> Kinder heute zu mir nach Hause.
Ich nehme <u>beide</u> Kinder mit zu mir nach Hause.*

▌ **alle**, **sämtliche** und **irgendwelche** benutzt man im Plural. Das Adjektiv danach folgt der Deklination Typ 1.

*Hast du schon <u>alle eingekauften</u> Getränke ins Haus gebracht?
Ich habe jetzt <u>sämtliche alten</u> Rechnungen sortiert.
Er will nicht mit <u>irgendwelchen anderen</u> Leuten Englisch lernen.*

▌ Vor nicht zählbaren Substantiven oder vor Substantivierungen kann **all-**, **sämtlich-** und **irgendwelch-** auch im Singular stehen.

*<u>Alles Gute</u> zum Geburtstag.
<u>Sämtliches neue</u> Geschirr stelle ich in den Küchenschrank.*

Üben und Anwenden

Die Deklination des Adjektivs

1. Wir ziehen um! Stellen Sie Fragen und unterstreichen Sie die **Adjektivendungen im Nominativ.****

a) das Sofa – rot – schwarz

   Was bleibt in der Wohnung? Das rote oder das schwarze Sofa?

b) der Teppich – bunt – einfarbig

   _____

c) der Küchentisch – hoch – niedrig

   _____

d) das Bett – breit – schmal

   _____

e) die Gartenstühle – blau – weiß

   _____

f) die Lampe – alt – neu

   _____

g) die Garderobe – groß – klein

   _____

2. Wie fahren wir in den Urlaub? Ergänzen Sie die **Endungen im Dativ.***

a) Mit dem rostig____ Fahrrad?   e) Mit dem schnell____ Auto?
b) Mit dem modern____ Intercity?   f) Mit dem alt____ Motorrad?
c) Mit dem teur____ Flugzeug?   g) Mit dem exklusiv____ Schiff?
d) Mit der gut____ alt__ Bahn?   h) Mit der örtlich____ Reisegruppe?

3. So ein Durcheinander! **Adjektivendungen im Nominativ und Akkusativ.*****

a) neu/Kalender – Schrank

   Wo ist der neue Kalender? Den neuen Kalender findest du im Schrank.

b) weiß/Servietten (Pl.) – Schublade

   _____

c) rosa*/Kleid von Marie – Garderobe

   _____

*Farbadjektive wie **orange**, **pink**, **lila**, **rosa** haben keine Adjektivendung. Man verwendet stattdessen die Nachsilbe **-farben** oder **-farbig**.

182

Üben und Anwenden

Die Deklination des Adjektivs

d) bunt/Kopftuch – Kleiderschrank
_____

e) englisch/Wörterbuch – Regal
_____

f) schmutzig/Wäsche (Sg.) – Waschküche
_____

g) silbern/Halskette – Schmuckkassette
_____

h) neu/Handy – Handtasche
_____

4. Warum könnt ihr nicht kommen? Verwenden Sie den **Genitiv**.***

a) kalt/Wetter: <u>wegen des kalten Wetters</u>
b) stark/Regen: _____
c) krank/Tochter: _____
d) geplant/Urlaub: _____
e) kaputt/Auto: _____
f) andauernd/Bauarbeiten im Haus: _____
g) stark/Verkehr: _____

5. Im Kaufhaus. Benutzen Sie **sämtlich-** oder **all-** im Akkusativ Plural und verwenden Sie die richtige Adjektivendung.***

Hier haben wir ...

a) sämtlich_____ aktuell_____ Sonderangebote.
b) all_____ neu_____ Wintermäntel.
c) sämtlich_____ reduziert_____ Hosen.
d) all_____ neu eingetroffen_____ Computerspiele.
e) sämtlich_____ robust_____ Koffer.
f) all_____ modern_____ Taschen.

Adjektive

Die Deklination des Adjektivs

Typ 2: Deklination des Adjektivs nach unbestimmtem Artikel

Form

*Kasussignal am Adjektiv

Sing.	maskulin	feminin	neutrum
Nom.	ein groß**er** Mann*	eine schön**e** Frau	ein klein**es** Kind
Akk.	einen groß**en** Mann	eine schön**e** Frau	ein klein**es** Kind
Dat.	einem groß**en** Mann	einer schön**en** Frau	einem klein**en** Kind
Gen.	eines groß**en** Mannes	einer schön**en** Frau	eines klein**en** Kindes

Plural	m/f/n
Nom.	viel**e** Leute
Akk.	viel**e** Leute
Dat.	viel**en** Leuten
Gen.	viel**er** Leute

Alle Artikelwörter, die einen Reim auf **ein**/**eine** bilden, folgen im Singular der Deklination Typ 2.
Im Plural folgen sie Typ 1:
*keine/meine/eine schöne Tasche,
keine/meine/seine schönen Taschen*

Gebrauch

▌ Im Nominativ maskulin und Akkusativ neutrum tragen die Adjektive das Kasussignal, nicht das Artikelwort.

Er bleibt ein alter, sturer Mann.

▌ Im Plural steht das Substantiv ohne Artikel. Das Adjektiv trägt das Kasussignal allein.

Ich habe im Moment neue Interessen.

▌ Zwei oder mehr Adjektive vor dem Substantiv tragen die gleiche Endung, wenn sich beide auf das Substantiv beziehen.

Kaufst du mir einen kleinen roten Sportwagen?

▌ Nach Kardinalzahlen folgt die Adjektivdeklination Typ 2.

*Für ein Schachspiel braucht man zwei geduldige Spieler.
Seine Bambini-Mannschaft hat elf kleine Kinder.*

▌ Im Plural haben die Artikelwörter **ander-, etlich-, einige-, folgend-, mehrer-, verschieden-, viel-** und **wenig-** dieselbe Endung wie das Adjektiv der Deklination Typ 2.

*Wir haben andere große Sorgen.
Nach der Deutschstunde haben wir noch folgende wichtige Fragen.*

▌ Steht das Adjektiv im Komparativ, dann hat es zwei Endungen: Komparativ **-er** und Adjektivendung.

*Schau mal, hier ist ein noch preiswerterer Rasenmäher.
Das war eine bessere Antwort, als ich erwartet habe.*

Üben und Anwenden

Die Deklination des Adjektivs

1. **Nominativ**: Ergänzen Sie die Endungen.**

a) Das ist ein sehr langweilig_____ Film.

b) Sie ist eine wirklich intelligent_____ Frau.

c) Ist das Ihr neu_____ Fahrrad?

d) Er ist meine groß_____ Liebe.

e) Ihre klein_____ Tochter ist sehr musikalisch.

f) Im Stadtzentrum entsteht ein modern_____ Haus.

g) Das ist aber ein gemütlich_____ Restaurant.

h) Das ist doch kein frisch_____ Brot! Es ist ja ganz hart!

i) Sie wird sicher eine gut_____ Musikerin.

2. Stellen Sie Fragen und geben Sie eine Antwort!**

a) das Buch – interessant/lesen

   Ist das Buch interessant? Ja, ich lese ein interessantes Buch.

b) die Uhr – neu/tragen

c) das Wörterbuch – gut/kaufen

d) der Hund – lieb/haben

e) die Torte – süß/essen

f) das Hemd – bunt/sehen

g) die Krawatte – modern/tragen

h) der Tisch – stabil/produzieren

Üben und Anwenden

Die Deklination des Adjektivs

3. Im Kaufhaus. Üben Sie die Adjektivendungen im **Singular** und **Plural**.***

a) warm/Kinderpullover – Abteilung für Kinderbekleidung

<u>Ich suche einen warmen Kinderpullover. – Warme Kinderpullover</u>
<u>finden Sie in der Abteilung für Kinderbekleidung.</u>

b) Spülmaschine/sparsam – Abteilung für Haushaltsgeräte

_____

c) Waschmaschine/modern – Abteilung für Haushaltsgeräte

_____

d) Puppen/niedlich – Spielzeugabteilung

_____

e) Herrensocken/warm – Abteilung für Herrenbekleidung

_____

f) Lampe/groß – Elektroabteilung

_____

g) Lippenstift/rot, pflegend – Kosmetikabteilung

_____

4. Auf dem Flohmarkt. Setzen Sie die Adjektive links nacheinander ein und ergänzen Sie die richtigen **Adjektivendungen**.***

kauflustig
clever
privat
kommerziell
alt
gebraucht
erhalten
neuwertig
hochwertig
alt
neu
aktuell

Jeden Samstag um 6.00 Uhr kommen etliche **(a)** _____ Leute in die Stadt. Haben dann etwa einige **(b)** _____ Geschäftsleute schon ihre Läden geöffnet? Nein, es ist Flohmarkt! Dann kommen viele **(c)** _____ und **(d)** _____ Verkäufer ins Stadtzentrum, um **(e)** _____ oder **(f)** _____ Waren zu verkaufen. Besonders die folgenden gut **(g)** _____ Artikel kann man gut verkaufen: **(h)** _____ Elektroartikel, **(i)** _____ Kinderkleidung; **(j)** _____ und **(k)** _____ Markenspielzeug und natürlich **(l)** _____ Computerspiele. Ein Teddybär der Firma Steiff kann dann sogar 250 Euro kosten.

Adjektive

Die Deklination des Adjektivs

Typ 3: Die Deklination des Adjektivs ohne Artikelwort

Form

Sing.	maskulin		feminin		neutrum	
Nom.	gut**er**	Mond	hell**e**	Sonne	groß**es**	Universum
Akk.	gut**en**	Mond	hell**e**	Sonne	groß**es**	Universum
Dat.	gut**em**	Mond	hell**er**	Sonne	groß**em**	Universum
Gen.	gut**en**	Mondes	hell**er**	Sonne	groß**en**	Universums

Plural	m/f/n	
Nom.	viel**e**	Leute
Akk.	viel**e**	Leute
Dat.	viel**en**	Leuten
Gen.	viel**er**	Leute

💡 Die Adjektivendungen im Singular sind identisch mit den Endungen des bestimmten Artikels, außer im Genitiv.

💡 Der **Nullartikel** steht zum Beispiel nach **als** für Berufsbezeichnungen und Eigenschaften, nicht zählbaren Mengen (*Geld, Luft und Liebe, …*), Krankheitsnamen, Gefühlen.

Gebrauch

▎ Steht das Adjektiv allein, trägt das Adjektiv das Kasussignal.

Dort drüben finden Sie reduziertes Geschirr.
Hast du aus deinem Urlaub mexikanisches Geld mitgebracht?

▎ Adjektivendungen der Deklination Typ 3 stehen bei Nullartikel.

§ **Nullartikel**, S. 107

Sie ist passionierte Schwimmerin.
Max arbeitet als bester Ingenieur seiner Firma in Malaysia.

▎ Nach unbestimmten Zahlwörtern wie **viel**, **mehr**, **wenig**, **mancherlei**, **allerlei**, **etwas** und **genug** wird das Adjektiv nach Typ 3 dekliniert.

Der Journalist hat schon mancherlei Lustiges bei seinen Recherchen erlebt.
Wir sehen im Urlaub stets viel Interessantes.

▎ Auch bei Superlativformen muss die Adjektivendung stehen.

Das ist höchster Genuss.
Schwarzfahren bringt meist größten Ärger.

Üben und Anwenden

Die Deklination des Adjektivs

1. Adjektivendungen im **Nominativ**: Was ist zu verkaufen?*

Zu verkaufen: ...

a) persisch_____ Teppiche
b) altdeutsch_____ Schrankwand
c) klassisch_____ Schreibtisch
d) weiß_____ Regal
e) neuwertig_____ Kühlschrank
f) unbenutz_____ Kaffeemaschine
g) fein_____ Gardinen
h) weich_____ Sofa

2. Adjektivendungen im **Akkusativ**: Was suchen die Leute per Kleinanzeige in der Zeitung?*

Suche ...

a) nett_____ Kegelfreunde
b) englisch_____ Brieffreundin
c) jung_____ Schäferhunde
d) billig_____ Kinderbett
e) gebraucht_____ Winterreifen
f) gemütlich_____ Schaukelstuhl
g) alt_____ Kinderbücher
h) französisch_____ Bett

3. Vermischtes: Wie heißt die richtige **Adjektivendung**?*

a) Er lebt auf groß_____ Fuß.
b) Ich habe all_____ Hände voll zu tun.
c) Ich habe zwei link_____ Hände.
d) Du hast krumm_____ Füße.
e) Er hat ein weich_____ Herz.
f) Ich bin mit dem falsch_____ Fuß aufgestanden.
g) Mancher Macho hat eine hart_____ Schale, aber einen weich_____ Kern.
h) Sie ist die recht_____ Hand des Chefs.
i) Groß_____ Klappe und nichts dahinter.

Adjektive

Partizipien als Adjektive

Partizipien als Adjektive

A: **Weinende** oder laut **spielende** Kinder mag ich nicht.

B: Warum denn nicht?

A: Weil ich eine **erschöpfte** Mutter von vier Kindern bin!

Partizipien bildet man aus dem Verb. Es gibt das **Partizip Präsens** (Partizip I) und das **Partizip Perfekt** (Partizip II).

Form

Partizip Präsens

Partizip I als Adjektiv: **Partizip I + Adjektivendung**

Gebrauch

Das Partizip I mit Bezug zum Substantiv zum Ausdruck der Gleichzeitigkeit

Das weinende Kind wird von seiner Mutter beruhigt.
→ *Das Kind weint und wird zur gleichen Zeit von der Mutter beruhigt.*

Mit Bezug zum Substantiv als Ersatz für einen Relativsatz

Die eintreffende S-Bahn hat fünf Minuten Verspätung.
→ *Die S-Bahn, die eintrifft, hat fünf Minuten Verspätung.*

Mit Bezug zum Substantiv als Gerundivum

Der zu stornierende Flug muss bezahlt werden.

Zur näheren Beschreibung eines Verbs steht das Partizip I ohne Endung.

Besonders laut singend gehe ich durch den Wald.

Partizipien können als Adjektiv mit Adjektivendungen benutzt werden.

Das Partizip I der Modal- und Hilfsverben verwendet man normalerweise nicht adjektivisch: ein Kind, das alles kann → *das alles könnende Kind*; ein Kind, das alles darf → *das alles dürfende Kind*

Alle Adjektive können näher durch Adverbien bestimmt werden. Das Adverb bleibt ohne Endung!

Form

Partizip Perfekt

Partizip II als Adjektiv: **Partizip II + Adjektivendung**

Gebrauch

Mit Bezug zum Substantiv, um Vorzeitigkeit auszudrücken

Das falsch geparkte Auto wurde abgeschleppt.

Mit Bezug zum Substantiv als Ersatz für einen Relativsatz

Der heute gesendete Film ist aus dem Jahr 1980.

Form und Gebrauch des **Partizips**, S. 78

Adjektivendungen, S. 180, 184, 187

189

Üben und Anwenden

Partizipien als Adjektive

1. Hier passieren zwei Dinge gleichzeitig: Sagen Sie es kürzer, indem Sie das **Partizip I** benutzen. Vergessen Sie die Adjektivendungen nicht.*

a) Der Mann pfeift und geht spazieren.
   Der pfeifende Mann geht spazieren.

b) Die Frau telefoniert und schreibt.
   _____

c) Der Schwimmer friert und zieht schnell trockene Kleidung an.
   _____

d) Das Kind liest und liegt im Bett.
   _____

e) Der Mann schläft und liegt auf dem Sofa.
   _____

2. Ersetzen Sie den Relativsatz durch das **Partizip II** als Adjektiv.**

a) Ein Auto, das falsch geparkt ist, nennt man
   ein falsch geparktes Auto.

b) Geld, das lange schon versprochen wurde, nennt man
   _____

c) Einen Mann, der weit gereist ist, nennt man einen
   _____

d) Ein Schlüssel, der heute im Haus vergessen wurde, ist ein
   _____

e) Schuhe, die letzte Woche reduziert wurden, sind
   _____

kochen

hacken

braten

abkochen

pressen

3. **Partizip I** oder **Partizip II**? Welche Form passt als Adjektiv?***

a) Für einen guten Tee braucht man _____kochendes_____ Wasser.

b) Für Lasagne benötigt man _____ Rindfleisch.

c) Zu einem Spiegelei passen _____ Kartoffeln.

d) Für Babymilch nimmt man _____ Wasser.

e) Frischer Salat schmeckt am besten mit kalt _____ Olivenöl.

Adverbien

Das Adverb

> **Neuerdings** lebe ich **allein**. Meine Mitbewohnerin ist **leider** ausgezogen. **Deshalb** suche ich **spätestens** ab 1.11. einen neuen Zimmernachbarn. **Gern** Nichtraucher und **schon** WG-erfahren.

Das Adverb heißt auch Umstandswort. Adverbien **geben Informationen** über:

Substantive: *Der Wagen **hier** ist falsch geparkt.*
Verben: *Sie können **dort** nicht parken.*
Adjektive: *Das ist eine **ziemlich** interessante Frage.*
Adverbien: *Das ist **ganz** anders.*

Sie werden nicht dekliniert oder gesteigert (fünf Ausnahmen).
Man schreibt sie immer klein: *hier, gestern, trotzdem, beinahe, gern, kaum.*

Diese Adverbien kann man steigern:
oft – öfter – am häufigsten
bald – eher – am ehesten
sehr – mehr – am meisten
gern – lieber – am liebsten
wohl (**gut**) – wohler (besser) – am wohlsten (am besten)

Adverbien können verschiedene **typische Endungen** haben:

- **-s**: *morgens, mittwochs, eingangs*
- **-weise**: *probeweise, glücklicherweise*
- **-wärts**: *auswärts, abwärts*

Adverbien kann man nach ihrer **Bedeutung** in Gruppen einteilen:

Adverbien der Zeit:	**temporal**	z.B. *morgens, manchmal, neulich*
Adverbien des Ortes:	**lokal**	z.B. *hier, vorwärts, herunter*
Adverbien des Grundes und der Folge:	**kausal**	z.B. *darum, deshalb, deswegen*
	konsekutiv	z.B. *folglich, demnach, also*
	konzessiv	z.B. *dennoch, allerdings*
	final	z.B. *dafür*
Adverbien der Art und Weise:	**modal**	z.B. *gern, vergebens, allerdings*

Adverbien

Temporaladverbien – Adverbien der Zeit

Temporaladverbien – Adverbien der Zeit

A: Wann stehst Du immer auf?

B: **Gestern** war es 7.00 Uhr und **morgen** wird es auch 7.00 Uhr sein. Aber **bald** habe ich Urlaub, dann steh ich **frühestens** um 8.00 Uhr auf.

Die Adverbien der Zeit informieren, **wann**, **wie lange** oder **wie oft** etwas geschieht.

Form

Wann? (Zeitpunkt)

> Bei manchen Adverbien gibt es je nach Zeitform unterschiedliche Bedeutungen, z.B. *Eben kommt er zur Tür herein* (Gegenwart, *eben* = jetzt). *Eben habe ich sie noch gesehen* (Vergangenheit, *eben* = vorhin).

Gegenwart	Vergangenheit	Zukunft	Reihenfolge	Bewertung
heute, jetzt, nun, gerade, eben, sofort, gegenwärtig, heutzutage	gestern, bereits, eben, gerade, vorhin, früher, neulich, kürzlich, damals, inzwischen, sonst, vorher, unterdessen, einst, einmal, jemals, seither	später, (über)morgen, sofort, sogleich, bald, demnächst, künftig, nachher, danach	anfangs, zuerst, zunächst, danach, dann, anschließend, inzwischen, mittlerweile, unterdessen, schließlich, endlich, zuletzt	frühestens, spätestens, längstens, bereits, schon, noch, erst

Wie oft? (Wiederholung)

++	0	–
immer, immerzu, wieder, meistens/meist, oft, oftmals, öfter, häufig, mehrmals	täglich, tagsüber, morgens, mittags, abends, nachts, vormittags, montags, mittwochs	manchmal, gelegentlich, zuweilen, mitunter, bisweilen, selten, nie, niemals

> Die Verneinung eines Zeitpunkts oder einer Zeitdauer ist **nie(mals)**.

Wie lange? (Dauer)

immer, stets, ewig, fortwährend, noch, zeitlebens, zeitweise, lange

192

Adverbien

Temporaladverbien – Adverbien der Zeit

Gebrauch

- **gestern**, **heute**, **morgen** usw. beschreiben einen Zeitpunkt. Dieser kann sich auch über eine längere Zeit erstrecken. Das passende Fragewort ist **wann**.

  Gestern habe ich das Bad geputzt, heute die Küche.

- Durch die Endung **-s** bei Tagesnamen und Tageszeiten wird aus dem Substantiv ein Adverb. Es bedeutet **am** + Tagesname/Tageszeit.

  Ich gehe montags und freitags immer morgens zum Sport.

- **zuerst**, **dann**, **danach** usw. organisieren die Reihenfolge der Aktivitäten im Satz. Dabei kann sich die Zeitform ändern, wenn das Geschehen in der Vergangenheit beginnt und bis in die Gegenwart dauert.

  Zuerst habe ich die Spülmaschine eingeräumt, anschließend den Boden gewischt. Zuletzt putze ich nun die Fenster.

- Diese Adverbien sind von Superlativen abgeleitet: **höchstens**, **meistens**, **schnellstens**, **wenigstens**, **bestens**.

  Ich kann frühestens um 9.00 Uhr ins Büro kommen, spätestens beginne ich um 10.00 Uhr.

- Informationen darüber, wie oft etwas passiert, geben Adverbien wie **immer** (100 %), **überwiegend**, **meistens**, **oft**, **häufig**, **manchmal**, **selten**, **nie** (0 %).

  Meistens ist sie pünktlich. Aber manchmal haben wir Verspätung.

- Adverbien mit der Endung **-weise** sagen etwas über die Dauer der Aktivität: **tagesweise**, **monatsweise**, **jahresweise**, **minutenweise**.

  Zeitweise habe ich darüber nachgedacht, lieber mit dem Auto zu fahren.

Aus Monatsnamen oder Namen für Feiertage kann man kein Adverb bilden.

Die Endung **-weise** findet man auch an Adverbien der Art und Weise: *normalerweise, (un)glücklicherweise*

Üben und Anwenden

Temporaladverbien – Adverbien der Zeit

Wie oft?
100 % → immer
90 % → meist
70–80 % → oft
40–60 % → manchmal
10–20 % → selten
0 % → nie

1. Setzen Sie das richtige Adverb ein.**

a) Gehst du nie schwimmen?

(20 %) Doch, ich gehe aber nur selten schwimmen.

b) Fährst du manchmal Mountain-Bike?

(0 %) _____

c) Arbeitest du montags immer im Büro?

(80 %) _____

d) Hast du freitags meist Deutschunterricht?

(100 %) _____

e) Gehst du manchmal allein einkaufen?

(50 %) _____

f) Wäschst du dein Auto immer samstags?

(90 %) _____

g) Frühstückst du oft?

(10 %) _____

2. Ordnen Sie die Adverbien den Sätzen zu.**

dann
zuletzt
zunächst
anfangs
schließlich

a) _____ glauben alle Kinder an den Weihnachtsmann.

b) _____ erzählt ein älteres Kind einem jüngeren Kind, dass es den Weihnachtsmann nicht gibt.

c) _____ glaubt das jüngere Kind das nicht.

d) _____ geht es zu seiner Mutter, um sie zu fragen.

e) _____ muss es lernen, dass der Weihnachtmann eine Erfindung ist.

3. Welches der Adverbien passt nicht in die Reihe?**

a) jetzt – kürzlich – gerade – nun

b) oftmals – vormittags – bisweilen – lange

c) zuletzt – zunächst – zuweilen – zuerst

d) selten – früh – morgens – abends

Adverbien

Lokaladverbien – Adverbien des Ortes

A: Und wo wohnt Frau Maier?

B: Sie wohnt im Haus **nebenan**. Das steht flussabwärts, **rechts** von uns. Sie kommt manchmal **her**, bevor sie **losfährt**.

Die Adverbien des Ortes bestimmen **Orte** und **Richtungen**.

Form

Ort Wo?	**Richtung** Wohin?	**Richtung** Woher?
hier, dort, da, links, rechts, vorne, hinten, oben, unten, innen, (dr)außen, überall, nirgends, drüben, nebenan, unterwegs, irgendwo	hin, dorthin, hinauf, hinunter, hinab, hinaus, hinüber, hoch, herum, umher, vorwärts, rückwärts, abwärts, aufwärts, seitwärts, auswärts, weg, fort, los	her, dorther, herab, herunter, heraus, heran, her

💡 **fort** und **weg** heißen „von einer Stelle weg". **fort** klingt formaler.

💡 **herum** heißt „im Kreis"; **umher** heißt „kreuz und quer". In der Alltagssprache unterscheidet man nicht immer.

💡 Man benutzt **her-** mit Verben als trennbares Präfix, z. B. *herbringen*: Bring bitte die Schere her.

Gebrauch

▎ Viele Adverbien kann man nur im Kontext verstehen. Die Position oder Richtung hängt vom Standpunkt des Sprechers ab.

<u>Hier</u> sind die Getränke und <u>dort</u> das Mittagessen.

▎ **her** heißt: in Richtung des Sprechers. **hin** heißt: vom Sprecher weg. Man kann **her** und **hin** mit einer Präposition (z. B. *herauf, hinauf*), einem Adverb (z. B.: *daher, dahin*) oder einem Verb (z. B. *herkommen, hinfahren*) kombinieren.

Da schaut ein Kind aus dem Fenster <u>heraus</u>. Stell bitte den Koffer <u>dorthin</u>.

▎ Den Adverbien **innen**, **außen**, **oben** und **unten** kann man **dr-** voranstellen, um eine Position anzugeben. Das passende Fragewort ist **wo?**

Wir gehen ins Restaurant und essen <u>drinnen</u>. <u>Draußen</u> ist es zu kalt.

▎ Die Kurzformen* **rauf**, **runter**, **rüber**, **rein**, **raus** beschreiben eine Richtung, vom Sprecher weg oder zum Sprecher hin. Das ergibt sich aus dem Kontext.

Kommst du <u>rauf</u> in die Cafeteria oder gehst du <u>runter</u> ins Büro?

*Kurzformen findet man in der gesprochenen Sprache:

rauf → her-/hinauf
runter → her-/ hinunter
rüber → her-/hinüber
rein → her-/hinein
raus → her-/hinaus

Üben und Anwenden

Lokaladverbien – Adverbien des Ortes

1. Kreuzen Sie das richtige Adverb an.**

a) Wo wohnt die Lehrerin?

___ hoch ___ oben ___ aufwärts

b) Wohin fährt Kolumbus?

___ anderswo ___ unterwegs ___ westwärts

c) Wo schläft Snoopy?

___ hier ___ her ___ hin

d) Kommt Goethe aus Weimar? Ja, er kommt …

___ irgendwo ___ dorthin ___ dorther

e) Es ist schön warm. Wo wollen wir essen?

___ raus ___ draußen ___ außen

2. **hin** oder **her**?**

a) Peter steht auf dem Balkon und ruft: „Komm bitte _____ auf!"

b) Doris steht unten und ruft: „Nein, komm du doch _____ unter!"

c) Schließlich läuft Peter zu Doris _____ unter.

d) Peter und Richard wandern auf den Berg _____ auf.

e) Sie stehen oben und schauen ins Tal _____ unter.

f) „Lass uns wieder _____ untergehen, bevor es dunkel wird", sagt Peter.

3. Welche **Kurzform** passt?**

a) Hallo Martina. Komm ins Haus. Komm doch _____.

b) Gehst du hinüber zu den Nachbarn? Ja, ich gehe _____.

c) Der Fahrstuhl im Erdgeschoss ist kaputt. Wie kommen wir in den 3. Stock? Wir gehen die Treppe _____.

d) Deine Schuhe sind schmutzig! Aus dem Haus! _____ mit dir!

4. Finden Sie Wortpaare.***

~~hierhin~~, nirgendwo, vorn, rückwärts, rechts, überall, runter, draußen, abwärts, hinaus

hierhin – dorthin, _____

_____

_____

Wortbox:
rein
rüber
rauf
raus
aufwärts
drinnen
links
irgendwo
nirgends
vorwärts
rauf
hinten
~~dorthin~~
hinein

Kausaladverbien – Adverbien des Grundes und der Ursache

B: Das ist aber schade. **Trotzdem** wäre es nett, wenn Du mich fahren könntest.

A: Ich habe so viel Arbeit. **Deshalb** kann ich nicht mit ins Kino kommen.

Die Kausaladverbien erklären den **Grund** (warum?), die **Einschränkung** (warum?), die **Folge** (wozu?), den **Zweck** (wozu?) oder die **Bedingung** einer Handlung.

Die Liste zeigt einige Beispiele für Adverbien in verschiedenen Funktionen.

Form

Grund:	deshalb, darum, daher, deswegen, meinetwegen, nämlich*
Gegensatz:	dennoch, trotzdem, gleichwohl
Folge:	so, folglich, infolgedessen, demnach, also, somit, insoweit, insofern
Zweck:	dazu, dafür, darum, um … zu, wozu, deswegen, daher
Bedingung:	andernfalls, notfalls, nötigenfalls, schlimmstenfalls, sonst, ansonsten

*Adverbien können im Satz in Position 1 oder nach dem Verb in Position 3 stehen. **nämlich** steht nicht in Position 1: *Sandro friert. Er trägt nämlich nur ein T-Shirt.*

Entsprechungen:
Einen kausalen Zusammenhang kann man mit einer Konjunktion oder mit einem Adverb ausdrücken. Beispiele hierzu finden Sie auf der folgenden Seite.

§ **Konjunktionen**, S. 205

Konjunktion im Kausalsatz	**Adverb im Folgesatz**
weil	deshalb
obwohl	trotzdem

Adverbien

Kausaladverbien – Adverbien des Grundes und der Ursache

*Diese Adverbien stehen in Position 1 oder 3 im Satz.

Gebrauch

*deswegen, **daher**, **darum**, **deshalb** geben eine Erklärung bzw. den Grund für eine Situation an. Man kann sie synonym verwenden. Sie stehen im Folgesatz.

Sie hatten kein Geld. Deswegen konnten sie nicht in den Urlaub fahren.
Heute Nacht hat es geschneit. Wir können deshalb Schlitten fahren.

nämlich steht nach dem Verb.

Sie konnte nicht in den Urlaub fahren. Sie hatte nämlich kein Geld.

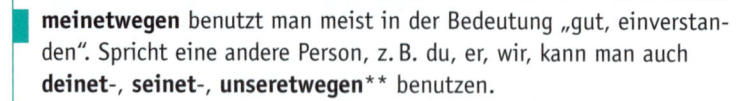

meinetwegen benutzt man meist in der Bedeutung „gut, einverstanden". Spricht eine andere Person, z. B. du, er, wir, kann man auch **deinet-**, **seinet-**, **unseretwegen**** benutzen.

In der Alltagssprache spricht man meist **unsretwegen.

Hast du etwas dagegen, wenn wir heute grillen? – Meinetwegen.

Für einen Gegensatz benutzt man **dennoch**, **trotzdem**, **gleichwohl***.

Sie hatten kein Geld. Sie wollten dennoch die Ferien genießen.
Es regnete. Trotzdem gab sie ihren Pflanzen Wasser.

so, **folglich**, **infolgedessen**, **demnach**, **also**, **somit**, **insofern** leiten die Folge einer Aussage ein. Man kann sie synonym verwenden.

Satzbau, S. 226

Der Winter kommt. Also brauchen wir Winterreifen.

Finale Adverbien geben einen Zweck oder eine Absicht an.

Ich will Spanisch lernen. Dafür brauche ich Zeit.

sonst, **andernfalls**, **notfalls*** usw. geben eine Bedingung an. Man kann diese Adverbien synonym verwenden.

Ich muss am Geldautomat Geld abheben. Sonst kann ich den Einkauf nicht bezahlen.

Das Adverb **deshalb*** gibt einen Grund im Folgesatz an. Die entsprechende Konjunktion **weil** leitet einen Nebensatz ein und steht im Kausalsatz.

Nächstes Jahr arbeitet er in Spanien. Deshalb lernt er Spanisch.
Er lernt Spanisch, weil er nächstes Jahr in Spanien arbeitet.**

Die Konjunktion **obwohl** leitet einen Gegensatz ein und steht im Kausalsatz. **trotzdem*** steht im Folgesatz.

Er raucht, obwohl er weiß, wie ungesund das ist.
Er weiß, wie ungesund es ist. Trotzdem raucht er.

Üben und Anwenden

Kausaladverbien – Adverbien des Grundes und der Ursache

1. Welches der folgenden Adverbien passt nicht in die Reihe?**

a) deshalb – darum – nämlich – trotzdem

b) andernfalls – dafür – dazu – wozu

c) insofern – also – meinetwegen – demnach

d) sonst – ansonsten – schlimmstenfalls – dennoch

e) dennoch – wozu – trotzdem – gleichwohl

2. Finden Sie eine Alternative für den ersten Satz, indem Sie das Adverb **deshalb** oder **trotzdem** benutzen.**

a) Da ich keinen Kaffee trinke, kaufe ich mir keine Kaffeemaschine.

   <u>Ich trinke keinen Kaffee. Deshalb kaufe ich keine Kaffeemaschine.</u>

b) Da ich Camping liebe, kaufe ich mir ein Zelt.

   _____

c) Obwohl Martin keine Kinder hat, kauft er Kinderschokolade.

   _____

d) Da Marianne in München arbeitet, geht sie auf das Oktoberfest.

   _____

e) Obwohl er „Wilhelm" heißt, wird er von allen „Willi" genannt.

   _____

f) Da Frank einen Hund hat, muss er Hundesteuer bezahlen.

   _____

g) Obwohl Imke zwei Kinder hat, findet sie genug Zeit für Hobbys.

   _____

3. Wählen Sie das richtige Adverb.**

a) Der Politiker hatte Fehler gemacht, _____ musste er zurücktreten.

b) Ich kaufe besser ein, _____ haben wir nichts zu essen.

c) Ich glaube, das ist falsch. _____ helfe ich dir.

d) 20 Jahre deutsche Einheit. _____ möchte ich Sie gerne befragen.

e) Tausend Euro sind viel Geld. – Das ist _____ richtig.

f) Wir ziehen bald um. Wir haben _____ ein Haus gekauft.

g) Du kannst mich immer anrufen, _____ nicht heute Nachmittag.

> deshalb
> dennoch
> allerdings
> allerdings
> dazu
> sonst
> nämlich

Modaladverbien – Adverbien der Art und Weise

Modaladverbien – Adverbien der Art und Weise

A: Julia sprang **kopfüber** ins Wasser.

B: Das war sicher **überaus** elegant!

A: Leider nicht. Sie landete **bäuchlings** und verletzte sich **kurzerhand** am Bein.

Die Modaladverbien geben Informationen darüber, **wie**, **auf welche Art** und **wie intensiv** etwas geschieht.

Form

Art und Weise	Erweiterung	Einschränkung
genauso, irgendwie, kurzerhand, anders, flugs, stracks, kopfüber, anstandslos, rundweg, gern, so, folgendermaßen, bäuchlings, blindlings, jählings, vergebens, derart, eilends, hinterrücks, rücklings, vielleicht, insgeheim, unversehens, leichthin	ebenfalls, gleichfalls, überdies, sonst, auch, ferner, außerdem, zudem, erstens, zweitens, drittens	hingegen, allerdings, immerhin, wenigstens, doch, jedoch, nur, lediglich, bloß, zumindest, mindestens, höchstens, allenfalls, bestenfalls

Grad und Maß

++	0	?	–
sehr, überaus, äußerst, so, besonders, außerordentlich, größtenteils, haufenweise	fast, kaum, beinah, ganz, recht, einigermaßen, ziemlich, halbwegs	wohl, vielleicht, vermutlich, möglicherweise, wahrscheinlich	keineswegs, keinesfalls, umsonst, vergebens

Adverbien

Modaladverbien – Adverbien der Art und Weise

Gebrauch

Modaladverbien der Art und Weise werden immer subjektiv eingesetzt: die Bewertung „wie etwas ist" hängt vom Sprecher ab.

*Insgeheim hoffte sie, dass man sie zur Weinkönigin wählen würde.
Ich komme vielleicht auch mit in den Urlaub.*

Durch **außerdem**, **sonst** usw. gibt man eine zusätzliche Information.

*Sie trug einen Koffer. Außerdem hatte sie ihre Handtasche dabei.
Hast du mir jetzt alles erzählt, was passiert ist? Ja, sonst gibt es nichts Neues.*

außerdem, **darüber hinaus**, **zudem**, **doch**, **jedoch** usw. verbinden zwei Sätze miteinander. Sie haben dieselbe Funktion wie Konjunktionen, deshalb nennt man sie Konjunktionaladverbien.

*Mein Sohn kann heute nicht in die Schule gehen; darüber hinaus kann er auch nicht am Fußballspiel teilnehmen.
Ihre Erklärung war sehr hilfreich, jedoch eine Frage habe ich noch: ...*

bloß, **hingegen**, **allerdings**, **immerhin**, **lediglich** usw. schränken die Aussage vorher ein. Man nimmt das Gesagte ein wenig zurück.

*Ich habe genug Geld für die Kinokarten, bloß nicht noch für ein Essen.
Die Geschäfte haben täglich geöffnet, allerdings nicht an Sonntagen.*

Gradadverbien können eine Aussage verstärken, relativieren, in Frage stellen oder abschwächen.

*Matilda schenkt uns so viel. Sie ist außerordentlich großzügig.
Tausend Euro für einen Gebrauchtwagen ist keineswegs viel Geld.*

Viele Adverbien haben mehrere Bedeutungen, z. B.:
sonst als Adverb der Bedingung = *andernfalls*,
sonst als Adverb der Erweiterung = *außerdem*.

Konjunktionen leiten einen Haupt- oder Nebensatz ein. Sie stehen in Position 0 oder 1 des Satzes.

Konjunktionaladverbien leiten einen Hauptsatz ein: Einige (aber, doch, jedoch) stehen auch auf Position 0, alle können auf Position 1 oder 3 stehen.

Üben und Anwenden

Modaladverbien – Adverbien der Art und Weise

fast, wohl, keinesfalls, besonders, sehr, einigermaßen, ziemlich, äußerst, vielleicht, umsonst, möglicherweise, vergebens

1. Sortieren Sie **Gradadverbien** aus der Randspalte in die Tabelle ein.**

a) ? in Frage stellend	b) ++ verstärkend	c) +- relativierend	d) – ausschließend
_____	_____	_____	_____
_____	_____	_____	_____
_____	_____	_____	_____
_____	_____	_____	_____

ziemlich, völlig, nämlich, etwa, normalerweise, schon, sehr spät, wirklich, also, nebenan, flugs, bloß, wenigstens, jetzt, nun, da, besonders, damit, wieder, gerade, wohl, heute, auch, also, mittlerweile, hinein

2. So viel Pech! Setzen Sie die richtigen Wörter ein. Der erste Buchstabe ist bereits vorgegeben.**

Heute Morgen bin ich **(a)** s_____ s_____ aufgewacht, **(b)** n_____ um sieben Uhr. **(c)** N_____ klingelt der Wecker **(d)** s_____ um halb sieben. Ein Blick aus dem Fenster: Es regnet **(e)** z_____ stark. Das ist **(f)** w_____ kein guter Beginn für einen Montag. Ich gehe **(g)** a_____ schnell ins Bad und springe **(h)** f_____ unter die Dusche. Brrr! Es kommt **(i)** b_____ kaltes Wasser! **(j)** W _____ bin ich **(k)** j _____ wach. **(l)** N_____ schnell zum Anziehen und ohne Frühstück schnell zum Bus. **(m)** D_____ kommt er schon. Ich renne **(n)** b_____ schnell, um den Bus nicht zu verpassen. Als er hält, springe ich **(o)** v_____ außer Atem **(p)** h_____. Ich schließe für wenige Minuten die Augen, **(q)** d_____ ich mich von dem Stress erhole. Als ich sie **(r)** w_____ öffne, weiß ich nicht, in welchem Stadtteil der Bus **(s)** g_____ fährt. Ich habe **(t)** w_____ den falschen Bus genommen! Bis ich mein Büro erreiche, ist es **(u)** e_____ zehn Uhr. Ich habe das Meeting **(v)** h_____ verpasst. Am Computer arbeiten kann ich **(w)** a_____ nicht, weil der Server kaputt ist. **(x)** A_____ gebe ich alle Pläne für heute auf und gehe in mein Lieblingscafé **(y)** n_____ und genieße den Tag. **(z)** M_____ scheint die Sonne und meine Laune wird besser. Eigentlich ist es gar kein schlechter Tag!

Sätze

Haupt- und Nebensätze

Der Satz
Ganzsatz, Haupt- und Nebensatz

> A: Hast du gesehen, dass sich die Vögel sammeln, um nach Süden zu ziehen?

> B: Na klar, es wird ja auch Herbst.

> A: Ich würde am liebsten auch in ein warmes Land ziehen, weil ich im kalten Winter nicht hier bleiben möchte.

Einen Ganzsatz trennt man durch einen Punkt, ein Ausrufezeichen, ein Fragezeichen und manchmal durch einen Doppelpunkt vom nächsten Ganzsatz. Den ersten Buchstaben eines Ganzsatzes schreibt man groß.

Dieses Jahr hatte ich großes Glück, denn ich habe eine Stelle gefunden.
Komm endlich her und hilf mit!
Entschuldigung, haben Sie wohl einen Moment Zeit für mich?
Diese Schuhe gibt es in den folgenden Farben: braun, rot und schwarz.

Ein Ganzsatz kann aus mehreren Teilen bestehen, z. B. Hauptsätzen, Nebensätzen, Ausrufen, Beifügungen.
1. Ein **Hauptsatz** kann allein stehen. Das Verb mit der Personalendung steht in Position 2 (Beispiel 1, S. 204), bei Fragen ohne Fragewort (2) und Befehlen (3) beginnt der Satz mit dem Verb. Verb 2 oder Teil 2 des Verbs steht in letzter Position (4).
2. Ein **Nebensatz** kann nicht allein stehen*, denn die Aussage ergänzt den Hauptsatz. Nebensätze werden normalerweise durch ein Bindewort (Konjunktion) eingeleitet ((5) und (6)). Das Subjekt steht nach dem Bindewort, das Verb mit der Personalendung steht am Ende; Nebensätze ohne Bindewort, z. B. Infinitivsätze, ersetzen meist das Objekt.
3. **Ausrufe** (Interjektionen), z. B. **Ja**, **Nein**, **Entschuldige**, **Oh**, **Na klar**, stehen meist vor oder nach dem Haupt- und Nebensatz (4); diese Position nennt man Vorfeld oder Nachfeld.
4. **Beifügungen** (Appositionen) erklären ein Substantiv, Pronomen oder eine Wortgruppe genauer. Man kann sie nach jedem Bezugswort einschieben. Sie stehen meist ohne konjugiertes Verb (7). Appositionen kann man z. B. mit **namentlich**, **also**, **genauer gesagt**, **das heißt** einleiten.

. Punkt
, Komma
: Doppelpunkt
; Semikolon
! Ausrufezeichen
? Fragezeichen

💡 Das **Semikolon** benutzt man nicht sehr oft. Es steht, wenn der Punkt zu stark ist, aber ein Komma zu schwach wäre.

💡 Haupt- und Nebensätze trennt man durch ein **Komma**. Auch Ausrufe trennt man durch Komma von Haupt- oder Nebensatz.

*In der gesprochenen Sprache kann ein Nebensatz allein stehen:
– Warum hast du heute Mittag geschlafen?
– Weil ich müde war.

Sätze

Haupt- und Nebensätze

"Position" ist der Platz im Satz für einen **Satzteil**. Dieser Satzteil kann ein Subjekt, ein Objekt, eine Satzaussage (Verb), eine Zeit- oder Ortsangabe sein. Er kann aus mehreren Wörtern bestehen: <u>Im letzten Jahr</u> habe ich meinen Mann kennen gelernt. <u>In diesem Haus da</u> <u>drüben</u> wohnt meine Schwester.

Form

	Konjunktion/Vorfeld	Position 1	Position 2	Mittelfeld	Verb(teil) 2
1		Heute	**beginnt**	die Schule.	-
2		-	**Fährst**	du morgen nach Köln?	-
3		-	**Komm**	sofort zu uns!	-
4	**Ja,**	Kai und ich	**können**	morgen zu dir	**kommen.**
5	**weil**	Ich ich	bestelle -	ein Bier, Durst	habe.
6	**dass**	Es ich	tut -	mir leid, nicht	kommen kann.
7		Susi, **meine Freundin,**	braucht	heute mein Auto, **einen Ford.**	

Gebrauch

Ein Ganzsatz kann aus zwei Hauptsätzen bestehen, die durch Konjunktionen verbunden sind. Ist das Subjekt identisch, kann man es im zweiten Hauptsatz weglassen.

Heute beginnt die Schule, | (<u>und</u>) | der Kindergarten öffnet auch wieder.

Auch Fragen oder Befehle kann man durch Konjunktionen verbinden.

Fährst du am Wochenende nach Berlin <u>oder</u> bleibst du in Köln?
Komm sofort her und iss mit uns!

Hat der Satz ein Modal-, Hilfs- oder trennbares Verb, steht es in Position 2. Das zweite Verb oder das Präfix geht in die letzte Position.

Andreas und ich <u>können</u> zu dir <u>kommen</u>.
Am Samstag <u>kaufen</u> wir immer auf dem Wochenmarkt <u>ein</u>.

Nebensätze mit Konjunktion nennt man auch **eingeleitete Nebensätze**.

Ein Ganzsatz kann aus Haupt- und Nebensatz bestehen: Im Hauptsatz stehen die Verben in Position 2 und am Ende; der Nebensatz mit Konjunktion hat ein oder mehrere Verben am Satzende.

Ich <u>habe</u> alles in der Prüfung <u>gewusst</u>, | weil ich gut <u>gelernt</u> <u>habe</u>.
Anne <u>hatte</u> im Regen nasse Füße <u>bekommen</u>, | so dass sie krank <u>wurde</u>.

Erklärungen und Ausrufe stehen separat und werden mit Komma getrennt. Man kann sie an jeder Stelle des Satzes einbauen.

<u>Na</u> <u>klar</u>, ich komme mit! <u>Und</u> <u>ja</u>, ich buche das Hotel.

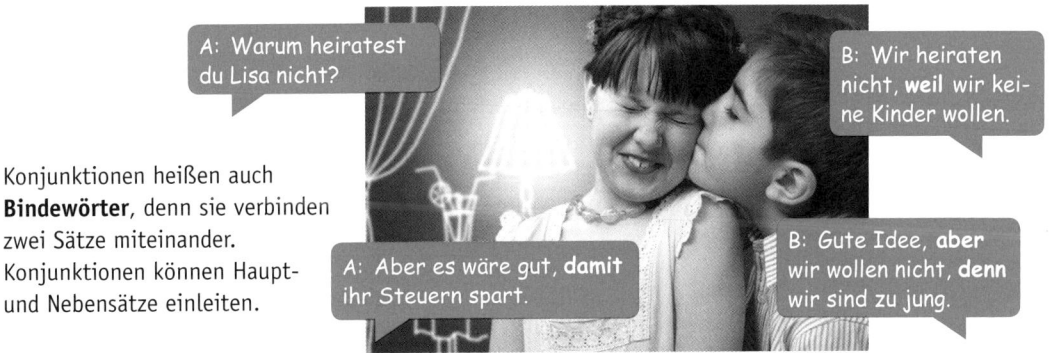

Konjunktionen im Haupt- und Nebensatz

A: Warum heiratest du Lisa nicht?

B: Wir heiraten nicht, **weil** wir keine Kinder wollen.

Konjunktionen heißen auch **Bindewörter**, denn sie verbinden zwei Sätze miteinander. Konjunktionen können Haupt- und Nebensätze einleiten.

A: Aber es wäre gut, **damit** ihr Steuern spart.

B: Gute Idee, **aber** wir wollen nicht, **denn** wir sind zu jung.

Form

Die wichtigsten Konjunktionen

*Diese Konjunktionen zählen auch zu den Adverbien.
**stehen im Folgesatz der Begründung

	Nebensatz Konjunktion in Position 1	Hauptsatz Konjunktion in Position 0	Hauptsatz Konjunktion in Position 1 oder 3*
aufzählend (kopulativ)	und, sowie	und, sowohl ... als auch, nicht nur ... sondern auch	außerdem, zusätzlich, ebenfalls, ferner
ausschließend (disjunktiv)		oder, beziehungsweise	entweder ... oder
entgegensetzend (adversativ)	anstatt dass ..., anstatt zu ...	aber, sondern, zwar ... aber	trotzdem, dennoch
einräumend (konzessiv)	obwohl, wenn auch, ob ... oder obgleich		allerdings, indessen
begründend (kausal)	weil, da	denn	darum, daher, deshalb**
bedingend (konditional)	wenn, falls, sofern		
folgernd (konsekutiv)	dass, so dass, so ... dass, als dass, ohne dass, um ... zu, ohne ... zu		also, folglich, infolgedessen, so, demnach, insofern
zeitlich (temporal)	wenn, als, während, bevor, nachdem, sobald, bis, seit		dann, da, danach, daraufhin, zuerst
Art und Weise (modal)	wie, als, indem, insofern, je ... desto, ohne zu ...		
Absicht (final)	damit, um ... zu, auf dass ...		

Sätze

Konjunktionen im Haupt- und Nebensatz

Vor **und** bzw. **oder** steht meist kein Komma.

Nach **denn** muss das Subjekt stehen; man kann es nicht weglassen: *Ich mache eine Pause, denn ich bin kaputt.*

Gebrauch

Hauptsatz-Konjunktionen in Position 0

Die Konjunktionen **und**, **oder**, **aber**, **denn**, **sondern** stehen in Position 0. Im vorigen und folgenden Hauptsatz steht das Subjekt meist in Position 1 und das Verb in Position 2.

Ich gehe morgens um 7.00 Uhr aus dem Haus und mein Mann bringt unsere Tochter in den Kindergarten.
Mittags essen wir zu Hause oder wir holen eine Pizza vom Italiener.

Haben beide Sätze das gleiche Subjekt, wiederholt man es im zweiten Satz oft nicht. Das Gleiche gilt für das Verb.

Ich schwimme gern und (ich) spiele oft Tennis.
Thomas fährt an den Tegernsee oder (er fährt) an den Chiemsee.

Haben beide Hauptsätze das gleiche Verb in derselben Form, kann man das Verb im zweiten Satz weglassen, auch wenn die Subjekte nicht identisch sind.

Thomas fährt an den Tegernsee und Imke (fährt) an den Chiemsee.
Aber: Ich schwimme gern und mein Mann schwimmt auch gern.

Haben beide Sätze das gleiche Subjekt, steht das Subjekt im zweiten Hauptsatz aber nicht in Position 1, muss man es wiederholen. Sind Subjekt und Verb identisch, kann man Subjekt und Verb im zweiten Satz weglassen.

Vor **aber**, **denn** und **sondern** steht immer ein Komma, wenn sie einen Satz einleiten.

Ich schwimme gern und manchmal spiele ich Tennis.
Thomas fährt an den Tegernsee oder selten (fährt er) an den Chiemsee.

sondern und **aber** beschreiben einen Gegensatz. Steht im ersten Satz eine Verneinung mit **nicht** oder **kein-** muss der nächste Satz mit **sondern** beginnen.*

*Auch **doch** und **jedoch** drücken einen Gegensatz aus. Sie können wie **aber** an verschiedenen Stellen im Satz stehen.

Ich möchte im August Urlaub nehmen, aber es gibt zu viel Arbeit.
Ich nehme keinen Urlaub, sondern ich gehe arbeiten.

Die Konjunktion **aber** kann an verschiedenen Stellen im Satz stehen: in Position 0, direkt vor oder nach dem Verb. Sie steht nie zwischen Verb und Pronomen als Subjekt.

Monica arbeitet immer nachmittags, aber heute beginnt sie schon mittags.
heute aber beginnt sie schon mittags.
sie beginnt aber heute schon mittags.
sie aber beginnt heute schon mittags.
heute beginnt sie aber schon mittags.
heute beginnt aber sie schon mittags.

Üben und Anwenden

Konjunktionen im Haupt- und Nebensatz

1. Es gibt viel zu tun! Verbinden Sie die Sätze mit **und** bzw. **oder**.*

a) Ich gehe samstags einkaufen. Du wäschst das Auto.
b) Morgen nehme ich ein heißes Bad. Dann lese ich ein Buch im Bett.
c) Ich mache Sonntag Frühstück. Wir gehen zum Brunch ins Hotel.
d) Wir besuchen deine Eltern. Wir helfen ihnen im Garten.
e) Abends laden wir Freunde zum Essen ein. Wir gehen ins Konzert.

> Den ersten Buchstaben eines Satzes schreibt man groß.

2. Unterstreichen Sie die Hauptsätze. Ordnen Sie den passenden Nebensatz zu.

a) viele Zuschauer gingen nach Hause; b) er hatte keine Zeit; c) wenn ich im Lotto gewinne; d) weil er länger arbeiten musste; e) sie muss täglich Sport treiben; f) obgleich das Konzert noch nicht zu Ende war; g) obwohl es regnete; h) damit sie gesund bleibt; i) sie machten einen langen Spaziergang; j) kaufe ich uns ein Haus und ein neues Auto

3. Im Urlaub. Entscheiden Sie, ob Sie das **Subjekt** in der zweiten Satzhälfte und/oder das Verb weglassen können.**

a) Mittags packen wir die Koffer aus und wir nehmen eine Dusche.
b) Danach ruft Achim im Restaurant an und er reserviert einen Tisch.
c) Dann sehen wir uns das Hotel an und wir sehen uns den Strand an.
d) Wir buchen verschiedene Ausflüge, aber wir planen nicht zu viel.
e) Abends gehen wir aufs Zimmer oder wir nehmen noch einen Drink.

4. Setzen Sie **aber** oder **sondern** ein.**

a) Diese Woche beginnen die Ferien, _____ nur in Bayern.
b) Ich backe einen Apfelkuchen, _____ nur wenn ich Zeit habe.
c) Könntest du zu mir nicht heute kommen, _____ morgen?
d) Es gibt kein Weißbrot mehr, _____ nur noch Schwarzbrot.

5. Wo kann **aber** im Satz stehen? Kreuzen Sie an!***

a) Rieke liebt ihr Bett, **(a)** sie **(b)** schläft **(c)** nie ohne Kuscheltier.
b) Pia liebt ihr Sofa, **(a)** meist **(b)** sitzt **(c)** sie **(d)** im Sessel.
c) Carla liebt rosa Tapeten, **(a)** ihr Mann **(b)** will **(c)** lieber grüne.
d) Tom liebt Torte, **(a)** er **(b)** muss **(c)** auf sein Gewicht achten.

207

Sätze

Konjunktionen im Haupt- und Nebensatz

Gebrauch

Hauptsatz-Konjunktionen in Position 1 oder 3

außerdem, zusätzlich
Kopulative Bindewörter reihen Satzglieder aneinander, die von gleicher Wichtigkeit sind.

Mittags koche ich warm. Zusätzlich gibt es ein Dessert.
Ich mache um 7.00 Uhr Frühstück. Außerdem höre ich dann immer die Nachrichten.

trotzdem, dennoch
Adversative Konjunktionen nennen einen Gegensatz.

Roswitha war zwar nicht müde, trotzdem legte sie sich schlafen.
Roswitha war zwar nicht müde, sie legte sich dennoch schlafen.

allerdings, indessen
Konzessive Konjunktionen nennen einen Gegengrund oder räumen ein anderes Argument ein.

Ingo arbeitet in einer Bank. Allerdings würde er sein Geld lieber als Musiker verdienen. (Oder: Er würde sein Geld allerdings lieber als Musiker verdienen.)

darum, daher, deshalb*
Diese kausalen Konjunktionen verwendet man im Folgesatz der Begründung.

Heute haben wir Silvester. Deshalb/Daher/Darum schließen die Geschäfte früher.
Freitag ist nach christlicher Tradition ein Fastentag. Darum/Deshalb/Daher essen viele Familien freitags kein Fleisch, sondern Fisch.

also, folglich, demnach, infolgedessen, insofern
Konsekutive Konjunktionen nennen die Folge einer Handlung oder eines Zustands.

Es lag genug Schnee. Folglich/Demnach/Also konnte man Schlitten fahren.
Er fuhr zu schnell. Infolgedessen/Insofern wurde er geblitzt.

zuerst, dann, danach, daraufhin, schließlich, zuletzt
Diese temporalen Konjunktionen ordnen eine Handlung zeitlich von Anfang bis zum Ende.

Zuerst schuf Gott das Licht. Dann machte er den Himmel. Danach schuf Gott das trockene Land und die Pflanzen. Daraufhin schuf er Sonne, Mond und Sterne. Später schuf er die Meerestiere und Vögel. Schließlich schuf er alle anderen Lebewesen, auch den Menschen.

*Diese Konjunktionen stehen im Folgesatz der Begründung.

endlich bedeutet „nach langer Zeit". Man benutzt es zwar temporal, aber auch, um Erleichterung zu zeigen: *Endlich kommst du. Endlich haben wir die Arbeit geschafft.*

Üben und Anwenden

Konjunktionen im Haupt- und Nebensatz

1. Was passt: **deshalb** oder **trotzdem**? Formen Sie die Sätze um und finden Sie die richtige Konjunktion.**

a) Uwe braucht Hilfe bei den Hausaufgaben. Er geht zu Matthias.

   Uwe braucht Hilfe bei den Hausaufgaben. Deshalb geht er zu Matthias.

b) Rita mag Tanz und Bewegung. Sie tanzt im Ballett.

c) Rita muss um 8.00 Uhr in der Schule sein. Sie verlässt das Haus erst um 7.58 Uhr.

d) Rita mag keinen Kakao. Sie kauft im Supermarkt einen Liter davon.

e) Rita hat viele Freunde. Sie ist nie allein.

f) Rita hat eine Allergie gegen Pferde. Sie reitet jede Woche.

2. Ordnen Sie jedem Satz einen Satz rechts zu. Verbinden Sie die beiden Sätze mit **allerdings** oder **außerdem**.**

a) Herr Martens soll einen Geschäftswagen bekommen.

   Allerdings bestellt seine Firma den Wagen erst im Dezember.

b) Familie Neubert hat vier Kinder.

c) Lass uns draußen spazieren gehen.

d) Frau Götz braucht Brot und Milch.

e) Das Examen war für alle Studenten sehr schwierig.

1. ~~Seine Firma bestellt den Wagen erst im Dezember.~~
2. In der Familie lebt auch ein Hund.
3. Ich habe keine Zeit dafür.
4. Die meisten Kandidaten waren gut vorbereitet.
5. Sein Vater nannte ihn meist „Wolferl".
6. Bei dem Wetter müssen wir Regenkleidung anziehen.
7. Sie muss Eier und Käse kaufen.

209

Üben und Anwenden

Konjunktionen im Haupt- und Nebensatz

f) Mozarts Vorname ist „Wolfgang Amadeus".
_____

g) Ich gehe nicht gern schwimmen.
_____

3. So lebt Rockstar Harry Kaufmann. Setzen Sie die passenden **Konjunktionen** aus der Randspalte in die Lücken.**

danach
deshalb
deshalb
schließlich
zuletzt
und
dann
zuerst

Harry schläft gern lang. **(a)** _____ steht er gegen Mittag auf.

(b) _____ raucht er eine Zigarette; **(c)** _____ trinkt er eine Dose Bier. **(d)** _____ schaltet er den Fernseher ein **(e)** _____ sieht auf MTV die größten Rockstars.

(f) _____ trifft er abends seine Band zum Proben.

(g) _____ gibt er Autogramme für seine Fans. Das alles ist sehr anstrengend. **(h)** _____ geht er schon um 22 Uhr zu Bett.

4. Planen Sie die Hochzeit von Hendrik und Pia! Schreiben Sie einen Text und benutzen Sie die Konjunktionen aus der Randspalte.***

a) den Hochzeitstermin festlegen; ein Ort für die Feier aussuchen

<u>Zuerst legen sie einen Termin fest und suchen einen Ort für</u>

<u>die Feier aus.</u>

b) Dokumente für die Hochzeit zusammenstellen
_____

~~zuerst~~
dann
danach
daraufhin
dann
schließlich
zuletzt

c) die Trauzeugen bestimmen; die kirchliche Trauung organisieren
_____

d) Dezember: den Partyservice oder das Catering buchen
_____

e) Brautkleid und Trauringe aussuchen
_____

f) Einladungen versenden; einen Termin beim Friseur vereinbaren
_____

g) Blumenschmuck und Gastgeschenke bestellen
_____

Sätze

Konjunktionen im Haupt- und Nebensatz

Gebrauch
Zweiteilige Konjunktionen

sowohl ... als auch
sowohl ... als auch bedeutet „das eine und auch das andere".
Die Konjunktion steht immer direkt vor dem Satzglied. Verbindet die Doppelkonjunktion zwei Subjekte, steht das Verb meist im Plural.

In der Schweiz spricht man sowohl Französisch als auch Deutsch.
Sowohl die Kanzlerin als auch die Minister nahmen an der Konferenz teil.

nicht nur ..., sondern auch
nicht nur ..., sondern auch bedeutet „das eine und auch das andere". Verbindet die Doppelkonjunktion zwei Subjekte, steht das Verb im Singular.

Nicht nur mein Vater, sondern auch meine Mutter hat uns geholfen.
Jetzt war nicht nur schnelle Reaktion, sondern auch Diplomatie gefordert.

> Vor **sondern** steht immer ein Komma.

entweder ... oder
Diese ausschließende Doppelkonjunktion bedeutet „oder", aber mit stärkerer Betonung. **entweder** kann in Position 1 oder 3 stehen, **oder** steht in Position 0.

Entweder du kaufst mir diese Kette oder ich will gar nichts haben.
Er kam entweder viel zu spät oder gar nicht in den Deutschkurs.

einerseits ... andererseits
einerseits ... andererseits kann Sätze von gleichem Rang miteinander verbinden. So wird ein inhaltlicher Gegensatz ausgedrückt. **einerseits** kann in Position 1 oder 3 stehen.

Einerseits will Carola nach der Schule Medizin studieren, andererseits auch gern einen Beruf erlernen.
Die Regierung will einerseits atomare Energie abschaffen, andererseits hat sie die Laufzeit der Atomkraftwerke verlängert.

weder ... noch
Diese Doppelkonjunktion steht bei doppelter Negation. **weder** steht meist in Position 3, **noch** steht in Position 1.

Liliana konnte weder Suppe kochen noch Kuchen backen.
In der Schweiz zahlt man weder mit Euros noch mit Dollars.

je ... desto/umso
Mit **je ... desto/umso** vergleicht man zwei Eigenschaften. Die Adjektive stehen immer im Komparativ.

Je kälter der Winter ist, desto mehr Gas und Öl verbraucht man.
Je schneller du fährst, umso größer ist die Chance, geblitzt zu werden.

Üben und Anwenden

Konjunktionen im Haupt- und Nebensatz

1. **weder ... noch** oder **sowohl ... als auch**. Entscheiden Sie, welche Konjunktion passt, und bilden Sie Sätze.**

a) Ich habe keine Mikrowelle und keine Spülmaschine.

   Ich habe weder eine Mikrowelle noch eine Spülmaschine.

b) Herr Meier geht nicht ins Kino und nicht ins Theater.

   _____

c) Martina kann nicht flüssig lesen und nicht ohne Fehler schreiben.

   _____

d) Ich besitze ein Fax und ein Handy.

   _____

e) Ich kenne ein ausgezeichnetes Restaurant und eine exklusive Bar.

   _____

f) Ich spreche kein Japanisch und kein Spanisch.

   _____

2. **entweder ... oder** oder **je ... desto**? Welche Konjunktion passt?**

a) Wir gehen in die Kneipe. Wir möchten zu Hause fernsehen.

   Wir gehen entweder in die Kneipe oder wir sehen zu Hause fern.

b) Die Kinder sind groß. Die Sorgen sind groß.

   Je größer die Kinder (sind), desto größer sind die Sorgen.

c) Die Sonne scheint stark. Man bekommt schnell einen Sonnenbrand.

   _____

d) Du bleibst heute Nacht hier. Du fährst mit dem Taxi nach Hause.

   _____

e) Die Arbeit ist interessant. Die Zeit vergeht schnell.

   _____

f) Viele Leute arbeiten an dem Projekt. Es gibt viele Probleme.

   _____

g) Eva möchte in Italien Urlaub machen. Sie möchte nach Schweden.

   _____

Sätze

Konjunktionen im Haupt- und Nebensatz

Gebrauch

Nebensatzkonjunktionen

und, sowie
Koordinierende Konjunktionen zählen zwei oder mehr Satzglieder oder Sätze auf.

Marianne trinkt im Restaurant meist ein Wasser und/sowie einen Kaffee.
Triathleten können ausgezeichnet schwimmen, Rad fahren und/sowie laufen.

obwohl, obgleich, obschon, auch wenn, wiewohl, ob ... oder
Konzessive Konjunktionen leiten einen Gegengrund oder ein anderes Argument ein.

Sebastian arbeitet in einer Bank, obwohl/obgleich/obschon er sein Geld lieber als Musiker verdienen würde.
Unser Sohn kam spät nach Hause, auch wenn wir es ihm verboten hatten.
Du musst jetzt aufräumen, ob du es willst oder nicht.

weil, da
Kausale Konjunktionen leiten einen Grund ein.

Heute schließen die Geschäfte früher, weil wir Silvester haben.
Da wir Silvester feiern, schließen die Geschäfte heute früher.

wenn, falls, sofern
Konditionale Konjunktionen leiten eine Bedingung ein, unter der eine Handlung oder ein Zustand eintritt.

Wir können ins Café „Wiener" gehen, falls/wenn wir noch Zeit haben.
Falls/Wenn es schneit, fahren wir nach Oberstdorf zum Rodeln.

dass, so ... dass, sodass
Konsekutive Konjunktionen leiten die Folge einer Handlung oder eines Zustands ein.

Es lag genug Schnee, so dass man Schlitten fahren konnte.
Letzten Winter war es so kalt, dass man viel heizen musste.
Er fuhr zu schnell, sodass er geblitzt wurde.

als dass, um ... zu
Wenn im ersten Teilsatz **zu** oder **genug**, **genügend** steht, kann **als dass** oder **um ... zu** als konsekutive Konjunktion stehen. **als dass** braucht einen Satz im Konjunktiv II.

Es war zu spät, um einkaufen zu gehen.
Er hatte nicht genügend Geld, als dass er hätte einkaufen können.

Vor **und** und **sowie** steht normalerweise kein Komma. **obschon** findet man fast nur in formalen oder alten Texten.

da benutzt man zu Beginn eines Satzes; **weil** steht im zweiten Satzteil.

In der Alltagssprache antwortet man auf die Frage **Warum ...?** nur kurz mit einem **weil**-Satz:
Warum weinst du? – Weil ich gefallen bin.

so dass und **sodass**: beides ist korrekt

so steht im ersten Teilsatz meist vor einem Adjektiv.

Erweiterte Infinitivsätze mit **um ... zu**, **ohne ... zu**, **(an)statt ... zu** werden mit einem Komma vom Hauptsatz getrennt.

Sätze

Konjunktionen im Haupt- und Nebensatz

ohne dass, ohne ... zu
ohne dass und **ohne zu** benutzt man, wenn eine Folge nicht eintritt, die man erwartet.

Jan geht im Winter ohne Jacke aus dem Haus, ohne dass ihm kalt wird.
Sofia öffnet die Tür, ohne den Gast zu begrüßen.

damit, um ... zu
Nebensätze mit diesen Konjunktionen geben einen Zweck an (finale Sätze). **um ... zu** wird benutzt, wenn das Subjekt in Haupt- und Nebensatz identisch ist.

Ich habe das Wasser in der Vase gewechselt, damit die Blumen länger frisch bleiben.
Ich bin früh losgefahren, um pünktlich zur Arbeit zu kommen.

wenn, als
Die temporale Konjunktion **wenn** steht für ein Geschehen in der Gegenwart; **als** für ein Geschehen in der Vergangenheit.

Wenn Kinder sechs Jahre alt sind, kommen sie in die Schule.
Als ich ein Kind war, hat mich meine Mutter immer zur Schule gebracht.

> Die Signalwörter **jedes Mal** und **immer** zeigen, dass eine Handlung wiederholt geschieht.

(immer/jedes Mal) wenn
(immer) wenn und **(jedes Mal) wenn** nennen ein wiederholtes Geschehen.

(Immer/Jedes Mal) wenn ich Wien bin, gehe ich in den Prater.
(Immer/Jedes Mal) wenn Andreas nach München reiste, ging er auf den Viktualienmarkt.

bevor, ehe
Die temporalen Konjunktionen **bevor** und **ehe** beschreiben ein Geschehen nach dem im Hauptsatz.

Bevor es dunkel wird, geht Maria noch einkaufen.
Bitte putze deine Zähne, ehe du zu Bett gehst.

> **nachdem** braucht einen Wechsel der Zeitform:
> 1. nachdem + Plusquamperfekt – Präteritum im Hauptsatz.
> 2. nachdem + Perfekt – Präsens im Hauptsatz.

nachdem, sobald
Die temporalen Konjunktionen **nachdem** und **sobald** beschreiben ein Geschehen vor dem im Hauptsatz.

Nachdem Paul den Computer gestartet hatte, schrieb er einige E-Mails.
Sobald er den Führerschein hat, kann er allein Auto fahren.

Sätze

Konjunktionen im Haupt- und Nebensatz

während, solange
Die temporalen Konjunktionen **während** und **solange** zeigen, dass zwei Handlungen oder Zustände zur gleichen Zeit stattfinden.

Während/Solange meine Tochter in der Schule ist, gehe ich ins Büro.
Rolf las ein Buch, während/solange Luisa schlief.

bis
Die temporale Konjunktion **bis** beschreibt meist eine Handlung in der Zukunft, die beginnt, wenn das Geschehen im Hauptsatz endet.

Bis Max Fahrstunden zahlen kann, muss er 500 Euro verdienen.
Yoshitaka lernt Deutsch, bis er ohne Probleme sprechen kann.

seit, seitdem
Die temporale Konjunktion **seit(dem)** bezeichnet den Beginn einer Handlung oder eines Geschehens in der Vergangenheit. Ist das Geschehen im Hauptsatz gleichzeitig, dann sind die Zeitformen in beiden Sätzen gleich. Wenn das Geschehen im Nebensatz in der Vergangenheit liegt, aber bis heute wirkt, dann steht im Hauptsatz Präsens.

Seit/Seitdem Helga geheiratet hat, hat sie schon fünf Kilo zugenommen.
Peters Fahrstil ist viel riskanter, seit er einen Sportwagen hat.

wie
Die modale Konjunktion **wie** benutzt man für einen Vergleich, bei dem Erwartung und Realität identisch sind. Im Hauptsatz benutzt man eine Zeitform, die (zeitlich) vor der Zeitform im Nebensatz liegt.

Das Ferienhaus ist so komfortabel, wie man uns versprochen hat.
Marie war (genau)so sportlich, wie ihre Mutter erzählt hatte.

als
Die modale Konjunktion **als** benutzt man, um zwei ungleiche Handlungen, Dinge oder Geschehnisse zu vergleichen. Nach **ander-** steht immer die Konjunktion **als**.

Kerry lernte schneller Deutsch, als ihre Freundinnen gelernt hatten.
Dies ist ein anderer Toner, als ich bestellt habe.

Konditionalsätze ohne die Konjunktion *wenn*

Konditionalsätze können auch ohne die Konjunktion **wenn** stehen. Dann steht das Verb im Nebensatz in Position 1. Bei dieser Konstruktion steht immer der Nebensatz vor dem Hauptsatz.

Wenn das Wetter sich noch bessern sollte, können wir eine Radtour machen.
→ *Sollte sich das Wetter noch bessern, können wir eine Radtour machen.*

Üben und Anwenden

Konjunktionen im Haupt- und Nebensatz

1. **obwohl** oder **weil**? Verbinden Sie die Sätze mit der passenden Konjunktion.**

a) Uschi raucht. Sie weiß, dass Rauchen ungesund ist.
   Uschi raucht, obwohl sie weiß, dass Rauchen ungesund ist.

b) Herr Berger arbeitet auch am Wochenende. So verdient er mehr.

c) Franz hat seine Arbeit gekündigt. Er hat im Lotto gewonnen.

d) Philipp geht schwimmen. Er soll eigentlich lernen.

e) Der Baum vor unserem Haus blüht. Es ist November.

f) Heute Nacht habe ich schlecht geschlafen. Wir hatten Vollmond.

schwarzarbeiten = illegal arbeiten, ohne Steuern zu zahlen

g) Pascal arbeitet am Wochenende schwarz. Das ist verboten.

2. **bis**, **seitdem** oder **während**? Ersetzen Sie die Nominalphrase durch einen Nebensatz.**

a) Seit dem Kinobesuch habe ich Monika nicht mehr gesehen.
   Seitdem ich das Kino besucht habe, habe ich Monika nicht mehr gesehen.

b) Seit der Trennung von meinem Mann lebe ich allein.

c) Bis zur Mieterhöhung war die Wohnung sehr günstig.

d) Während meines Krankenhausaufenthalts habe ich viel geschlafen.

e) Seit dem Lottogewinn hat Konrad plötzlich viele Freunde.

216

Üben und Anwenden
Konjunktionen im Haupt- und Nebensatz

f) Während des Starts eines Flugzeugs dröhnen die Motoren sehr laut.

g) Bis zum Stromausfall habe ich in der Küche gekocht.

3. **wenn** oder **als**? Gegenwart, Vergangenheit oder Wiederholung?

a) Das Wetter ist schön. Ich gehe spazieren.**

b) Das Wetter war schön. Ich bin spazieren gegangen.

c) Mein Freund hat mich gestern besucht. Ich habe mich sehr gefreut.

d) Mein Vater telefoniert mit mir. Es ist oft spät.

e) Ich hatte Zeit. Ich bin immer ins Theater gegangen.

f) Sind Sie zum Arzt gegangen? Sie waren krank.

4. Was kann Lia schon? Bilden Sie Sätze mit **dass**, **sodass** oder **ohne dass**.

a) Hast du gewusst? Sie kann schon „Mama" sagen?***
   Hast du gewusst, dass sie schon „Mama" sagen kann?

b) Hast du gesehen? Sie will aus dem Glas trinken.

c) Sie kann mit dem Messer und Gabel essen. Sie kleckert nicht.

d) Sie ist so schön. Man hat sie für ein Fotoshooting gebucht.

e) Wenn Lisa schläft, kämmt ihre Mutter sie. Sie wacht nicht auf.

217

Sätze

Infinitivsätze

Infinitivsätze

A: Ich habe aufgehört zu rauchen; ich habe begonnen, Sport zu treiben und ich habe mich bemüht, viel Obst und Gemüse zu essen. Trotzdem habe ich kein Gramm abgenommen.

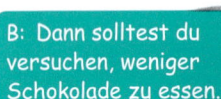

B: Dann solltest du versuchen, weniger Schokolade zu essen.

Haben Haupt- und Nebensatz unterschiedliche Subjekte, dann beginnt der Nebensatz mit **dass**:
Ich hoffe, dass Carla uns bald besucht.

Vor einen Infinitivsatz setzt man oft ein Komma, wenn er drei oder mehr Wörter hat:
*Ich versuche zu kommen.
Ich versuche, heute zu kommen.*

Infinitivsätze sind Nebensätze. Sie können nicht allein stehen und haben kein eigenes Subjekt, sondern hängen von dem Verb im Beziehungssatz ab.

Form

1. *Heute hat mein Mann dreimal versucht, mich anzurufen.*
Das Verb mit **zu** + Infinitiv steht in letzter Position.

2. *Nur sonntags hatten sie Zeit, auszuschlafen und lange zu frühstücken.*
Gibt es mehrere Verben im Infinitivsatz, muss vor jedem Verb **zu** stehen.

3. *Ich habe nie behauptet, Ski fahren zu können.*
Gibt es im Infinitivsatz ein Hilfs- oder Modalverb, steht **zu** davor.
Die Vollverben stehen ohne **zu**.

Sätze

Infinitivsätze

Gebrauch

Das Subjekt im Hauptsatz ist Handelnder im Infinitivsatz. Der Infinitivsatz steht zum Beispiel nach folgenden Verben:
(es) ablehnen, anbieten, anfangen, aufhören, beabsichtigen, beginnen, sich bemühen, beschließen, sich entschließen, erwarten, sich freuen, fürchten, glauben, hoffen, meinen, planen, scheinen, vergessen, verlangen, vermeiden, versprechen, versuchen, vorhaben, sich weigern

Ich habe vor, nächstes Jahr in Rente zu gehen.
Immer mehr Menschen beginnen, nur noch vegetarisch zu essen.

Das Objekt im Hauptsatz ist Handelnder im Infinitivsatz. Ein Infinitivsatz steht zum Beispiel nach Verben des Bittens, Befehlens und Ratens.
auffordern, befehlen, bewegen, bitten, drängen, einladen, erinnern, empfehlen, erlauben, ermahnen, ersuchen, (es) gelingt, helfen*, raten, verbieten, verlangen, warnen, zwingen

Der General befiehlt den Soldaten, 10 Kilometer zu marschieren.
Ich warne dich, noch einmal zu lügen.

*Das Verb **helfen** ist zwar kein Verb des Bittens, Befehlens oder Ratens, gehört aber auch in diese Gruppe.

Nach festen Verbindungen aus einem Substantiv und Basisverben wie **haben** und **sein** steht oft ein Infinitivsatz. Subjekt im Hauptsatz ist Handelnder im Infinitivsatz.
die Absicht haben, Angst haben, eine Freude sein, Gelegenheit haben, Grund haben, Lust haben, die Möglichkeit haben, Mühe machen/bereiten, ein Problem haben, Schwierigkeiten haben, Spaß machen, Zeit haben

Andreas hatte große Probleme, spontan Englisch zu sprechen.
Nur sonntags hatten sie Zeit, ins Schwimmbad zu gehen.

Nach dem Ausdruck **es ist** + Adjektiv/Substantiv steht ein Infinitivsatz. Der Infinitivsatz ist das Subjekt des Satzes. Steht er in Position 1, dann fällt **es** als grammatisches Subjekt im Hauptsatz weg.

Steht der Infinitivsatz als Subjekt in Position 1, dann kann ein Komma stehen.

Es ist langweilig, stundenlang vor dem Fernseher zu sitzen.
Stundenlang vor dem Fernseher zu sitzen, ist langweilig.
Es ist ein großer Spaß, einen Schneemann zu bauen.
Einen Schneemann zu bauen, ist ein großer Spaß.

Einige Verben sind fest mit einer Präposition verbunden. Nach der Präposition kann ein Substantiv folgen. Wenn aber ein ganzer Satz mit Verb folgt, ersetzt man die Präposition durch ein Präpositionalpronomen und bildet einen Infinitivsatz. Die Subjekte in beiden Sätzen müssen identisch sein.

Präpositionalpronomen, S. 166

Ich freue mich darauf, im Urlaub endlich lange zu schlafen.
Meine Schwester träumt davon, einen Picasso zu besitzen.

Üben und Anwenden

Infinitivsätze

1. Bilden Sie **Infinitivsätze**. Beginnen Sie zunächst mit „Es ist …" und dem Hauptsatz. Beginnen Sie dann noch einmal mit dem Infinitivsatz.**

Sie können die Sätze auch in Ihr Heft schreiben.

a) wunderbar – im Sonnenschein spazieren gehen

   Es ist wunderbar, im Sonnenschein spazieren zu gehen.

   Im Sonnenschein spazieren zu gehen, ist wunderbar.

b) langweilig – einen ganzen Tag im Auto sitzen

c) interessant – Menschen aus anderen Ländern kennen lernen

d) lächerlich – mit Sandalen im Schnee laufen.

2. Achim hat es nur gut gemeint! Bilden Sie aus dem *dass*-Satz einen **Infinitivsatz**, wenn die Subjekte identisch sind.**

Vor dem Infinitivsatz steht meist ein Komma, wenn er drei oder mehr Wörter hat!

a) **Ich** habe versucht, dass **ich** das Haus allein putze.

   Ich habe versucht, das Haus allein zu putzen.

b) **Ich** habe gedacht, dass **du** dich freust.

c) Ich fand es langweilig, dass **ich** so lange putze.

d) Also habe **ich** beschlossen, dass **ich** das Wasser auf dem Boden verteile.

e) Dann hatte **ich** den Plan, dass **ich** das Wasser mit dem Staubsauger absauge.

f) Leider wusste **ich** nicht, dass kein **Wasser** in den Staubsauger kommen darf.

g) Nun habe **ich** Angst, dass **du** sauer bist.

Üben und Anwenden

Infinitivsätze

3. Bilden Sie Sätze: einmal mit **Objekt** und einmal mit **Infinitivsatz**.***

a) Ich – sich freuen auf – das Konzert/in den Urlaub fahren

   Ich freue mich auf das Konzert.

   Ich freue mich darauf, in den Urlaub zu fahren.

   Sie können die Sätze auch in Ihr Heft schreiben.

b) Ich – dich warnen vor – dem Risiko/zu schnell fahren

   _____

c) Der Lehrer – den Studenten auffordern zu – sprechen/lauter sprechen

   _____

d) Britta – gebeten werden um – Hilfe/im Kindergarten helfen

   _____

e) Der Nachbar – sich kümmern um – Blumen/die Post annehmen

   _____

f) Die Kollegin – bitten um – ein Gespräch/einen Monat Urlaub bekommen

   _____

g) Max – sich interessieren für – eine neue Küche/ein neues Sofa kaufen

   _____

4. Bilden Sie **Infinitivsätze** mit Modal- oder Hilfsverb.***

a) Gestern hat Paul erzählt, er will endlich seine Greta heiraten.

   Gestern hat Paul erzählt, endlich seine Greta heiraten zu wollen.

b) Aber sie meinten, sie wollen erst im Herbst heiraten.

   _____

c) Sie haben erzählt, sie müssen noch viel vorbereiten.

   _____

d) Sie haben angekündigt, sie können keine Hochzeitsgeschenke annehmen.

   _____

e) Sie haben erklärt, sie müssen das Haus sonst vergrößern.

   _____

f) Sie haben gesagt, sie lassen sich nicht in der Kirche trauen.

   sich trauen lassen = heiraten

   _____

Fragesätze mit und ohne Fragewort, indirekte Fragesätze

Fragesätze mit und ohne Fragewort

A: Hast du meine Uhr gesehen?

B: Nein, wo hast du sie denn das letzte Mal gehabt?

A: Ich weiß es nicht mehr. Kannst du mir denn sagen, wie spät es ist?

B: Ja.

Es gibt zwei Arten von **Fragesätzen**:

Satzfragen beginnen mit einem Verb und werden meist mit **Ja** oder **Nein** beantwortet. Man kann eine Satzfrage direkt stellen oder indirekt. Bei indirekten Fragen steht vor dem Fragesatz ein Einleitungssatz.

„Soll es heute regnen?" – „Ja(, es soll heute regnen)."
„Nimmst du einen Schirm mit?" – „ Nein(, ich nehme keinen Schirm mit)."

Wortfragen beginnen mit einem Fragewort. Man antwortet mit einem ganzen Satz, in der Umgangssprache auch mit einem Satzfragment oder einem Satzteil. Man kann die Wortfrage direkt stellen oder indirekt. Vor einer indirekten Frage steht immer ein Einleitungssatz.

„Wann soll es regnen?" – „Es soll heute regnen."
„Wie lange dauert der Winter?" – „Der dauert drei Monate."

Sätze

Fragesätze mit und ohne Fragewort, indirekte Fragesätze

Form

	Satzfrage ohne Fragewort	**Wortfrage mit Fragewort**
direkte Frage	Kommst du heute?	Wann kommst du?
indirekte Frage	Ich möchte wissen, ob du kommst.	Kannst du mir sagen, wann du kommst?

Gebrauch

▌ **Satzfragen** haben kein Fragewort. Sie beginnen mit dem Verb. Besteht die Satzaussage aus zwei Verben, steht das konjugierte Verb in Position 1 und das Verb im Infinitiv bzw. das Partizip am Ende des Satzes.

Kannst du gut Deutsch sprechen?
Siehst du das Haus, das gerade renoviert wird?

▌ Eine **indirekte Satzfrage** leitet man mit einem Frage- oder Aussagesatz ein. Die Satzfrage ist dann ein Nebensatz und wird mit der Konjunktion **ob** eingeleitet.

Können Sie mir sagen, ob der Zug aus München pünktlich kommt?
Er will wissen, ob man heute mit dem Zug nach München fahren kann.

▌ Eine **direkte Wortfrage** beginnt mit einem Fragewort, das in Position 1 steht. In Position 2 folgt das Verb. Erst danach steht das Subjekt in Position 2 oder 4.

Wo wohnt eigentlich deine Mutter?
Welchen Wein wollen wir heute trinken?

▌ Eine **indirekte Wortfrage** leitet man mit einem Frage- oder Aussagesatz ein. Die Wortfrage ist ein Nebensatz und wird mit einem Fragewort eingeleitet.

Kannst du mir sagen, wo man hier rauchen kann?
Wolfgang fragt, wann er ein Flugzeug nach Irland buchen kann.

Üben und Anwenden

Fragesätze mit und ohne Fragewort, indirekte Fragesätze

1. Fragen mit Fragewort: Fragen Sie nach dem unterstrichenen Satzteil.*

a) Ich brauche noch eine Minute, dann bin ich fertig.
   Wie lange brauchst du noch?

b) Diese Schuhe haben nur 159 Euro gekostet.

c) Nächste Woche muss ich unbedingt zum Friseur.

d) Übrigens, am Wochenende besucht uns meine Mutter.

e) Am Freitag fahre ich mit Carla nach München zum Shoppen.

f) Dann musst du die Kinder von der Schule abholen.

g) Deine Kreditkarte liegt wieder in der Schublade.

2. Bilden Sie zu jeder Antwort eine **Frage ohne Fragewort**.**

a) Ja, heute feiern wir Weihnachten.
   Feiern wir heute Weihnachten?

b) Ja, natürlich bekommst du auch ein Geschenk.

c) Nein, wir gehen dieses Jahr nicht in die Kirche.

d) Ja, Sandra und Mario kommen auch zu Besuch.

e) Nein, zu Weihnachten essen wir keine Schokotorte.

f) Ja, wir stellen den Weihnachtsbaum ins Wohnzimmer.

g) Nein, die Weihnachtsgeschenke legen wir nicht unter den Tisch.

Üben und Anwenden

Fragesätze mit und ohne Fragewort, indirekte Fragesätze

3. Bilden Sie **indirekte Fragen**: Entscheiden Sie, ob Sie die Frage mit der Konjunktion **ob** oder mit einem Fragewort einleiten.***

a) Ich frage mich: Ist die Bank heute Nachmittag geöffnet?

   Ich frage mich, ob die Bank heute Nachmittag geöffnet ist.

b) Wann kommt Heinz heute Abend? Ich bin mir nicht sicher.
   _____

c) Habe ich mein Portemonnaie in den Koffer gesteckt? Ich weiß es nicht.
   _____
   _____

d) Ich bin mir nicht sicher. Wo habe ich den Mann schon einmal gesehen?
   _____
   _____

e) Der Professor fragt sich: „Habe ich das Buch schon gelesen?"*
   _____

f) Wie schnell fährt ein Mercedes? Ich kann es Ihnen nicht sagen.*
   _____

g) Ich frage einen Passanten: „Gibt es eine Apotheke hier im Ort?"*
   _____

Konjunktiv I verwendet man nur für die indirekte Rede und Gedanken anderer Personen.
Die eigenen Gedanken (innerer Monolog) setzt man in den Indikativ. Sie stehen ohne Anführungszeichen.

Indirekte Rede, S. 58

*hier: Konjunktiv I für die indirekte Rede.

4. Karla hat dem Lehrer nicht zugehört und stellt viele Fragen. Bilden Sie **direkte Fragen mit Fragewort** und **indirekte Fragen**.***

a) Der Kurs beginnt morgen um 9.00 Uhr.

   Wann beginnt der Kurs? Weißt du, wann der Kurs beginnt?

b) Der Deutschkurs trifft sich in der Cafeteria.
   _____

c) Wir lernen mittwochs bis 12.00 Uhr.
   _____

d) Heute endet der Unterricht um 12.00 Uhr, weil ich einen Termin habe.
   _____

Satzbau

Der Satzbau im Hauptsatz

Der Satzbau im Hauptsatz

A: Ab Januar will ich ins Fitnessstudio gehen.

B: Da komme ich mit. Ich muss unbedingt abnehmen.

A: Abnehmen will ich nicht. Mein Mann findet mich nur zu unsportlich.

Man unterteilt den Hauptsatz in verschiedene Positionen:
Position 1 | Position 2 | Mittelfeld | letzte Position | Nachfeld
Auf diesen Positionen stehen verschiedene Satzglieder, z. B. Subjekt, Objekt, Prädikat, adverbiale Angaben oder ein Nebensatz.

Position 1

Auf einer Position im Satz können mehrere Wörter stehen, z. B. wenn eine Zeitangabe aus mehreren Wörtern besteht: *An einem Morgen im Juni …*

In Position 1 steht meist das **Subjekt**. Dort können aber auch **adverbiale Angaben** stehen: Sie nennen zum Beispiel Ort oder Zeit.
Martin kauft sein Obst nur auf dem Markt.
Vor dem Rathaus liegt der Marktplatz der Stadt.
Im September gibt es in Deutschland keinen Feiertag.

Auf Position 1 können **Objekte** stehen.
Deinen Freund will ich nicht fragen.
Meinem Vater hat das Essen meiner Mutter immer gut geschmeckt.

Das Verb mit der Personalendung nennt man auch **konjugiertes** Verb oder **finites** Verb.

Man kann auf Position 1 auch einen **Nebensatz** stellen.
Wenn ich nach Hause komme, trinke ich immer einen Tee.
Da am Montag ein Feiertag ist, bleibt unser Büro geschlossen.

Auf Position 1 kann **ein Infinitiv** stehen, wenn er besonders betont werden soll. Normalerweise steht er in letzter Position.
Einkaufen gehe ich am Wochenende. (Normalstellung: *Ich gehe … einkaufen.*)
Schlafen kannst du später. (Normalstellung: *Du kannst später schlafen.*)

Position 2

In Position 2 steht das **Verb mit der Personalendung**. Gibt es im Satz mehrere Verben in der gleichen Hierarchie, stehen alle in Position 2.
Heute <u>stürmt</u> und <u>regnet</u> es schon den ganzen Tag.
„Ich <u>kann</u> und <u>will</u> dir nicht glauben."

226

Satzbau

Der Satzbau im Hauptsatz

Stellung von Subjekt und Prädikat

Form

	Pos. 1	Pos. 2	Mittelfeld	Mittelfeld	letzte Position
a	Subjekt Paul	Verb plant	Angabe heute	Objekt eine Party.	
b	Angabe Heute	Verb plant	Subjekt Paul	Objekt eine Party.	
c	Subjekt Paul	Verb 1 hat	Angabe gestern	Objekt eine Party	Verb 2 gegeben.
d	Subjekt Paul	Verb 1 kauft	Angabe heute	Objekt	Verb Teil 2 ein.
e	Subjekt Paul	Verb 1 will	Angabe heute	Objekt eine Party	Verb 2 feiern.
f	Subjekt Susanne	Verb wird	Angabe bald	Objekt	Verbergänzung 30 Jahre alt.
g	Subjekt Paul	Verb 1 hat	Angabe gestern	Objekt eine Party	2 Verben feiern wollen.
h	Subjekt Paul	Verb 1 hat	Angabe gestern		3 Verben spazieren gehen wollen.

> Das Prädikat kann aus Hilfsverb und Verbergänzung bestehen. Solch eine Verbergänzung nennt man **Subsumptivergänzung**.

> Man nennt ein Objekt auch **Ergänzung**.
> Das **Prädikat** besteht aus mindestens einem Verb oder mehreren Verben oder einem Hilfsverb und Verbergänzungen (z. B. einer Zahl oder einem Adjektiv).
> **Adverbiale Angaben** nennen Zeit, Ort, Umstand oder Art und Weise eines Geschehens.

Gebrauch

Das Prädikat
- Das Prädikat kann aus mehreren Verben oder Teilen bestehen (Beispiele c–h).
- Auf Position 2 steht das Verb mit der Personalendung (konjugiertes Verb). Alle anderen Satzglieder stellt man um dieses Verb herum.
- Besteht das Prädikat aus mehreren Verben, dann stehen die anderen Verben im Infinitiv (Beispiel e, g, h) oder als Partizip (Beispiel c) in der letzten Position.
- Die Hilfsverben sein, bleiben und werden stehen mit einer Subsumptivergänzung: Das kann eine Zahl, ein Adjektiv oder ein Substantiv sein (Beispiel f).
- Bei trennbaren Verben steht das Präfix in letzter Position (Beispiel d).

Das Subjekt
- Das Subjekt steht normalerweise in Position 1 (Beispiele a, c–h).
- Das Subjekt kann auch in Position 3 stehen (Beispiel b). Dann steht die Angabe (Zeit, Ort, ...), das Objekt, eine Hauptsatzkonjunktion oder ein Nebensatz in Position 1. Diesen Wechsel nennt man „Umstellung".

> Wenn das Subjekt nicht in Position 1 steht, steht es immer direkt hinter dem Verb.

Üben und Anwenden

Der Satzbau im Hauptsatz

1. Stellen Sie einmal das Subjekt und einmal die Zeitangabe in **Position 1**. Achten Sie auf die richtige Form des Verbs.**

a) arbeiten/ich/heute/bis 22.00 Uhr

   <u>Ich arbeite heute bis 22.00 Uhr./Heute arbeite ich bis 22.00 Uhr.</u>

b) wohnen/Randy und Eris/jetzt/in Deutschland

c) essen/Rafael/mittags/in der Firma

d) trinken/die Deutschen/morgens/einen Kaffee

e) geben/ich/später/dir/mein Deutschbuch

f) beginnt/der Deutschkurs/nächsten Montag

g) spazieren gegangen/ich/am Wochenende/im Schlosspark

2. Ein Tag im Leben von Gil. Beginnen Sie jede Antwort mit einer **Zeit-** oder **Ortsangabe**.**

a) Wann fährt Gil zur Arbeit? (jeden Morgen um 7.00 Uhr)

   <u>Jeden Morgen um 7.00 Uhr fährt Gil zur Arbeit.</u>

b) Wie lange dauert die Fahrt? (etwa 70 Minuten)

c) Wo kann Gil seinen Kaffee trinken? (in der Kaffee-Ecke)

d) Wann liest er seine E-Mails? (zwischen 9.00 und 10.00 Uhr)

e) Wo kann Gil Mittag essen? (in der Kantine)

f) Wie lange arbeitet Gil täglich? (acht Stunden)

Das Mittelfeld: die Stellung der Objekte

Form

Pos. 1	Pos. 2	Mittelfeld	Mittelfeld
Subjekt	**Verb**	**Dativobjekt**	**Akkusativobjekt**
a Gianna	schickt	ihrem Freund	eine E-Mail.
b Gianna	schickt	ihm	eine E-Mail.
Subjekt	**Verb**	**Akkusativobjekt**	**Dativobjekt**
c Gianna	schickt	es	ihrem Freund.
d Gianna	schickt	es	ihm.
e Gianna	freut	sich.	
Dativobjekt	**Verb**	**Subjekt**	**Akkusativobjekt**
f Ihrem Freund	schickt	Gianna	eine E-Mail.
g Ihrem Freund	schickt	sie	eine E-Mail.
h Ihrem Freund	schickt	sie	es.
Akkusativobjekt	**Verb**	**Subjekt**	**Dativobjekt**
i Eine E-Mail	schickt	Gianna	ihrem Freund.
j Eine E-Mail	schickt	sie	ihrem Freund.
k Eine E-Mail	schickt	sie	ihm.

! Steht das Subjekt nicht in Position 1, dann steht es immer direkt hinter dem Verb.

Gebrauch

Die Objekte
- Die Objekte stehen normalerweise im Mittelfeld (Beispiel a).
- Das Objekt im Dativ steht vor dem Objekt im Akkusativ (Beispiel a und b).

Das Akkusativobjekt als Pronomen
- Ist das Akkusativobjekt ein Pronomen, dann steht es nach dem konjugierten Verb und vor dem Dativobjekt (Beispiele c und d).
- Reflexivpronomen im Akkusativ stehen ebenfalls nach dem konjugierten Verb (Beispiel e).

Die Objekte in Position 1
- Steht das Dativobjekt in Position 1, dann steht das Subjekt direkt nach dem Verb und vor dem Akkusativobjekt (Beispiele f, g und h).
- Steht das Akkusativobjekt in Position 1, dann steht das Subjekt direkt nach dem Verb und vor dem Dativobjekt (Beispiele i, j und k).

Üben und Anwenden

Das Mittelfeld: die Stellung der Objekte

1. Markieren Sie das **Akkusativobjekt** und ersetzen Sie es durch ein Pronomen.***

a) Maria leiht ihrem Mann das Auto.
   Maria leiht es ihrem Mann.

b) Der Arzt hat Herrn Hillner ein Schmerzmittel gegeben.
   _____

c) Der Fahrlehrer erklärt Max und Philipp das neue Auto.
   _____

d) Der Verkäufer zeigt Brigitte verschiedene Lampen.
   _____

e) Frau Berger schenkt ihrem Sohn zum Abitur eine Reise.
   _____

f) Maria erzählt ihrer Tochter jeden Abend eine Gute-Nacht-Geschichte.
   _____

g) Hast du Anna das E-Mail schon geschrieben?
   _____

2. Nadia kommt zu Besuch. Ersetzen Sie **Dativ**- und **Akkusativobjekt** jeweils durch ein Pronomen.***

a) Soll ich Nadia zuerst unser Wohnzimmer zeigen?
   Ja, *zeig es ihr zuerst.*

b) Soll ich Nadia das Geld für den Wein geben?
   Ja, _____

c) Soll ich Nadia auch zwei Kisten Wein liefern lassen?
   Ja, _____

d) Soll ich Nadia unseren alten CD-Spieler schenken?
   Ja, _____

e) Soll ich Nadia unseren Architekten empfehlen?
   Ja, _____

f) Soll ich Nadia auch unseren großen Tisch für ihre Party leihen?
   Ja, _____

Satzbau

Das Mittelfeld: die Stellung adverbialer Angaben

Das Mittelfeld: die Stellung adverbialer Angaben

Adverbiale Angaben nennen **Zeit** (temporal), **Ort** (lokal), **Art und Weise** (modal) oder **Grund** (kausal) einer Handlung. Stehen alle Angaben im Mittelfeld des Satzes, dann gilt die folgende Ordnung:

Zeit	Grund	Art und Weise	Ort
→ **te**mporal	**ka**usal	**mo**dal	**lo**kal

Merken Sie sich das Fantasiewort: **TEKAMOLO**

> Die Ordnung der adverbialen Angaben kann sich ändern: Kausale und modale Angaben können die Position tauschen.

Pos. 1 Subjekt	Pos. 2 Verb	Mittelfeld Zeit Wann?	Grund Warum?	Art & Weise Wie?	Ort Wo? Wohin?
Tobi	arbeitet	am Samstag	aus Langeweile	fleißig	im Garten.
Wir	gehen	heute	wegen einer Einladung		ins Theater.

> Wenn man die Ordnung im Mittelfeld ändert, versteht man den Satz meist trotzdem. Er klingt dann aber „komisch".

Gebrauch

Angaben der Zeit
- Zeitangaben sind im Deutschen sehr wichtig. Sie stehen meist vor allen anderen Angaben.
- Stehen sie in Position 1, dann steht das Subjekt auf Position 3, also direkt hinter dem Verb.
- Gibt es mehrere Zeitangaben, beginnt man mit der allgemeinen Angabe und stellt die genaueren Angaben nach.

Angaben des Ortes
- Ortsangaben stehen am Ende des Mittelfelds.
- Wenn man sie besonders betonen möchte, stehen sie auf Position 1.
- Sie stehen nicht vor modalen oder kausalen Angaben.
- Gibt es mehrere Ortsangaben, dann beginnt man mit der allgemeinen Angabe und stellt die genaueren Angaben danach.

> Jede adverbiale Angabe kann auch auf Position 1 stehen, wenn man sie betonen möchte.

> Auf Position 1 können nie zwei oder mehr verschiedene Angaben stehen.

Üben und Anwenden

Das Mittelfeld: die Stellung adverbialer Angaben

1. Ordnen Sie die Angaben nach TEKAMOLO und schreiben Sie Sätze.***

a) Wir mieten ... eine Ferienwohnung.

im Sommer/nächstes Jahr/im Schwarzwald/zur Erholung

<u>Wir mieten nächstes Jahr im Sommer</u>^{temporal} <u>zur Erholung</u>^{modal}

<u>im Schwarzwald</u>^{lokal} <u>eine Ferienwohnung.</u>

Objekte können auch zwischen den Angaben stehen.

Satzstellung mit Objekten und Angaben, S. 235

b) Ich kaufe ihr ... einen Pelzmantel.

zu Weihnachten/in Stuttgart/aus Dankbarkeit/im nächsten Jahr

_____

_____

c) Wir treffen uns ...

im Café am Bahnhof/um halb fünf/am Samstag/nur kurz

_____

d) Monica hat Fabrizio ... kennen gelernt.

in Berlin/2003/im Sprachkurs/im Sommer/zufällig

_____

e) Du kommst ... zu mir.

um 17.00 Uhr/am besten/heute Abend/zum Lernen

_____

f) Herr Leuze hat uns ... begrüßt.

nach der Pause/am Samstag/im Konferenzraum/freundlich/wegen der Fusion

_____

_____

g) Ich habe ... einen Unfall beobachtet.

in Stuttgart/am Montag/gegen 16.00 Uhr

_____

h) Der Paketdienst hat mir meine Büchersendung ... gebracht.

mit großer Verspätung/am Wochenende/wegen des Schneefalls/ins Büro

_____

_____

Das Mittelfeld: die Stellung präpositionaler Objekte

Präpositionale Objekte stehen am Ende des Mittelfeldes. Die Position der Präpositionalpronomen im Satz folgt nicht immer diesen Regeln.

Form

Pos. 1	Pos. 2	Mittelfeld	Letzte Position
Mike	schreibt	oft aus Langeweile SMS **an Freunde**.	
Peter	hat	zwei Jahre in Berlin Deutsch **mit Freddy**	gelernt.
Nina	freut	sich schon lange **darauf**. sich **darauf** schon lange.	
Daran	hatte	Maria nicht mehr	gedacht.

Auch adverbiale Angaben können bei einer Präposition stehen. Die Stellung der Angaben folgt aber den Regeln, die auf S. 231 beschrieben sind.

Das Dativobjekt steht vor dem Akkusativobjekt.

Gebrauch

■ Manche Verben sind fest mit einer Präposition verbunden. Diese präpositionalen Objekte stehen im Mittelfeld möglichst weit hinten.

■ Ersetzt man ein präpositionales Objekt durch ein Präpositionalpronomen, steht es hinten im Mittelfeld, oft auch in Position 1.

Üben und Anwenden

Das Mittelfeld: die Stellung präpositionaler Objekte

1. Bringen Sie die einzelnen **Satzteile** in die richtige Reihenfolge.***

a) Ich muss ... danken. → für das Geschenk/meiner Tante

_____

_____

b) Die Firma hat ... gesprochen. → mit dem Kunden/am Montag/wegen der Lieferung

_____

_____

c) Mein Schwager hat ... gegeben. → ein Paket/mir/für seine Schwester

_____

_____

d) Ich habe .... vorgestellt. → meine Frau/dem Gastgeber/auf dem Fest

_____

_____

e) Anne ist ... einverstanden. → natürlich/damit

_____

_____

f) Wir haben ... gesprochen. → gestern/über alle Probleme/im Restaurant

_____

_____

Das Mittelfeld: Satzstellung mit Objekten und Angaben

Form

Pos. 1	Pos. 2	Angabe temp.	Objekt Dativ	Angabe kausal	Angabe modal	Objekt Akk.	Angabe lokal
Pia	kauft	morgen	ihrem Vater	zum Geburtstag	schnell	eine Krawatte	in der Stadt.
Ron	machte	nachts immer		aus Angst		einen Umweg	im Park.

Je weiter ein Satzglied rechts im Mittelfeld steht, desto mehr betont man es. Oder man setzt es an Position 1.

§ **Adverbiale Angaben**, S. 235

Gebrauch

Gibt es im Mittelfeld eines Satzes verschiedene Angaben und Objekte, so gibt es keine festen Regeln für die Stellung.

Beachten Sie jedoch:
1. Position 2 ist immer für das konjugierte Verb reserviert. Das Präfix, ein Partizip, Verben im Infinitiv oder eine Verbergänzung stehen an letzter Stelle im Hauptsatz.
2. Das Subjekt steht auf Position 1 oder direkt nach dem Verb.
3. Pronomen stehen direkt nach dem Verb. Falls das Subjekt nach dem Verb steht, dann stellt man das Pronomen dahinter.
4. Das Dativobjekt steht meist vor dem Akkusativobjekt.
5. Akkusativpronomen stehen vor dem Dativobjekt.
6. Adverbiale Angaben stellt man am besten in die Folge „TEKAMOLO" (temporal-kausal-modal-lokal).

Üben und Anwenden

Das Mittelfeld: Satzstellung mit Objekten und Angaben

1. Bilden Sie Sätze, indem Sie die Satzstellungsregeln befolgen.***

a) samstags/die Lebensmittel/nach dem Frühstück/auf dem Markt

Ich kaufe <u>samstags nach dem Frühstück die Lebensmittel auf dem Markt</u>.

b) man/bei einem Historiker/um 14.00 Uhr/sonntags/buchen/eine Führung

Im Museum kann _____.

c) kräftig/ihrem Bekannten/bei der Begrüßung/die Hand

Die Deutschen schütteln _____.

d) im Kino/vergessen/ meinen Mantel/gestern/kurz vor 18.00 Uhr

Ich habe _____.

e) in Köln/seiner Frau/gekauft/im März/letztes Jahr/ein Kleid/am Dom

Hans hat _____.

f) im letzten Herbst/bei der Präsentation der A-Klasse/aus beruflichem Interesse/mit meinem Freund/im Stuttgarter Mercedes-Zentrum

Ich war _____.

g) verzweifelt/in München/wegen der hohen Mieten/seit Jahren/eine neue Wohnung

Wir suchen _____.

h) über die schlechte Reiseleitung/uns/morgen früh/im Reisebüro

Wir beschweren _____.

i) meine Hausaufgaben/wegen einer Erkältung/ich/nicht ganz/beenden

Leider konnte _____.

j) gegen 16 Uhr/gestern/gesehen/einen Unfall/in Köln/mit einem Radfahrer

Wir haben _____.

k) meine Mutter/ zum Geburtstag/ einen Pullover/ von mir/ bekommt

In diesem Jahr _____.

l) will/mir/aus Angst/sein Auto/nicht leihen/heute

Mein Mann _____.

m) nur am Abend/ihre Grammatik/nach 20.00 Uhr/im Bett/ lernen

Viele Schüler _____.

n) kaufe/einen Sportwagen/eines Tages/bestimmt/mir

Ich _____.

Die letzte Position: Verben und Verbergänzungen

Satzbau

Die letzte Position: Verben und Verbergänzungen

Form

	Pos. 1	Pos. 2	Mittelfeld	letzte Position
a	Ich	habe	in Hamburg	eingekauft. (Partizip)
b	Martins Auto	wird	heute	repariert. (Partizip)
c	Nancy	will	nächstes Jahr den Führerschein	machen. (Infinitiv)
d	Maria	lässt	ihre Haare	schneiden. (Infinitiv)
e	Die Straße	hat	letzten Sommer mehrfach	gesperrt werden müssen. (Partizip & Infinitive)
f	Samstags	kauft	Paul auf dem Markt	ein. (Präfix)
g	Miranda	bleibt	auch nächstes Jahr noch	Studentin. (Subsumptivergänzung)
h	Wenn der Lärm nicht aufhört,	werde	ich	verrückt. (Subsumptivergänzung)

Gebrauch

- In der letzten Position kann das Partizip der Vergangenheit stehen. Das ist der Fall, wenn der Satz im Perfekt, Plusquamperfekt oder im Passiv steht (Beispiele a und b).
- Modalverben und andere Hilfsverben stehen mit dem Infinitiv. Der Infinitiv steht in letzter Position (Beispiele c und d).
- Besteht das Prädikat aus mehreren Verben, stehen die Infinitive nach dem Partizip in letzte Position (Beispiel e).
- Trennbare Verben stellen das Präfix in die letzte Position (Beispiel f).
- Die Hilfsverben **sein**, **bleiben** und **werden** brauchen eine Subsumptivergänzung. Das kann ein Substantiv, ein Adjektiv oder eine Zahl sein. Diese Ergänzung steht in letzter Position (Beispiele g und h).

§ Modalverben, S. 43

§ Passiv, S. 49

§ Passiv mit Modalverben, S. 50

237

Das Nachfeld im Satz

Form

Satzglieder im Nachfeld trennt man nicht immer durch ein Komma. Einen Nebensatz trennt man immer durch Komma vom Hauptsatz.

Pos. 1	Pos. 2 Verb 1	Mittelfeld	letzte Position Verb 2	Nachfeld
a Mein Mann	kauft	öfter	ein	als ich.
b Heute	hat	es genauso viel	geschneit	wie gestern.
c Andreas	hat	sich sehr	gefreut	über deinen Anruf.
d Wir	wollen	nach Irland	fahren	im nächsten Sommer.
e Wir	kommen	gern zu euch,		wenn wir Urlaub haben.
f Ich	muss	noch Peter	anrufen	und meine Mutter.

Gebrauch

Man stellt einzelne Satzglieder ins Nachfeld. Dadurch befinden sich im Mittelfeld vor Verb 2 weniger Satzglieder; der Satz ist verständlicher. Besonders lange Sätze mit zwei Ergänzungen und mehreren Angaben versteht man besser.

Im Nachfeld steht/stehen vor allem
- das **Vergleichselement**, das mit **als** oder **wie** eingeleitet wird (Beispiele a und b).
- **präpositionale Ergänzungen**. Dies sind Ergänzungen, die für den Sinn des Satzes wichtig sind (Beispiel c).
- **Zeit- und Ortsangaben**. Angaben der Art und Weise und des Grundes stehen seltener im Nachfeld (Beispiel d).
- Nebensätze (Beispiel e).
- Satzglieder, die mit **und**, **oder**, **sowie**, **aber**, **sondern** verbunden werden (Beispiel f).

Üben und Anwenden

Das Nachfeld im Satz

1. Setzen Sie die beschriebenen Satzteile in Klammern ins **Nachfeld**.***

a) Ich bin viel schneller **als du** gelaufen. (Vergleichselement)

   Ich bin viel schneller gelaufen als du.

b) Es hat an diesem Morgen stark geschneit. (Zeitangabe)

c) Lisa hat mein E-Mail schneller als erwartet beantwortet. (Vergleich)

d) Da ich kein Fleisch esse, bestelle ich Gemüsereis.* (Nebensatz)

e) Ich kann den Einkauf mit der Kreditkarte bezahlen. (Präp. Erg.)

f) Hast du den Herd und das Licht ausgeschaltet? (**und**-Element)

g) Die Firma bleibt vom 13.12. bis 6.01. geschlossen. (Zeitangabe)

h) Obwohl viele Firmen es verbieten, surfen viele Mitarbeiter privat im Internet. (Nebensatz)

2. Stellen Sie das Satzglied aus Position 1 ins Nachfeld und das Subjekt in Position 1.***

a) **Nach dem Abitur** habe **ich** an der Universität Tübingen studiert.

   Ich habe an der Universität Tübingen studiert nach dem Abitur.

b) Da Durham die Partnerstadt von Tübingen ist, ging ich nach Durham.

c) Für alle Studenten sollte so ein Auslandssemester Pflicht sein.

d) Von dem Aufenthalt in England habe ich sehr profitiert.

e) In der Sprache bin ich endlich sicherer geworden.

Präpositionen

Präpositionen

Zahlen

A: Papa, wie hast du so **viel** Geld verdient?

B: Mein **erstes Geld** habe ich mit **fünf** Jahren verdient: Ich habe Limonade verkauft. Nach einer **dreiviertel** Stunde hatte ich mehr als **drei** Liter verkauft. Am **15.11.1986** habe ich dann meinen ersten Getränkeladen eröffnet.

In Texten schreibt man ganze Zahlen bis 12 meist als Wort.
In Tabellen oder ähnlichen Aufzählungen schreibt man Zahlen als Ziffern.
Er hatte drei Fragen.
Das macht 15,65 EUR.

Zahlen schreibt man als Ziffer (2) oder Wort (zwei).

Zahlen können zu den Adjektiven gehören. Dann stehen sie vor einem Substantiv und werden kleingeschrieben.

Eigenständige Zahlen stehen allein und gehören zu den Substantiven. Dann schreibt man sie groß.

Beispiele:
Er startet im Marathon mit der <u>Fünf</u>.
Der <u>dritte</u> Sieger erhielt eine Bronzemedaille.
<u>Zwei</u> Millionen Zuschauer sahen das Endspiel.
Ein <u>Viertel</u> der Teilnehmer stammt aus Mexiko.

Die Zahlwörter sind in **vier große Gruppen** eingeteilt:
- Grundzahlen (Kardinalzahlen)
- Ordnungszahlen (Ordinalzahlen)
- Bruchzahlen
- sonstige Zahlwörter

Präpositionen

Grundzahlen (Kardinalzahlen)

Grundzahlen (Kardinalzahlen)

Ein Jahr hat **zwölf** Monate, **zweiundfünfzig** Wochen und **dreihundertfünfundsechzig** Tage. Der Tag hat **vierundzwanzig** Stunden und eine Stunde hat **sechzig** Minuten.

Die Grundzahlen geben Information, **wie viele** Menschen, Dinge usw. es gibt, die man zählen kann.

Form

Zahlen	Wort	Bildung
0–12	null, eins, zwei, drei, vier, fünf, sechs, sieben, acht, neun, zehn, elf, zwölf	
13–19	dreizehn, vierzehn, fünfzehn, sechzehn*, siebzehn*, achtzehn, neunzehn	3 bis 9 + **-zehn**
20, 30, 40, 50, 60, 70, 80, 90	zwanzig**, dreißig, vierzig, fünfzig, sechzig, siebzig, achtzig, neunzig	3 bis 9 + **-zig**
21, 22 31, 32	einundzwanzig***, zweiundzwanzig, einunddreißig, zweiunddreißig	Einerzahl + **und** + Zehnerzahl
100	(ein)hundert	Einerzahl + **-hundert**
200, 300	zweihundert, dreihundert	
150, 426	(ein)hundertfünfzig, vierhundertsechsundzwanzig	Einerzahl + **-hundert** + Zehnerzahl
6.000, 20.000, 100.000	sechstausend, zwanzigtausend, (ein)hunderttausend	Einerzahl + **-tausend**
1.000.000	eine Million	
9.000.000	neun Millionen	
1.000.000.000	eine Milliarde	
15.000.000.000	fünfzehn Milliarden	

Statt **zwei** sagt man oft (z. B. am Telefon) **zwo**, damit es keine Verwechslung mit **drei** gibt.

ein Paar: zwei Dinge oder Menschen gehören zusammen, z. B. *ein Paar Schuhe*
ein paar: einige Sachen, Personen, z. B. *ein paar Bücher*.

Ausnahmen
~~siebenzehn~~ → siebzehn;
~~sechszehn~~ → sechzehn;
**~~zweizig~~ → zwanzig
***~~einsundzwanzig~~ → einundzwanzig

Einerzahl: 1 bis 9
Zehnerzahl: 10, 20, 30 ...

241

Präpositionen

Grundzahlen (Kardinalzahlen)

+ addieren
− subtrahieren
x multiplizieren
: dividieren

Rechenarten

Zeichen	man spricht	Beispiel
+	plus/und	4 + 2 vier plus/und zwei
−	minus/weniger	6 − 2 sechs minus/weniger zwei
x	multipliziert mit/mal	4 x 2 vier multipliziert mit/mal zwei
:	dividiert durch/ geteilt durch	8 : 2 acht dividiert durch/geteilt durch zwei
=	ist (gleich)	3 + 2 = 5 drei plus zwei ist (gleich) fünf

Für Jahreszahlen und Uhrzeiten nimmt man Kardinalzahlen.

Zeitangaben, S. 252

ein **Dutzend** = 12
Sie bestellt ein Dutzend Eier.
Dutzende = *Viele Dutzende waren zur Demonstration gekommen.*

Gebrauch

Die Zahl **eins** wird wie der unbestimmte Artikel gebraucht, wenn sie vor einem Substantiv steht. Die Zahl wird dann betont.

Eine Schwalbe macht noch keinen Sommer.

Benutzt man **eins** allein, ohne dass ein Substantiv direkt folgt, so hat die Zahl die Endung des bestimmten Artikels.

Ich fahre nur mit einem meiner fünf Kinder in den Urlaub.
Nur einer war gekommen, doch zehn hatte ich eingeladen.

Die Zahlen **zwei** und **drei** werden nur im Genitiv und Dativ dekliniert. Alle anderen Kardinalzahlen unter einer Million werden nicht dekliniert.

Er besitzt fünf Oldtimer? Ich weiß nur von dreien.
Wir gedenken der Opfer der Flut, besonders zweier aus Deutschland.

Zahlen, die vor einem Substantiv stehen, werden wie Adjektive kleingeschrieben. Als selbstständige Zahl ist das Wort ein Substantiv, das man großschreibt.

Zum runden Geburtstag kommen tausend Gäste.
Auf der Torte steht eine große Fünfzig aus Marzipan.

Eigenständige Zahlen mit der Endung **-er** muss man deklinieren.

Gib mir einen Fünfer (= 5-Euro-Schein), dann gebe ich dir einen Zehner.
Als die Goldenen Zwanziger bezeichnet man in Deutschland die Zeit zwischen 1924 und 1929.

Die Endung **zig** kann auch als eigenes Wort für „sehr viel" verwendet werden.

Er kennt zig Leute in Deutschland.

Üben und Anwenden

Grundzahlen (Kardinalzahlen)

1. Schreiben Sie die **Ziffern** als Wörter. Achten Sie auf die Ausnahmen.*

a) 1 _____ 11 _____ 21 _____

b) 2 _____ 12 _____ 20 _____

c) 3 _____ 13 _____ 23 _____

d) 6 _____ 16 _____ 26 _____

e) 7 _____ 17 _____ 27 _____

2. Wie viel kostet das? Schreiben Sie die **Zahl** und sprechen Sie laut.**

a) 17,11 EUR   siebzehn Euro elf

b) 20,00 EUR   _____

c) 12,95 EUR   _____

d) 1,49 EUR   _____

e) 5,85 EUR   _____

f) 9,99 EUR   _____

3. Sprechen Sie die **Rechenaufgaben**.**

a) 24 + 16 = 40   vierundzwanzig plus sechzehn ist gleich vierzig

b) 50 − 14 = 36   _____

c) 65 + 37 = 102   _____

d) 39 x 2 = 78   _____

e) 14 : 7 = 2   _____

f) 20 x 5 = 100   _____

Präpositionen

Ordnungszahlen (Ordinalzahlen)

Ordnungszahlen (Ordinalzahlen)

A: War Stefan am Wochenende beim Triathlon?

B: Ja, beim Radfahren ist er sogar auf den **dritten** Platz gekommen, aber beim Laufen war er **Zwanzigster** und beim Schwimmen ist er erst als **Zweiundneunzigster** ins Ziel gekommen.

Ordnungszahlen definieren einen bestimmten Platz in einer zählbaren Reihe. Man schreibt sie als Ziffer + Punkt (*2.*) oder als Wort (*zweit-*).

1. – der/die/das erste …
23. – der/die/das dreiundzwanzigste …

Nach einer Ordinalzahl fragt man mit **der/die/das wievielte** …?

Form

Für Datumsangaben nimmt man Ordnungszahlen.

Zeitangaben, S. 252

Adjektivdeklination, S. 180

eins – ~~einste~~ – erste
drei – ~~dreite~~ – dritte

Zahlen	Artikel + Zahlwort + Substantiv der/die/das …	Bildung
1.–19. auch 101.–119. auch 1001.–1019.	erste, zweite, dritte, vierte, fünfte, sechste, siebte, achte, neunte, zehnte, elfte, zwölfte, dreizehnte, vierzehnte, fünfzehnte, sechzehnte, siebzehnte, achtzehnte, neunzehnte (ein)hundertste bis einhundertneunzehnte, (ein)tausendste bis eintausendneunzehnte	Kardinalzahl + **-t** + Adjektivendung
20., 21., … 23., 40., 100., 1.000.000.	zwanzigste, einundzwanzigste, dreiundzwanzigste, vierzigste, hundertste, millionste … Tag/Minute/Mal	Kardinalzahl + **-st** + Adjektivendung

244

Ordnungszahlen (Ordinalzahlen)   **Präpositionen**

Gebrauch

▌ Die Ordinalzahlen werden wie Adjektive dekliniert.

Die Plätze in der ersten Reihe sind nicht die Besten.
Er wurde beim Marathon Zweiter.

▌ Eine Personenzahl kann man durch **zu** + **Ordinalzahl** angeben. Die Ordinalzahl hat dann keine Endung.

Im Auto sitzen sie zu fünft.
Skat spielt man zu dritt.

▌ Statt **einer von** + Kardinalzahl kann man **jede/-r/-es** + **Ordinalzahl** verwenden.

Eines von fünf Kindern ... → Jedes fünfte Kind in Deutschland lebt in Armut.
Martin sieht seine Kinder jedes zweite Wochenende.

▌ Namen, die mit römischen Ziffern geschrieben werden, spricht man wie normale Ordinalzahlen.

Friedrich I. (= Friedrich der Erste) war der erste König Württembergs.
Ludwig XIV. (Ludwig der Vierzehnte) wurde auch der Sonnenkönig genannt.

▌ Aus Ordinalzahlen kann man durch das Suffix **-ns** Adverbien bilden, die eine Reihenfolge zeigen.

Radfahren ist erstens praktisch, zweitens günstig und drittens gesund.
Wer erfolgreich sein will, braucht erstens Disziplin und zweitens Fleiß.

▌ Ordinalzahlen kann man mit anderen Wörtern kombinieren, zum Beispiel Superlativen.

Während der Zugfahrt las sie das erstbeste Buch, das sie eingepackt hatte.
Marias zweitschönstes Erlebnis war ein Urlaub auf der Insel Fehmarn.

Üben und Anwenden

Ordnungszahlen (Ordinalzahlen)

1. Schreiben Sie die **Ordinalzahl** als **Wort**.**

a) das 1. Mal _____

b) meine 2. Kursstunde _____

c) der 100. Besucher _____

d) Otto II. _____

e) mein 5. Auto _____

2. Ergänzen Sie die **passenden Ordinalzahlen**.**

a) Jürgen heiratet wieder. Seine _____ (1.) Frau hat ihn verlassen. Hoffentlich wird er in der _____ (2.) Ehe glücklich.

b) Die Familie lebt zu _____ (10.) in zwei Zimmern.

c) Eine Aufzählung kann man gut durch _____ (1.), _____ (2.), _____ (3.) gliedern.

3. Deutsche Traumautos. Verwenden Sie **erst-**, **zweit-**, und **dritt-** mit einem Adjektiv.***

Kraftstoffe in Deutschland
Super – Kraftstoff mit Oktanzahl 95
Super Plus – Kraftstoff mit Oktanzahl 98
Super E 10 – Kraftstoff mit 95 Oktan und 10 % Bio-Ethanol

Fahrzeug	Grundpreis	Leistung	Höchstge-schwindigkeit	Verbrauch je 100 km
Porsche Cayenne II 3,6 V6	52.932 EUR	300 PS	230 km/h	9,9 Liter Super plus
Mercedes SLK 200	38.675 EUR	184 PS	237 km/h	6,8 Liter Super
BMW X3	41.500 EUR	258 PS	230 km/h	9,0 Liter Super
VW Phaeton V6	56.200 EUR	280 PS	250 km/h	11,7 Liter Super plus

a) Wie heißen die drei teuersten Autos?

Das drittteuerste Auto ist der ..., das ... _____

_____

b) Welches sind die drei schnellsten Fahrzeuge?

_____

_____

c) Welche Autos haben den höchsten Kraftstoffverbrauch?

_____

_____

Bruchzahlen

> A: Sind **drei Viertel** mehr als **sieben Zehntel**?

> B: Bruchrechnung ist nicht deine Stärke, oder?

Bruchzahlen zeigen, wie viele Teile oder Bruchstücke eines Ganzen gemeint sind, z. B. *ein achtel Kilo, eine Viertelstunde, drei Hundertstel.*

Form

Zahlen	Wort	Bildung
$\frac{1}{2}, \frac{1}{3}, \frac{1}{4}, \frac{2}{5}, \frac{3}{6}, \frac{4}{7}$	ein halb, ein Drittel, ein Viertel, zwei Fünftel, drei Sechstel, vier Siebtel	$\frac{1}{2}$ bis $\frac{1}{19}$: Kardinalzahl + **-tel** ab $\frac{1}{20}$: Kardinalzahl + **-stel**
$\frac{1}{20}, \frac{1}{50}, \frac{1}{1000}$	ein Zwanzigstel, ein Fünfzigstel, ein Tausendstel	

! Merken Sie sich:
1/3 = ein Drittel,
1/7 = ein Siebtel,
1/8 = ein Achtel.
Die Bruchzahl **halb** wird wie andere Adjektive dekliniert.
Sie sahen sich auf halbem Weg.

Hilfreiche Wörter:

knapp $\frac{1}{3}$ = etwas weniger als $\frac{1}{3}$

gut $\frac{1}{3}$ = etwas mehr als $\frac{1}{3}$

etwa $\frac{1}{3}$ = nicht genau $\frac{1}{3}$

genau $\frac{1}{3}$ = exakt $\frac{1}{3}$

Gebrauch

▌ Bei Maßen und Gewichten sind die Bruchzahlen unveränderliche Adjektive und werden kleingeschrieben.

*Der Läufer war fünf hundertstel Sekunden langsamer.
Ein zehntel Meter sind zehn Zentimeter.*

▌ Brüche als Substantive schreibt man groß. Das Genus einer Bruchzahl ist meist neutrum.

*Der Gewinn war um drei Viertel größer als im Vorjahr.
Ein Drittel der Landfläche ist mit Wald bedeckt.*

▌ Für **ein(und)einhalb** kann man auch das Wort **anderthalb** verwenden.

*Sie wohnten anderthalb Jahre in Neuhausen.
Mit eineinhalb Jahren können Kinder allein laufen.*

Üben und Anwenden

Bruchzahlen

1. **Schreiben** Sie die Bruchzahlen **aus**.**

a) $\frac{1}{2}$ _____   d) $\frac{7}{5}$ _____

b) $\frac{2}{12}$ _____   e) $\frac{3}{4}$ _____

c) $\frac{10}{100}$ _____   f) $\frac{2}{3}$ _____

2. Gesamtanteil der Raucher*. **Runden** Sie die Zahlen und **schreiben** Sie sie als **Bruchzahlen**.***

$\frac{3}{4}$ – drei Viertel

$\frac{1}{5}$ – ein Fünftel

$\frac{9}{10}$ – neun Zehntel

$\frac{2}{3}$ – zwei Drittel

$\frac{4}{5}$ – vier Fünftel

| | alte Bundesländer || neue Bundesländer ||
Jahr	männlich	weiblich	männlich	weiblich
1992	36 % a) _etwa $\frac{1}{3}$_	22 % d) _____	39 % g) _____	20 % j) _____
1995	35 % b) _____	22 % e) _____	37 % h) _____	19 % k) _____
1999	34 % c) _____	23 % f) _____	37 % i) _____	21 % l) _____

3. Fakten! Ersetzen Sie die fett gedruckten Zahlen durch **Bruchzahlen**.***

BIP = Bruttoinlandsprodukt

OECD = Organisation for Economic Cooperation and Development (Organisation für wirtschaftliche Zusammenarbeit und Entwicklung)

a) Die Kosten für Gesundheit in Deutschland betragen (**10,0 %**) $\frac{1}{10}$ - _ein Zehntel_____, gemessen am BIP. Der OECD-Durchschnitt liegt bei (**8,9 %**) _weniger als_ $\frac{1}{10}$ - _einem Zehntel_ .

b) Etwa 350 Tageszeitungen erreichen (**71 %**) _mehr als_ _____ / _____ der Bevölkerung.

c) (**73 %**) _Weniger als_ _____ / _____ der Haushalte und (**96 %**) mehr als_____ / _____ der Unternehmen mit mehr als 10 Beschäftigten verfügen über Internetzugang.

d) (**79 %**) _Etwa_ _____ / _____ dieser Unternehmen betreiben eine eigene Website.

e) Deutschland hat 82 Millionen Einwohner, unter ihnen (**15 Millionen**) mehr als _____ / _____ mit Migrationshintergrund.

*Quelle: Mikrozensus von 1992, 1995 und 1999

Sonstige Zahlwörter

> In Deutschland gibt es **hunderterlei** Kartoffelsorten. **Zahlreiche** Rezepte zeigen, wie man sie zubereitet. Man kann eine Sorte **mehrfach** verwenden und hat **keinerlei** Probleme etwas Leckeres zu kochen. Es gibt Leute, die sogar **dreimal** täglich Kartoffeln essen möchten.

Neben den Kardinal-, Ordinal- und Bruchzahlen gibt es andere Zahlwörter. Sie werden meist mit einer Nachsilbe gebildet und nicht dekliniert, z. B. *achtfach, zwanzigerlei, fünfmal.*

Form

Zahlen	Wort	Bildung
Vervielfältigungszahlwort (wie oft ist etwas da)	genaue Angabe: einfach, zweifach, dreifach, fünffach, zwanzigfach ungenaue Angabe: mehrfach, vielfach	Kardinalzahl + **-fach**
Gattungszahlwort (wie viele Arten gibt es)	genaue Angabe: einerlei, zweierlei, dreierlei, fünferlei, ungenaue Angabe: hunderterlei, allerlei, keinerlei, mancherlei	Kardinalzahl + **-er** + **-lei**
Wiederholungszahlwort (wievielmal wird etwas wiederholt)	genaue Angabe: einmal, zweimal, dreimal, einmalig, zweimalig, ungenaue Angabe: vielmals, oftmals, mehrmals, hundertmal, zigmal	Kardinalzahl + **-mal** (Adverb) + **-malig** (Adjektiv)

💡 Statt **zweifach** kann man auch **doppelt** sagen.

💡 **einerlei** heißt auch **gleichgültig**.
Es ist ihm einerlei, ob er nach Paris oder London reist.

Präpositionen

Sonstige Zahlwörter

zigmal bedeutet **sehr oft**.

Nach den Wörtern **allerlei**, **mancherlei**, **viel**, **wenig**, **alles** und **nichts** schreibt man ein folgendes Adjektiv groß.

Gebrauch

▎ Vervielfältigungszahlen nennen die Zahl der Kopien einer Sache. Man verwendet sie als Adverb (undekliniert) oder als Adjektiv (dekliniert).

Das Formular muss in dreifacher Ausfertigung vorliegen.
Die Ergebnisse der schriftlichen Prüfung werden doppelt gezählt.

▎ Gattungszahlen nennen die Zahl der Alternativen einer Sache. Im Gegensatz zu den Vervielfältigungswörtern sind sie aber verschieden.

Zum Abendessen gab es dreierlei Käse.
In dem Vortrag über Gesundheit haben wir allerlei Interessantes gelernt.

▎ Wiederholungszahlen bezeichnen, wie oft etwas wiederholt wird. Als Adverbien (Endung **-mal**) werden sie nicht dekliniert; als Adjektive (Endung **-malig**) werden sie dekliniert.

Er hat ihr hundertmal gesagt, dass sie den Schlüssel nicht vergessen darf.
Der Österreicher Niki Lauda ist dreimaliger Formel-1-Weltmeister.

Üben und Anwenden

Sonstige Zahlwörter

1. Setzen Sie die passenden **Zahladverbien** von rechts ein.**

a) Dieses Erlebnis war _____.

b) Bitte entschuldigen Sie _____.

c) Ich habe _____ Verständnis für deine Entscheidung.

d) Am Hotelbuffet gab es _____ geräucherten Fisch.

e) Auf _____ Wunsch der Zuhörer wurde die Hitliste der besten Songs auch auf der Homepage des Senders veröffentlicht.

dreierlei

keinerlei

vielfachen

vielmals

einmalig

2. Im Zirkus: Ergänzen Sie **-fach** (z. B. vielfach, zweifach), **-malig** (z. B. zigmal, einmal) und **-erlei** (z. B. mancherlei, zweierlei).***

a) Jeder Zuschauer erhält eine Eintrittskarte in (2 Kopien) <u>zweifacher</u> Ausfertigung.

b) Vor der Vorstellung können die Besucher zwischen (2 Sorten) _____ Popcorn und (4 Sorten) _____ Getränken wählen.

c) Die Zuschauer im Zirkus bewunderten den (3 Drehungen) _____ Salto des Akrobaten.

d) Auf (viel) _____ Wunsch der Zuschauer gaben die Akrobaten eine Zugabe.

e) Für jede Nummer müssen die Zirkusleute (zig) _____ üben.

f) Jede Attraktion im Zirkus „Rosalli" ist (1) _____.

251

Präpositionen

Zeitangaben

Zeitangaben

A: Der Wievielte ist heute?

B: Heute ist Dienstag, der **15. September 2020.**

A: Oh, dann ist heute Marias Geburtstag. Weißt du, wie alt sie wird?

B: Nein, leider nicht, aber sie ist in ihren **Fünfzigern**.

Für Zeitangaben benutzt man Ordinalzahlen (z. B. für das Datum) und Kardinalzahlen (z. B. für Jahreszahlen, die Uhrzeit und Öffnungszeiten).

Datum

Form

💡 Das Datum schreibt man in der Reihenfolge Tag, Monat, Jahr, z. B. 06.01.2010.

💡 **vor acht** (!) **Tagen** = vor einer Woche
vor 14 Tagen = vor zwei Wochen

	geschrieben	gesprochen
Tag & Monat	7.2.	siebter Zweiter, siebter Februar
Jahr	1980	neunzehnhundertachtzig (nicht: eintausendneunhundertachtzig)
	2010	zweitausend(und)zehn
	15 v. Chr.	fünfzehn vor Christus
	313 n. Chr.	dreihundertdreizehn nach Christus
Jahrzehnt	die 90er	die Neunziger/die neunziger Jahre
Jahrhundert	das 21. Jahrhundert	das einundzwanzigste Jahrhundert (= 2000 – 2099)

Gebrauch

Die Zahlen des Datums erhalten die Endungen der Adjektive.*

Der Wievielte ist heute? Heute ist der 1.1.
Man spricht: *Heute ist der erste Erste/erste Januar.*
Den Wievielten haben wir heute? Heute haben wir den 1.1.
Man spricht: *Heute haben wir den ersten Ersten/ersten Januar.*

Nach der Präposition **am** folgt der Dativ, also stehen die Adjektivendungen im Dativ.

Am 7.3. ist Faschingsdienstag.
Man spricht: *Am siebten Dritten/siebten März ist Faschingsdienstag.*

*Nach dem Verb **sein** folgt der Nominativ. Nach dem Verb **haben** folgt der Akkusativ, also stehen die Adjektivendungen im Akkusativ.

Präpositionen

Zeitangaben

Jahreszahlen stehen ohne Präposition oder mit **im Jahr(e)**.

Die deutsche Wiedervereinigung fand (im Jahr) 1990 statt.
<u>Man spricht</u>: *Die deutsche Wiedervereinigung fand (im Jahr) neunzehnhundertneunzig statt.*
Die Römer kamen 15 v. Chr. nach Deutschland und verließen es im 4. Jahrhundert n. Chr.
<u>Man spricht</u>: *Die Römer kamen (im Jahre) fünfzehn vor Christus nach Deutschland und verließen es im vierten Jahrhundert nach Christus.*

Die Präposition **in** steht nicht allein vor der Jahreszahl:
~~in~~ 1955
im Jahre 1955

Uhrzeit

Für die Uhrzeit gibt es eine umgangssprachliche Form und eine „offizielle" standardsprachliche Form. Diese folgt der 24-Stunden-Uhr und wird vor allem für amtliche Zeitangaben wie Fahrpläne oder im Radio verwendet.

Form

Ziffern	umgangssprachlich	standardsprachlich
8:00 Uhr	acht Uhr (morgens)	acht Uhr
8:05 Uhr	fünf nach acht	acht Uhr fünf
8:15 Uhr	Viertel nach acht	acht Uhr fünfzehn
8:20 Uhr	zwanzig nach acht zehn vor halb neun	acht Uhr zwanzig
8:28 Uhr	kurz vor halb neun gleich halb neun	acht Uhr achtundzwanzig
8:30 Uhr	halb neun	acht Uhr dreißig
8:35 Uhr	fünf nach halb neun	acht Uhr fünfunddreißig
8:40 Uhr	zwanzig vor neun	acht Uhr vierzig
8:45 Uhr	Viertel vor neun drei viertel neun	acht Uhr fünfundvierzig
8:50 Uhr	zehn vor neun	acht Uhr fünfzig
20:00 Uhr	acht Uhr (abends)	zwanzig Uhr
12:00 Uhr	zwölf Uhr/Mittag	zwölf Uhr
0:00 Uhr	null Uhr/Mitternacht	null Uhr

Wenn man die genaue Uhrzeit betonen möchte:
Punkt acht
oder **genau acht**.

In manchen Regionen Deutschlands sagt man:
drei viertel acht = 7.45 Uhr
($\frac{3}{4}$ der Stunde sind vorbei)
viertel acht =
7.15 Uhr ($\frac{1}{4}$ der Stunde ist vorbei)

Gebrauch

Offizielle Ansagen folgen der standardsprachlichen Uhrzeit.
Man spricht **Uhr** zwischen der Stunden- und Minutenangabe.

Der Zug nach Frankfurt fährt pünktlich um 10.37 Uhr ab.
<u>Man spricht</u>: *Der Zug nach Frankfurt fährt pünktlich um zehn Uhr siebenunddreißig ab.*

gegen, **circa** oder **etwa** benutzt man für eine ungenaue Angabe der Uhrzeit.
Ich komme gegen zwölf.
Sie kommt etwa/circa um drei.

253

Üben und Anwenden

Zeitangaben

1. Schreiben Sie Tag und Monat des **Datums** in Worten. Was ist an diesen Tagen passiert?**

Geburtstag Johann Wolfgang von Goethe

Proklamation des Deutschen Kaiserreiches

Einführung des Euro

Deutschland wurde wiedervereinigt

Gründung der BRD

Ende des 2. Weltkriegs

Beginn des Baus der Berliner Mauer

a) **28.08.1749:** Geburtstag J.W. von Goethe

Am achtundzwanzigsten August 1749 wurde J.W. von Goethe geboren.

b) **18.01.1871:** _____

_____

c) **08.05.1945:** _____

_____

d) **23.05.1949:** _____

_____

e) **13.08.1961:** _____

_____

f) **03.10.1990:** _____

_____

g) **01.01.2002:** _____

_____

2. Schreiben Sie die **Uhrzeiten** in Worten. Verwenden Sie auch die Ausdrücke in der Randspalte für die umgangssprachliche Uhrzeit.**

genau

kurz vor/nach

etwa

ungefähr

circa

gegen

		umgangssprachlich	standardsprachlich
a)	2.30 Uhr:	_____	_____
b)	6.33 Uhr:	kurz nach halb sieben	_____
c)	10.35 Uhr:	_____	_____
d)	11.59 Uhr:	_____	_____
e)	13.45 Uhr:	_____	_____
f)	16.15 Uhr:	_____	_____
g)	22.01 Uhr:	_____	_____
h)	23.30 Uhr:	_____	_____
i)	0.15 Uhr:	_____	_____

Üben und Anwenden

Zeitangaben

3. Schreiben und sprechen Sie die richtige **Endung**.**

a) Heiligabend feiern wir immer am 24 _sten_ Dezember.
Der 24_____ Dezember ist aber kein Feiertag.
Silvester fällt stets auf den 31_____ Dezember.

b) Zwischen dem 24_____ Dezember und dem 6_____ Januar nehmen viele Leute Urlaub.

c) Der 24_____ und der 25_____ April sind dieses Jahr die Osterfeiertage.

d) Seit 1946 ist der (1.) _____ Mai in der Bundesrepublik ein Feiertag.

e) In Bayern feiert man Mariä Himmelfahrt am 15_____ August.

4. Immer eine Viertelstunde früher. Setzen Sie die richtige **Zeit** ein!**

a) Beginnt der Kurs um 8.00 Uhr? (7.45 Uhr)

   <u>Nein, er beginnt schon um Viertel vor acht.</u>

b) Kommst du um 20.30 Uhr in die Konzerthalle? (19.45 Uhr)

   Nein, ich _____

c) Fährt der Zug nach Hamburg um 14.45 Uhr ab? (14.30 Uhr)

   Nein, _____

d) Hast du um 16.30 Uhr Feierabend? (16.15 Uhr)

   Nein, _____

e) Beginnt das Meeting um 10.20 Uhr? (10.05 Uhr)

   Nein, _____

f) Kommt die S-Bahn um 17.10 Uhr? (16.55 Uhr)

   Nein, _____

255

Präpositionen

Maße und Gewichte

Maße und Gewichte

A: Wie breit ist das Sofa?

B: Mindestens **einen Meter**!

A: Aber mehr als **90 Zentimeter** passen nicht durch die Tür.

Für Maße und Gewichte verwendet man Kardinalzahlen.

Form

In Deutschland benutzt man für Längen das metrische System, das auf der Einheit **Meter** basiert.

Die Flächenmaße **Hektar** und **Ar** verwendet man nur bei der Angabe von Grundstücks-, Land- und Forstflächen.

Mit **Grad** wird auch die Weite eines Winkels angegeben. *Ein Rechteck hat einen 90°-Winkel.*

Für Temperaturen unter 0 °C: −5 °C = minus 5 Grad (Celsius)

Einheit	Abkürzung	gesprochen	
Längenmaß	km	Kilometer	1 km = 1000 m
	m	Meter	1 m =
	cm	Zentimeter	100 cm = 1000 mm
	mm	Millimeter	1 cm = 10 mm
Flächenmaß	km²	Quadratkilometer	1 km² = 100 ha
	ha	Hektar	1 ha = 100 ar
	a	Ar	1 a = 100 m²
	m²	Quadratmeter	1 m² = 10000 cm²
	cm²	Quadratzentimeter	1 cm² = 100 mm²
Hohlmaß	hl	Hektoliter	1 hl = 100 l
	l	Liter	1 l = 1000 ml
	ml	Milliliter	
	m³	Kubikmeter	
Gewicht	t	Tonne	1 t = 1000 kg
	Ztr	Zentner	1 Ztr. = 50 kg
	kg	Kilogramm	1 kg = 1000 g
	g	Gramm	
		Pfund (umgangssprachlich)	1 Pfund = 500 g
			1 halbes Pfund = 250 g
Temperatur	°C	Grad Celsius	0 °C = null Grad (Celsius)
	K	Kelvin	
Währung	€ 6,78	sechs Euro (und) achtundsiebzig (Cent)	

Üben und Anwenden

Maße und Gewichte

1. Ordnen Sie die **Abkürzungen der Einheiten richtig** zu.*

a) t
b) °C
c) m²
d) ml
e) km

1) Quadratmeter
2) Kilometer
3) Grad Celsius
4) Milliliter
5) Tonne

2. Schreiben Sie einen kurzen Text über Österreich. Verwenden Sie die Angaben rechts und schreiben Sie die **Maßeinheiten** als Wort.**

a) Österreich ist _____ groß.
b) Seine Weinbaufläche beträgt _____ .
c) Die Tauernautobahn _____ lang.
d) Die Durchschnittstemperatur in Wien _____ .
e) Die berühmten Mozartkugeln _____ .

> Größe: 83.858 km²
> Weinbaufläche: 45.533 km²
> Tauernautobahn: 194 km
> Temperatur Wien im Sommer: 20°C
> Mozartkugeln: 7,90 €/250 g

3. Erstaunliches! Schreiben Sie Sätze mit den **Maßangaben** als Wort.***

a) Tsunami – Geschwindigkeit – 800 km/h
   <u>Ein Tsunami hat eine Geschwindigkeit von 800 Kilometer pro Stunde.</u>

b) Blauwal – Gewicht – 200 t
   _____

c) Eukalyptusbaum – höher als 100 m
   _____

d) 1 m³ Schnee – Gewicht 300 kg
   _____

e) Licht der Sonne – bis zur Erde – 8 min
   _____

f) Sichtfeld der Fliege – 360°
   _____

Partikeln

Partikeln: Modalpartikeln

A: Wie geht es dir **denn**?

B: Das weißt du **doch**! Ich habe die Prüfung nicht bestanden.

A: Dann machst du die Prüfung **eben** noch einmal.

B: Das geht **ja** nicht mehr!

die Partikel, -n: eine Wortart, die man nicht verändern kann, z. B. Modalpartikeln, Antwortpartikeln. Aber: **das Partikel, -:** in der Physik bezeichnet man damit kleine Festteilchen, z. B. in Pulvern.

Modalpartikeln oder Abtönungspartikeln zeigen, wie der Sprecher das Gesagte meint, ob er z. B. verärgert, freundlich, erstaunt ist.
Man kann nach Modalpartikeln nicht fragen, sie stehen nicht in Position 1 und sie verändern sich nicht.

Modalpartikeln gehören auch anderen Wortarten an, haben dann aber eine andere Bedeutung.

Die wichtigsten Modalpartikeln

Modal-wort	Verwendung im Satz	Bedeutung in anderen Wortarten
denn	freundliches Interesse, Ärger,	als Konjunktion: **weil**
eigentlich	Zweifel, Ungeduld	als Adjektiv: **wirklich**
		als Adverb: **im Grunde**
aber	Erstaunen, Ärger	**sondern** als Konjunktion
ja	Bekanntes, Ärger, Erstaunen	als Antwortpartikel: positive Antwort
mal	höfliche Bitte, Unverbindlichkeit	als Substantiv: **Fleck auf der Haut**; Zeitpunkt, zu dem etwas geschieht
		als Adverb: **einmal**, ...
doch	Bekanntes, Widerspruch, Ärger, irreale Wünsche	als Antwortpartikel: Zustimmung nach einer Frage mit *nicht* oder *kein*-
wohl	Vermutung, Unsicherheit	als Substantiv und als Adjektiv: gutes Gefühl
auch	Vergewisserung, Verstärkung einer Erklärung, Verärgerung	als Adverb: **ebenfalls, außerdem**
eben	Bekräftigung einer Feststellung; Betonung von etwas Bestimmtem	als Adverb: **soeben**
halt		als Substantiv: **Stopp**
		als Interjektion: **nicht weiter**

Man kann verschiedene Partikeln in einem Satz hintereinanderstellen, zum Beispiel:
Ruf doch mal an! (höfliche, unverbindliche Bitte),
Ich habe doch aber nichts Böses getan. (Ärger)

Partikeln

Partikeln: Modalpartikeln

Gebrauch

Die wichtigsten Partikeln und ihre Bedeutung:

denn/eigentlich

denn/**eigentlich** lässt eine Frage freundlicher, natürlicher klingen.

Wo wohnst du denn jetzt?
Warum hat dein Kollege eigentlich gekündigt?

denn/**eigentlich** drückt in einer Frage Zweifel oder Überraschung aus.

Wie ist das denn passiert?
Kannst du eigentlich das Auto allein reparieren?

In Ausrufen zeigt **denn** bzw. **eigentlich** Verärgerung.

Wie kann man denn so unhöflich sein!
Was gibt es denn hier zu sehen! Gehen Sie weiter!

denn bzw. **eigentlich** kann Ungeduld oder einen Vorwurf zeigen.

Kannst du denn nicht schneller schreiben?
Ich habe eigentlich überhaupt keine Zeit dafür.

Nach einer Aussage mit Negation (**nicht, kein-**) folgt oft eine Frage mit **denn** nach der Alternative.

Ich habe dein Geld nicht! – Wer hat es denn dann genommen?
Ich mag jetzt kein Eis! – Und was magst du denn sonst?

denn bzw. **eigentlich** in rhetorischen Fragen lässt Zustimmung erwarten.

Wer soll das eigentlich bezahlen?
Wer kennt denn schon den Präsidenten persönlich?

aber

aber als Partikel zeigt Überraschung: Etwas ist anders, als man es erwartet hat.

Der Tee ist aber heiß! / Dein Garten ist aber schön!

In einer Aufforderung zeigt **aber** Ungeduld.

Nun räumt aber euer Zimmer auf! / Nun müssen wir uns aber beeilen!

In einer Frage oder Aufforderung kann **aber** Ärger zeigen.

Wie können Sie aber unserem Kunden diesen niedrigen Preis nennen?
Aber Herr Neumann, nun beruhigen Sie sich bitte!

Die Antwort auf eine Entscheidungsfrage beginnt man oft mit **aber**.

Nehmen Sie noch Tee? – Aber gern!
Haben Sie einen Führerschein? – Aber sicher!

Die Bedeutung einer Modalpartikel versteht man nur im Kontext und an der Betonung. Dasselbe Wort kann eine Aussage ärgerlich oder freundlich klingen lassen.

Spielen Sie Theater und versuchen Sie die Beispielsätze zusammen mit einem, deutschen Lernpartner mit unterschiedlicher Betonung zusprechen.

Partikeln

Partikeln: Modalpartikeln

ja

ja in einem Aussagesatz zeigt, dass einer Person etwas bekannt ist.

Das „Perfekt" haben wir ja schon gelernt.

Mit **ja** betont man, dass eine Grundaussage allgemein wahr ist. Meist folgt eine Erklärung.

Der Kalendermonat hat ja 30 oder 31 Tage.
Die Erde ist ja nicht kugelrund, sondern an den Polen abgeflacht.

ja zeigt Ärger.

Du hast ja dein Handy schon wieder zu Hause vergessen!
Dein Telefon ist ja immer besetzt!

Mit **ja** zeigt man Erstaunen.

Das ist ja eine Überraschung! / Du bist ja schon fertig!

ja kann in einer Antwort auf eine Frage die Wahrheit bestätigen. Oft folgt ein Satz mit **aber** für eine Einschränkung.

Du kannst mich ja gern besuchen, aber ich habe nur eine Stunde Zeit.
Ich kann dir ja beim Renovieren helfen; aber ich bin nicht so talentiert.

Als betonte Partikel in einem Ausruf betont **ja** eine Warnung.

Komm ja nicht so spät nach Hause! / Spiel ja nicht mit dem Feuer!

mal

Eine Bitte mit **mal** klingt höflich und unverbindlich. Die andere Person kann „nein" sagen, ohne unhöflich zu erscheinen.

Könnten Sie mal das Fenster schließen?

Eine Aussage hat keine so starke Bedeutung; sie klingt unverbindlich.

Ich will mal versuchen, es dir zu erklären.

doch

doch kann eine Aufforderung verstärken. Oft kombiniert man es mit **mal**, damit die Aufforderung höflicher klingt. Kombiniert man es mit **endlich**, erscheint die Aufforderung wie ein Vorwurf.

Hör doch mal zu! / Fahr doch endlich den Müll zur Deponie!

doch in einem Aussagesatz erinnert an etwas Bekanntes.

Marias Geburtstagsfeier ist doch schon morgen.

In rhetorischen Fragen betont **doch**, dass etwas schon bekannt ist oder versprochen wurde. Man erwartet „ja" als Antwort.

Die Prüfung findet doch um 14.00 Uhr statt, nicht wahr?

Deutsch erscheint vielen Lernern als direkte, unhöfliche Sprache. Wenn Sie Partikeln verwenden, erscheint die Sprache nicht so hart: Grammatisch korrekt, aber unfreundlich: *Besuchen Sie uns am Samstag.* Grammatisch korrekt und freundlich: *Besuchen Sie uns doch am Samstag.*

Partikeln

Partikeln: Modalpartikeln

Mit **doch** in der Antwort widerspricht man einer Bitte oder Aufforderung.

Bezahl endlich die Telefonrechnung! – Das hab ich doch schon!

Ein betontes **doch** in einem Ausruf zeigt Überraschung oder sogar Empörung.

Das ist doch kein Ferienhaus, sondern nur eine Hütte!

Irreale Wunschsätze im Konjunktiv II kann man durch **doch** verstärken.

Wenn ich doch eine neue Arbeit hätte!

wohl
wohl zeigt, dass es sich in der Aussage um eine Vermutung handelt.

Karina wird heute wohl erst um 9.00 Uhr ins Büro kommen.

Man kann einen Kommentar oder Ausruf durch **wohl** verstärken.

Du bist wohl verrückt!

wohl in einer Frage zeigt Unsicherheit oder Zurückhaltung.

Kann ich wohl einen Kaffee bekommen?

auch
In Fragen zeigt **auch**, dass man sicher sein möchte, dass etwas so ist, wie es sein sollte.

Hast du deine Kreditkarte auch dabei?

Eine Ermahnung wird stärker, wenn man **auch** im Satz verwendet.

Kauf auch genug Brot für die Feiertage.

auch verstärkt eine Erklärung.

Wir essen viel Reis. Deshalb habe ich auch zwei Kilo davon gekauft.

eben, halt
eben (= halt) in einer Feststellung zeigt, dass man etwas (Negatives) nicht ändern kann.

Wenn du krank bist, kannst du eben/halt nicht mit uns Ski fahren.

eben (= genau) betont eine Person oder Sache.

Eben diesen teuren Ring sollst du mir kaufen.

Mit **eben** (= richtig) kann man eine Aussage bestätigen.

Hier gibt es heute leider kein Brot. – Eben.

Mit **eben nicht** gibt man eine negative Antwort.

Hat Katrin dir ihre Telefonnummer gegeben? – Eben nicht.

> **eben nicht** hat eine stärkere Bedeutung als **nein**.

Üben und Anwenden

Partikeln: Modalpartikeln

1. Benutzen Sie **ja**, um **Erstaunen** oder **Ärger** zu zeigen.**

a) Da ist meine Tasche! <u>Da ist ja meine Tasche!</u>

b) Ich kann dich nie auf dem Handy erreichen!
_____

c) Du hast ein neues Fahrrad! _____

d) Dein Auto ist kaputt! _____

e) Der Tee ist viel zu heiß! _____

f) Es ist schon 9.00 Uhr! _____

2. Robert will Urlaub machen. Was fragt seine Frau Martha? Verwenden Sie **denn** für eine **erstaunte Frage**.**

a) Ich fahre im Sommer in die Karibik. (nicht ans Mittelmeer fahren)

<u>Warum fahren wir denn nicht ans Mittelmeer?</u>

b) Ich will die Reise im Internet buchen. (nicht im Reisebüro buchen)
_____

c) Der Urlaub darf nur 1000 Euro kosten. (so wenig kosten soll)
_____

d) Dann will ich endlich surfen lernen. (nicht nur am Strand liegen)
_____

e) Der Single-Tarif ist nur für 10 Tage. (den Single-Tarif gebucht haben)
_____

f) Dieses Jahr fahre ich allein. (mich nicht mitnehmen)
_____

3. Formulieren Sie eine **höfliche Bitte**, indem Sie **mal** verwenden. **Widersprechen** Sie mit **doch**.**

a) Kommst du? (im Moment keine Zeit haben)

<u>Kommst du mal? – Ich habe doch im Moment keine Zeit!</u>

b) Hilfst du mir? (gerade meine Hausaufgaben machen)
_____

c) Können Sie mitkommen? (ein E-Mail an unseren Kunden schreiben)
_____

Üben und Anwenden

Partikeln: Modalpartikeln

d) Haben Sie eine Minute Zeit? (tut mir leid, einen Termin haben)
___

e) Bringst du den Müll raus? (nee*, mir zu eklig sein)
___

***nee** (Alltagssprache) = nein

f) Es hat geklingelt. Machst du die Tür auf? (duschen)
___

4. Beantworten Sie die Fragen und verwenden Sie **wohl**, um zu zeigen, dass die Antwort nur eine **Vermutung** ist.**

a) Wie heißt der größte menschliche Knochen? (Hüftknochen)
   <u>Das ist wohl der Hüftknochen.</u>

b) Wie viele Muskeln gehören zum Gesicht? (sechzig Muskeln)
___

c) Wie viel Speichel produziert der Mensch am Tag? (1,5 Liter)
___

d) Wie oft atmet ein Erwachsener pro Minute in Ruhe ein und aus? (15-mal)
___

e) Wie viele Kammern hat das Herz? (vier Kammern)
___

f) Welches ist das größte Organ? (die Haut)
___

5. Welche Bedeutung haben die Partikeln **halt, eben** und **gerade** in den folgenden Sätzen?***

1) Da kann man nichts ändern.   2) Zustimmung zu einer Aussage
3) Betonung einer Sache oder Person;

a) Wenn du jetzt nicht zum Essen kommst, wird es halt kalt.   <u>1)</u>
b) Hast du denn keine Handschuhe mitgenommen? – Eben nicht!   ___
c) Im Laden dort hängt eben der Mantel, den ich mir so wünsche.   ___
d) Wenn Toms Vater nicht zu Hause ist, kommt er halt mit zu uns.   ___
e) Die Cafeteria bleibt heute geschlossen. – Eben.   ___
f) Gerade Herr Schumann, unser Spezialist, kann uns nicht helfen!   ___

263

Partikeln: Dialogpartikeln

A: Ihr Name ist Schumacher?
B: Genau.
A: Sie wohnen in Hamburg-Altona?
B: Richtig.
A: Sind Sie berufstätig?
B: Jawohl!
A: Was sind Sie von Beruf?
B: Schuhmacher.

Dialogpartikeln sind kleine Wörter, die man **anstatt eines ganzen Satzes** benutzt. Man kann sie als Antwort oder Kommentar benutzen, z. B. *ja, klar, sicher, allerdings, …*

Dialogpartikeln verändern sich nicht, stehen meist vor dem Satz und werden durch ein Komma getrennt. Man verwendet sie im direkten Gespräch häufig.

Es gibt sehr viele Dialogpartikeln und sie unterscheiden sich auch je nach Dialekt und Alter des Sprechers.

Partikeln: Dialogpartikeln

Liste einiger oft verwendeter Dialogpartikeln

Dialogpartikeln	Verwendung	Beispiel
nein, danke/lieber nicht/bitte nicht	Angebot ablehnen	Möchten Sie einen Sherry? – Nein, danke./Nein, lieber nicht./ Nein, bitte nicht.
ja, danke/gern/ bitte/…	Angebot annehmen	Nehmen Sie noch Fisch? – Ja, danke./Ja, gern./Ja, bitte.
also nun	Äußerung einleiten	Also, ich muss euch etwas sagen. Nun, das ist wohl richtig.
ja, freilich/klar/ leider/…	Bejahen, nach Frage	Kommst du mit ins Schwimmbad? – Ja, freilich./Ja, klar./Ja, leider.
doch	Bejahen, nach Frage mit **nicht, kein**	Sind Sie nicht Herr Neumann? – Doch, das bin ich.
nein	Bejahen	Du kaufst nicht ein. – Nein (das ist richtig).
vielleicht mag sein na ja	Einräumen	Das Konzert war wirklich toll. – Vielleicht. (aber nicht wirklich). Mag sein. (= Ich fand es nicht so toll.) Na ja. (= Ich hatte Besseres erwartet.)
gut jawohl okay in Ordnung	Einwilligen nach Vorschlag oder Aufforderung	Lass uns den Keller aufräumen! Gut (das machen wir). Jawohl (ich bin einverstanden). Okay (ich mache mit). In Ordnung (wir räumen auf).
(wie) bitte?	um Wiederholung bitten	Ich heiße Wotan Reifel. (Wie) bitte?
schön, prima, super	Zustimmung, Lob, positiver Kommentar	Fred lebt jetzt in München. Schön (das freut mich).
eben	sich bestätigt fühlen	Eben (das habe ich dir gesagt).
selbstverständlich allerdings ja (natürlich)	Zustimmung, nach Frage	Spielst du Klavier? Selbstverständlich (spiele ich Klavier). Allerdings (spiele ich Klavier). Ja, (natürlich spiele ich Klavier).

Zu den Dialogpartikeln gehören auch Interjektionen, wie **Aha! Igitt! Bravo! Aua! Tja, …**

Es gibt immer wieder neue Dialogpartikeln, je nach Zeit, Dialekt und Alter. Manchmal verstehen ältere Leute Partikeln nicht, die junge Leute verwenden.
Beispiel:
Ältere Frau: „*Könntest du mir meine Brille bringen?*"
Enkel: „*Gebongt.*"
(= Natürlich./Alles klar.)
Ältere Frau: „*Wie bitte?*"

Üben und Anwenden

Partikeln: Dialogpartikeln

1. Bilden Sie Sätze aus den Wörtern in Klammern. Die **Dialogpartikeln** stehen immer zu Beginn des Satzes.**

a) Gschlachtenbretzingen ist ein langer Name für einen Ort mit nur etwa 900 Einwohnern. (du – wie bitte – gesagt – was – hast?)
___

b) Hast du Lust auf ein Eis im „Cortina"? (ist – das – Ja klar – eine gute Idee)
___

c) Putzt du dir jeden Abend die Zähne? (weiß – Kind – jedes – doch – das – Selbstverständlich)
___

d) Wie war euer Urlaub? (Eltern – toll – meine – fanden's – Na ja)
___

e) Sie haben wohl nicht einen Augenblock Zeit? (nicht – nein – leider)
___

f) Jetzt musst du eine kleine Rede halten! (soll – ich – nicht – Also – weiß – was – sagen – ich)
___

2. Verwenden Sie die richtigen **Dialogpartikeln**.***

a) Hast du schon Michaels neuen Rennwagen gesehen? (Zustimmung)
   Ja klar!/Selbstverständlich!

b) Hier kommt das Dessert! (Zustimmung)
___

c) Hast du Lust, ins Kino zu gehen? (um Wiederholung bitten)
___

d) Wohnst du noch in Frankfurt? (Bejahen)
___

e) Kommst du mit zu Vater? (Angebot ablehnen)
___

f) Möchten Sie noch etwas Eis? (Angebot annehmen)
___

Wortbildung

> A: Heute habe ich mich beim **Arbeitsamt arbeitssuchend** gemeldet. Mein **Arbeitsvermittler** sagt, ich finde schnell eine neue Arbeit.

> A: Am liebsten in einer Firma, wo ich Holz **bearbeiten** kann.

> B: Wo möchtest du denn **arbeiten**?

Das Deutsche ist eine kreative Sprache. So kann man zum Beispiel durch Änderung eines Grundwortes oder durch Kombination von Wörtern neue Wörter bilden.

durch Ableitung
Ableitungen bildet man mit dem **Wortstamm** und **Präfix** oder **Suffix**, z. B.
hör-: <u>zu</u> | hör | en, <u>ab</u> | hör | en, <u>ver</u> | hör | en
hör-: hör | bar, hör | ig, Hör | er

Präfix = Vorsilbe
Suffix = Nachsilbe

durch Zusammensetzung
Wörter verschiedener Wortarten kann man zu einem neuen Wort zusammensetzen:
arbeiten (Verb) + das Zimmer (Substantiv) → das Arbeit | s | zimmer
alt (Adjektiv) + das Glas (Substantiv) → das Alt | glas
Tasche (Substantiv) + das Tuch (Substantiv) → das Tasche | n | tuch

Zusammengesetzte Wörter, S. 273

durch Kürzung
Durch Verkürzung von Wörtern werden neue Wörter gebildet. Dabei bleibt oft die Bedeutung der Langform auch bei der Kurzform erhalten.
BRD aus: **B**undes**r**epublik **D**eutschland
Kripo aus: **Kri**minal**po**lizei
Uni aus: **Uni**versität
U-Bahn aus: **U**ntergrund**bahn**

Durch Ableitungen
- … kann sich die **Wortart** ändern:
hören (Verb)
Verhör (Substantiv) gehörig (Adjektiv)
- … kann der **Stammvokal** des Grundwortes wechseln:
hören – gehorsam

durch Konversion
Ein Wort (meistens ein Wortstamm) kann ohne Veränderung seiner Form in eine neue Wortart übertragen werden.
essen (Verb) → das Essen (Substantiv)
kühl (Adjektiv) → kühlen (Verb)
der Dank (Substantiv) → dank (Präposition)

Wortbildung

Ableitung (Derivation)

Ableitung (Derivation)

Ableitungen mit Präfix: Gruppe 1

Die Präfixe der Gruppe 1 sind bei Verben nicht trennbar. Die Präfixe der Gruppe 2 sind bei Verben trennbar.

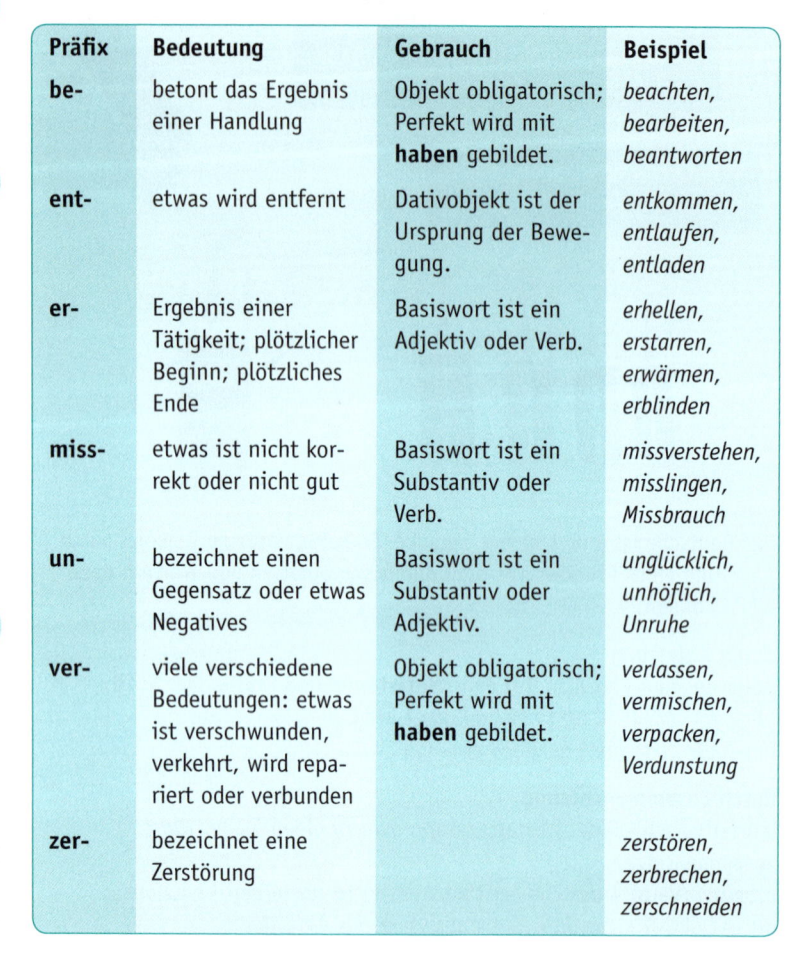

Trennbare und nicht trennbare Verben, S. 37

Präfix	Bedeutung	Gebrauch	Beispiel
be-	betont das Ergebnis einer Handlung	Objekt obligatorisch; Perfekt wird mit **haben** gebildet.	*beachten, bearbeiten, beantworten*
ent-	etwas wird entfernt	Dativobjekt ist der Ursprung der Bewegung.	*entkommen, entlaufen, entladen*
er-	Ergebnis einer Tätigkeit; plötzlicher Beginn; plötzliches Ende	Basiswort ist ein Adjektiv oder Verb.	*erhellen, erstarren, erwärmen, erblinden*
miss-	etwas ist nicht korrekt oder nicht gut	Basiswort ist ein Substantiv oder Verb.	*missverstehen, misslingen, Missbrauch*
un-	bezeichnet einen Gegensatz oder etwas Negatives	Basiswort ist ein Substantiv oder Adjektiv.	*unglücklich, unhöflich, Unruhe*
ver-	viele verschiedene Bedeutungen: etwas ist verschwunden, verkehrt, wird repariert oder verbunden	Objekt obligatorisch; Perfekt wird mit **haben** gebildet.	*verlassen, vermischen, verpacken, Verdunstung*
zer-	bezeichnet eine Zerstörung		*zerstören, zerbrechen, zerschneiden*

verschlafen kann auch ohne Objekt stehen
Ich habe meinen Termin verschlafen.
Ich habe verschlafen.

zerstören = kaputt machen. Eine Ordnung oder eine Sache in korrektem Zustand wird so stark gestört, bis sie kaputt ist.

Ableitungen mit Präfix: Gruppe 2

Präfix	mögliche Bedeutung	Beispiel
ab-	etwas entfernt sich oder wird entfernt.	*abfahren, abreisen, Abluft, Abfall*
an-	sich einem Ziel nähern; Berührung mit einem oder Annäherung an einen Zielpunkt; Zeitpunkt	*anrufen, anfassen, Ankunft, angelehnt*
auf-	nach unten, nach oben; Ereignis, bei dem etwas ans Licht kommt; etwas öffnen	*aufgehen, aufstehen, aufmachen, aufrollen, Aufstand, Aufruf*
aus-	Bewegung von innen nach außen; etwas entfernen; sich entfernen; heraus	*ausladen, ausreisen, ausrufen, Ausbreitung*
bei-	hinzufügen, Hinzugefügtes	*beilegen, beiwohnen, Beiblatt, Beiboot*
ein-	nach innen; integrieren; einzel-, einzig	*einladen, einkaufen, einarmig, einmal*
her(aus)-	von innen nach außen; eine Erkenntnis gewinnen oder erarbeiten	*herausarbeiten, herauskommen, herauskristallisieren*
hin-	Vom Sprecher weg zu einem Ziel; nach unten, gleichmäßige Bewegung ohne Richtung	*hinfahren, hinfallen, hinstellen, hinbringen, hindurch, hinauf, hinfort*
hinein-	von außen nach innen	*hineinsehen, hineinfahren, hineinbitten*
los-	etwas trennen; mit etwas beginnen; sich auf den Weg machen	*losbinden, losgehen, losfahren, loslachen*
mit-	etwas gemeinsam tun	*mitschreiben, mitfahren, Mitleid*
vor-	nach vorn; im Voraus tun; sich jemandem zuwenden	*vorfahren, Vorbestellung, Vorführung*
weg-	sich/etwas entfernen	*weglaufen, wegarbeiten, Wegfall*
zu-	etwas schließen; etwas hinzufügen; Zugehörigkeit, Anwesenheit; Bewegung zu einem Ziel	*zudrehen, zuknöpfen, zukaufen, zuführen, zufrieden, Zubehör, zuschicken, Zufahrt*

Wortbildung

Ableitung (Derivation)

Ableitungen mit Suffix

Diese Substantivendungen findet man besonders in verschiedenen Regionen:
- **-chen** → hochdeutsch
- **-erl** → bayrisch, österreichisch
- **-le** → schwäbisch
- **-li** → schweizerdeutsch

Adjektiv, S. 171 §

Basiswort → neues Wort	Suffix	Bedeutung	Beispiel
Verbstamm → Substantiv	-er -(e)rin	männl. Person weibl. Person	Verkäufer, Fahrer Verkäuferin, Fahrerin
Substantiv → Substantiv	-chen -erl, -le -li	Verkleinerung; Verniedlichung	Stückchen/Stückerl/ Stückle/Stückli, Schätzchen, Mäuschen, Häuschen
Substantiv → Adjektiv	-haft	bezieht sich auf ein Merkmal	traumhaft, zwanghaft
	-los	ohne	arbeitslos, zwanglos
	-ig	Eigenschaft	sonnig, eisig, bissig
	-isch	bezeichnet Herkunft oder Zugehörigkeit	italienisch, berlinerisch
	-isch	Fremdwörter: etwas betreffend	demokratisch, solidarisch, geografisch
	-lich	Eigenschaft	jugendlich, winterlich
Verbstamm → Adjektiv	-bar	das ist möglich	teilbar, hörbar, machbar
	-sam	Eigenschaft	arbeitsam, sparsam, grausam
	-haft	Eigenschaft	lebhaft
	-ig	Eigenschaft, Zustand	wackelig
	(er)isch	Eigenschaft	kämpferisch, malerisch
	-lich	Eigenschaft	lächerlich, ärgerlich, freundlich

Folgende Wörter kann man auch als Suffix verwenden:

Suffix	Bedeutung	Beispiele
-arm	wenig	salzarm, sonnenarm
-frei	ohne	glutenfrei, ölfrei
-leer	ohne	menschenleer
-los	ohne	atemlos, ziellos
-reich	eine große Menge	kinderreich, zahlreich
-voll	angefüllt mit	würdevoll, angstvoll
-fest	etwas ist robust, haltbar	regenfest, feuerfest
-wert	etwas lohnt sich	sehenswert, beachtenswert

Üben und Anwenden

Ableitung (Derivation)

1. Hier ist das **Ergebnis** wichtig: Ergänzen Sie die **Verben** rechts in der richtigen Form.*

a) Du hast die Regel nicht _____ .

b) Du darfst den Feldweg nicht mit dem Motorrad _____ .

c) Am Wochenende wollen wir den Berg _____ .

d) Wann _____ du Peters Brief?

e) Im Büro _____ er die Rechnungen.

bearbeiten
beantworten
befahren
besteigen
beachtet

2. Mit welchem **Präfix** lassen sich die folgenden Verben kombinieren? Benutzen Sie ein Wörterbuch!*

	ab	auf	ein	hin	los	vor	weg	zu
fahren	x							
geben								
laufen								
kommen								
arbeiten								

abfahren = einen Ort fahrend verlassen
abreißen = etwas trennen
abholen = etw. holen, das bestellt ist oder jmd. holen, der wartet
abfinden = sich gewöhnen an

Aussprache: **ent-** wird nicht betont. Die Betonung liegt auf dem zweiten Wortteil.

3. Finden Sie das passende Verb mit **ent-**.**

a) Die Landebahn des Flughafens wird im Winter _____ (Eis).

b) Meerwasser wird für den Gebrauch auf Schiffen _____ (Salz).

c) Durch den Militärputsch wurde der Präsident _____ (Macht).

d) Die Präsidentenstatue wurde von ihm selbst _____ (Hülle).

e) Graue Gardinen werden weiß, wenn man sie _____ (Farbe).

4. Wie heißt das richtige Wort?**

a) Die Reparatur ist kein Problem. Das ist <u>machbar</u>/macherisch/machhaft.

b) Das bayrische Land ist wunderbar. Es ist malbar/malhaft/malerisch.

c) Das Wetter in Dubai ist traumhaft/träumerisch/traumsam.

d) Lecker! Dein Essen schmeckt wirklich kosthaft/kostbar/köstlich.

e) Der Hörtext ist nicht zu leise. Er ist gut hörig/hörbar/hörsam.

f) Ich wünsch dir ein ruhiges/ruhliches/ruhhaftes Wochenende.

g) Das englische Wörterbuch ist im Internet abrufhaft/abrufsam/abrufbar.

h) In der Gymnastikstunde hat Bea keine Schwierigkeiten, denn sie ist sehr bewegbar/beweglich/bewegsam.

271

Üben und Anwenden

Ableitung (Derivation)

einschlafen
einnehmen
ausladen
anbinden
abfahren
sich hinsetzen
herkommen
eingießen

5. Wie heißt das **Gegenteil**? Arbeiten Sie mit den Wörtern links.**

a) ankommen _____   e) aufwachen _____

b) abgießen _____   f) ausgeben _____

c) aufstehen _____   g) weggehen _____

d) einladen _____   h) losbinden _____

6. Weihnachten! Verwenden Sie das Verb in Klammern und kombinieren Sie es mit **ab** (4x) oder **los** (4x). Arbeiten Sie mit der Wortliste am Rand.**

abgeben =
etwas teilen
losfahren =
sofort mit dem Auto starten
losgehen =
sich sofort zu Fuß auf den Weg machen
loslaufen =
sich sofort zu Fuß auf den Weg machen
losheulen =
zu weinen beginnen
abwarten =
auf das Ende warten

Es ist schon 12.00 Uhr und Mama wartet mit dem Essen. Wir müssen **(a)** _____ (fahren). Du musst noch ein wenig **(b)** _____ (warten). Ich muss noch das Preisschild vom Geschenk **(c)** _____ (reißen). Gleich **(d)** _____ ich _____ (heulen)! Immer muss ich auf dich warten! Du kannst ja schon **(e)** _____ (gehen). Dann bin ich auch fertig. Also gut, dann **(f)** _____ ich _____ (laufen). Ich muss mich wohl damit **(g)** _____ (finden), dass du stets länger brauchst als geplant. Vielen Dank! Und weil du so nett bist, werde ich dir später etwas von meinem Dessert **(h)** _____ (geben).

7. Bilden Sie aus den Substantiven Adjektive, indem Sie eine der folgenden Endungen anhängen: **-haft**, **-los**, **-ig**, **-isch**, **-lich**.***

a) Hunger und Durst   hungrig und durstig

b) Anfang und Ende   _____

c) Stadt und Land   _____

d) Krieg und Frieden   _____

e) Mund und Schrift   _____

f) Sommer und Winter   _____

g) Traum und Realität   _____

h) Fett und Öl   _____

Zusammengesetzte Wörter (Komposita)

Im Deutschen kann man zwei oder mehr Wörter zu einem neuen Wort zusammensetzen.

Wortbildung und Gebrauch

Das letzte Wort bestimmt die Wortart und bei Substantiven auch das Genus des neuen Wortes.

die Tasche + (n) + die Lampe → *die Taschenlampe* (Substantiv, maskulin)
hell + blau → *hellblau* (Adjektiv)
zusammen + schreiben → *zusammenschreiben* (Verb)

Man kann mehr als zwei Wörter zu einem neuen Wort zusammensetzen.

Ab 15. März gibt es in der Bahnhofstraße eine Bus/halte/stellen/verlegung.
Wenn Sie Fenster streichen, kaufen Sie am besten Außen/holz/lasur.

Das erste Wort erklärt das letzte Wort meist genauer.

spülen + die Maschine → *die Spülmaschine*: eine Maschine, die spült
hoch + das Haus → *das Hochhaus*: ein Haus, das hoch ist

Ist das erste Wort der Zusammensetzung ein Adjektiv, so steht es in der Grundform vor dem Substantiv.

weit + der Sprung → *der Weitsprung*
groß + der Einkauf → *der Großeinkauf*

Ist das erste Wort der Zusammensetzung ein Verb, so steht nur der Verbstamm vor dem Substantiv.

fahren + die Bahn → *die Fahrbahn*
kochen + der Löffel → *der Kochlöffel*

Ist das erste Wort der Zusammensetzung eine Präposition, so steht sie unverändert vor dem Grundwort. Ist das Grundwort ein Verb, so gehört das neue Wort zu den trennbaren Verben.

hinter + die Tür → *die Hintertür*
über + die Fahrt → *die Überfahrt*

Bildet man ein neues Adjektiv aus Substantiv und Adjektiv, so wird seine Bedeutung „bildhafter".

das Haus + hoch → *haushoch*: so hoch wie ein Haus
der Stein + reich → *steinreich*: so reich wie an Steinen

Lange Wörter kann man auch mit einem Bindestrich verbinden, z. B. *die Bauhaus-Ausstellung*. Einen Bindestrich braucht man immer bei Abkürzungen, z. B. *der Kfz-Mechaniker*, und mehrteiligen Verbindungen, z. B. die *Hinaus-mit-dem-alten-Jahr-Stimmung*.

Endet der Stamm des Verbs auf **-b**, **-d**, **-g** oder **-k**, so wird oft ein **-e** eingeschoben.
heben + Bühne → *die Hebebühne*;
klagen + Lied → *das Klagelied*

Präposition + Verb = trennbares Verb (siehe auch S. 37)

Wortbildung

Zusammengesetzte Wörter (Komposita)

Fugenelemente bei Zusammensetzungen

Zwischen Grundwort und Bestimmungswort werden oft **Verbindungsbuchstaben** gesetzt: die Fugenelemente. Damit kann man das neue Wort besser aussprechen.

Form

> Die Bedeutung des neuen Wortes ist nicht immer klar: *Kindergarten* ≠ Garten für Kinder: *Ohrensessel* ≠ Sessel mit/ für Ohren

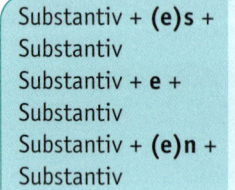

Substantiv + **(e)s** + Substantiv	der Arbeit**s**tag, der Bunde**s**bürger, die Friedensbewegung, die Fasching**s**party, das Lieblingsbuch
Substantiv + **e** + Substantiv	die Hund**e**leine, der Stift**e**halter, die Schwein**e**grippe, das Tag**e**buch
Substantiv + **(e)n** + Substantiv	der Sonn**e**nschein, die Krank**e**nschwester, der Rose**n**strauch, der Hals-Nase**n**-Ohrenarzt, die Etag**e**nheizung

> **Bestimmungswort** = das erste Wort der Zusammensetzung
> **Grundwort** = das zweite Wort der Zusammensetzung

Gebrauch

▎ Steht das Bestimmungswort im Plural, braucht man kein Fugenelement.

Diese Kinderküche können wir auf dem Flohmarkt verkaufen.
Bei Ohrenschmerzen legt man warme Zwiebeln aufs Ohr.

▎ Ist das Bestimmungswort ein Adjektiv, braucht man kein Fugenelement.

Dieses Hochhaus nennt man Plattenbau.
Ein Altbau verursacht hohe Energiekosten.

▎ Endet das Bestimmungswort auf -**heit**, -**keit**, -**ion** oder -**ung**, dann braucht man immer ein Fugen-**s**.

Die Krankheitssymptome sind Fieber und Halsschmerzen.
In dem Zeitungsartikel beschrieb man genau den Beginn der Krise.

▎ Ist das Bestimmungswort ein Verb im Infinitiv, folgt ein Fugen-**s**.

Der Verhaltensforscher untersucht das Schlafverhalten von Babys.
In der Jugendherberge ist um 22.00 Uhr Schlafenszeit.

Üben und Anwenden

Zusammengesetzte Wörter (Komposita)

1. Mit oder ohne **Fugenelement**? Fügen Sie die Wörter richtig zusammen und finden Sie den richtigen Artikel!

a) die Bevölkerung + die Explosion die Bevölkerungsexplosion

b) der Nachbar + das Land _____

c) hören + das Buch _____

d) das Alter + die Rente _____

e) der Wohlstand + die Gesellschaft _____

f) kochen + der Löffel _____

g) der Ausländer + das Amt _____

h) schnell + die Straße _____

2. Kombinieren Sie folgende Wörter zu sinnvollen **Komposita**. Benutzen Sie ein Fugenelement, wenn notwendig.

a) **alt**   Bau | Straße | Pflege | Kaffee | Papier | Bier | Eisen | Heim

   Altpapier, _____

b) **Arbeit**   Amt | Koffer | Arm | Nehmer | Agentur | Beginn | Zeit

   _____

c) **Büro**   Tisch | Lampe | Tür | Batterie | Fenster | Monster | Computer

   _____

3. Wer wird Millionär (WWM). **Streichen** Sie die **Fugenelemente** im Text, wo es möglich ist.

WWM ist eine der **(a)** erfolg/s/reichsten **(b)** Fernseh/er/sendungen der letzten Jahre. Die **(c)** Erfolg/s/geschichte der **(d)** Fernseh/s/sendung begann in England mit der BBC. In Deutschland zeigte der **(e)** Privat/s/sender RTL die **(f)** Aus/er/strahlung zum ersten Mal 1999. Im **(g)** Durch/s/schnitt gewann jeder **(h)** Teil/e/nehmer 34.000 Euro. Bisher nahmen sechs **(i)** Spiel/e/kandidaten einen **(j)** Million/en/gewinn mit nach Hause. Außerdem konnten zwei Prominente die **(k)** Million/en/frage richtig beantworten. **(l)** Die Quiz/er/show ist übrigens nicht nur bei den **(m)** Zu/n/schauern sehr beliebt, sie wurde auch schon **(n)** mehr/s/fach ausgezeichnet, z. B. mit dem „Deutschen **(o)** Fernseh/er/preis" für die beste **(p)** Unterhaltung/s/sendung.

275

Anhang

Lösungen 278

Wichtige unregelmäßige Verben 296

Feste Verbindungen: Verben mit Präpositionen 301

Feste Verbindungen: Substantive mit Präpositionen 305

Feste Verbindungen: Adjektive mit Präpositionen 309

Verben mit Dativ- und Akkusativobjekt 313

Präpositionen mit Dativ- und Akkusativobjekt 320

Reflexive Verben 325

Index 327

Lösungen

Seite 12–19

Das Präsens (Seite 12)

1. a) ich segle, du segelst, er segelt, wir segeln; b) wir arbeiten, du arbeitest, er arbeitet, sie arbeitet; c) er wandert, ich wandere, Sie wandern, wir wandern; d) ich heiße, du heißt, ihr heißt, sie heißt; e) ich trockne, du trocknest, sie (Sg.) trocknet, ihr trocknet; f) ich diskutiere, ihr diskutiert; sie (Pl.) diskutieren, sie (Sg.) diskutiert
2. a) fahre; b) gehst; c) denke; d) fahre; e) bleiben; f) haben; g) geben; h) arbeitet; i) Haben; j) schenken
3. a) Ich heiße Achim Kaufmann. b) Meine Frau und ich kommen aus Hannover. c) Wir wohnen schon 20 Jahre in Stuttgart. d) Meine Frau arbeitet als Programmiererin für Daimler. e) Unsere Kinder studieren in Paris und London. f) Wir spielen gern Tennis.
4. Sie heißt Sabine Schneider und wohnt in Berlin. Ihr Ehemann ist Rolf Schneider. (Oder: Sie ist mit Rolf Schneider verheiratet.) Sie sieht gern Filme, treibt viel Sport und spricht Spanisch.

Das Perfekt (Seite 15 – 16)

1. Partizip: zugemacht, gelaufen, besucht, versucht, gesagt, gesammelt, gestellt, gegeben, studiert; Partizip: angekommen, gekommen, bekommen, gearbeitet, geblieben, abgeholt, verliebt, kritisiert, gestartet
2. a) Ich habe heute Essen gekocht. b) Wir haben im Konzert schöne Musik gehört. c) Sie hat keinen Parkplatz gefunden. d) Es hat gestern geregnet. e) Ich habe meine E-Mails gelesen. f) Mein Kollege ist mit der S-Bahn zur Arbeit gefahren. g) Ich bin immer mit dem Auto gekommen. h) Wir haben lange vor dem Kino gewartet.
3. a) Der Flug nach Tunesien hat vier Stunden gedauert. b) Dort habe ich Freunde getroffen. c) Ich bin jeden Tag im Meer geschwommen. d) Ich habe viele tunesische Gerichte gegessen. e) Zum Essen habe ich Wein getrunken. f) Einmal habe ich ein Auto gemietet. g) Ich habe die Sahara gesehen.
4. b) Ich habe das Geschirr vor einer Stunde gespült. c) Ich bin heute Morgen einkaufen gefahren. d) Ich habe Maria gestern in den Kindergarten gebracht. e) Ich bin letztes Wochenende zu Hause bei Maria geblieben. f) Ich habe mich als Teenager für Tennis interessiert.

Das Präteritum (Seite 19)

1. a) sagen – sagtet: 2. Pers. Pl.;
   b) schreiben – schrieb: 1. Pers. Sg. & 3. Pers. Sg.;
   c) denken – dachtest: 2. Pers. Sg.;
   d) kommen – kam: 1. Pers. Sg. & 3. Pers. Sg.;
   e) glauben – glaubten: 1. Pers. Pl. & 3. Pers. Pl.;
   f) bleiben – bliebt: 2. Pers. Pl.;
   g) geben – gabst: 2. Pers. Sg.;
   h) arbeiten – arbeitete: 1. Pers. Sg. & 3. Pers. Sg.;
   i) fragen – fragte: 1. Pers. Sg. & 3. Pers. Sg.
2. a) Mein bester Freund kam und schenkte mir eine Flasche Wein. b) Mein Sohn Paul hielt eine Rede. c) Danach sangen Birgit und Bernd ein Geburtstagslied. (oder: Birgit und Bernd sangen danach ein Geburtstagslied.) d) Am Ende gab es viel Applaus. (Oder: Es gab am Ende viel Applaus. Oder: Es gab viel Applaus am Ende.) e) Wir feierten dann viele Stunden. (Oder: Dann feierten wir viele Stunden.) f) Ich war sehr glücklich.
3. a) hatte b) schrieb c) kam d) war e) wusste f) arbeiteten g) waren h) sah i) schaute j) erklärte k) gab l) versammelten

Lösungen

Seite 21 – 33

Das Plusquamperfekt (Seite 21)

1. <u>Präsens</u>: Es gibt. Wir hören. Ich sehe. <u>Perfekt</u>: Wir haben gehört. Du bist gekommen. <u>Plusquamperfekt</u>: Es hatte gegeben. Du warst gekommen. Ich hatte gesehen.
2. a) Nachdem er ein Bier getrunken hatte, ging er nach Hause. b) Als sie eine neue Stelle gefunden hatte, kaufte sie ein Auto. c) Da wir alle Sehenswürdigkeiten gesehen hatten, fuhren wir zurück ins Hotel. d) Das Fest hatte geendet, bevor die Eltern kamen. e) Als ich das Auto gewaschen hatte, begann der Regen.
3. a) hatten … gegessen; b) war … abgefahren; c) hatte liegen lassen; d) vergessen hatte; e) abgegeben hatte

Das Futur I und II (Seite 23 – 24)

1. a) werde; b) wird; c) werden; d) wird; e) werden; f) wird; g) wird; h) werden; i) wird; j) werde; k) werden; l) wird; m) werden; n) werden; o) werde
2. a) V; b) P; c) I; d) P; e) I; f) I; g) P; h) V
3. a) Sie wird den Eiffelturm gesehen haben. Sie hat dann den Eiffelturm gesehen. b) Sie wird mit der Metro gefahren sein. Sie ist dann mit der Metro gefahren. c) Sie wird nach Montmartre gegangen sein. Sie ist dann nach Montmartre gegangen. d) Sie wird Sacre Coeur besichtigt haben. Sie hat dann Sacre Coeur besichtigt. e) Sie wird Croissants gegessen haben. Sie hat dann Croissants gegessen. f) Sie wird den Louvre besucht haben. Sie hat dann den Louvre besucht. g) Sie wird viel französischen Rotwein getrunken haben. Sie hat dann viel französischen Rotwein getrunken.
4. a) Ich werde meine Koffer gepackt haben. b) Ich werde zum Flughafen gefahren sein. c) Ich werde am Gate eingecheckt haben. d) Ich werde mit der Maschine nach Namibia geflogen sein; e) Ich werde auf der Lodge angekommen sein. f) Ich werde meine Freunde Peter und Heidi begrüßt haben. g) Ich werde ein wunderbares Abendessen genossen haben.

Die Grundverben (Seite 28 – 29)

1. a) Letztes Jahr wurde ich 50. b) Wir haben Lust gehabt zu tanzen. c) Es ist ein weiter Weg bis Kanada gewesen. d) In Stuttgart ist demonstriert worden. e) Ihr hattet nicht genug Zeit.
2. a) Gestern Abend war ich zu Hause. b) Heute Morgen hatte ich Hunger. c) Das war mir egal. d) Das war kein Problem. e) Das war ganz einfach. f) Nach dem Kino war es schon spät. g) Gestern hatte ich viel zu tun.
3. a) ist; b) hast; c) wirst; d) ist; e) hat; f) ist; g) bin; h) Hat; i) ist; j) wird
4. a) Ich hätte dich informiert. b) Ich hätte das Fenster geöffnet. c) Ich wäre nicht so spät dran gewesen. d) Ich wäre nicht erst jetzt nach Hause gekommen. e) Ich würde nicht in Deutschland arbeiten. f) Im Juni würde es nicht so früh dunkel. g) Ich hätte dir nicht nur einmal geholfen. h) Ich hätte Zeit für dich. i) Ich würde nicht Taxifahrer. j) Das wäre wirklich nett. k) Ich hätte heute keinen tollen Tag gehabt.

Die Grundverben (Seite 32 – 33)

1. a) braucht; b) mag; c) braucht; d) braucht; e) mögen; f) braucht; g) brauche
2. a) Kennst; b) Kennen; c) Wissen; d) Kennst; e) Kennen, weiß; f) gewusst; g) gekannt
3. a) verlängern lassen; b) Lass; c) reinigen lassen; d) liegen lassen; e) lass (oder: lasst); f) Lässt; g) sitzen lassen
4. a) war; b) mochte; c) mochte; d) wusste; e) hatte; f) war; g) blieb; h) wusste; i) ließ; j) war; k) wusste; l) hatte

279

Lösungen

Seite 36–54

Verben mit Vokalwechsel (Seite 36)

1. a) 2; b) 1; c) 2; d) 3; e) 2; f) 1; g) 2
2. a) Ich lese das Deutschbuch. Willst du auch das Deutschbuch lesen? b) Herr Santos sieht das Konzert mit Joe Cocker. Willst du auch das Konzert sehen? c) Wir sehen das Fußballspiel gegen Brasilien. Willst du auch das Fußballspiel sehen? d) Meine Frau wäscht die Handtücher. Willst du auch die Handtücher waschen? e) Wir waschen das Auto. Willst du auch das Auto waschen? f) Frau Merkel fährt nach Paris. Willst du auch nach Paris fahren? g) Meine Eltern fahren in die Stadt. Willst du auch in die Stadt fahren?

Trennbare und nicht trennbare Verben (Seite 39)

1. trennbar: einkaufen – du kaufst ein; aufhören – du hörst auf; vorhaben – du hast vor; mitkommen – du kommst mit; zulassen – du lässt zu; zurückfahren – du fährst zurück; hinfallen – du fällst hin; nicht trennbar: besuchen – du besuchst; verteilen – du verteilst; empfehlen – du empfiehlst; bestellen – du bestellst; vergleichen – du vergleichst; bezahlen – du bezahlst; entscheiden – du entscheidest; zerstören – du zerstörst
2. a) Sie besuchen eine Vorlesung. b) Sie besprechen sich mit dem Professor. c) Sie bereiten eine Hausarbeit vor. d) Sie stellen ihre Abschlussarbeit vor. e) Sie bezahlen jedes Semester Studiengebühren.
3. a) Das Kino hat um 19.00 Uhr angefangen. b) Wann hast du deine Eltern besucht? c) Peter hat Ulrike zum Essen eingeladen. d) Herr Müller hat sich nicht hingesetzt.

Der Imperativ (Seite 42)

1. kommen: komm! kommt! kommen Sie! geben: gib! gebt! geben Sie! sagen: sag! sagt! sagen Sie! aufmachen: mach auf! macht auf! machen Sie auf!
2. b) Gib mir doch bitte etwas zu trinken. c) Stell die Musik doch bitte leiser. d) Gib mir doch bitte eine Tablette. e) Lass es doch bitte reparieren.
3. b) Kauf heute ein. c) Räumt euer Zimmer auf. d) Lesen Sie das Protokoll laut vor. e) Iss deine Suppe auf.

Modalverben (Seite 46–48)

1. b) Ja, er darf Fußball spielen. c) Nein danke, wir wollen heute kein Bier. d) Ja, ich kann fotografieren. e) Ja, ich muss abnehmen. f) Ja, ich will heute das Essen bezahlen.
2. a) konnte; b) wollte; c) konnten; d) konnte; e) musste; f) wollte; g) durfte; h) konnte; i) wollte; j) durfte; k) konnte
3. a) muss; b) darf; c) darf; d) müssen; e) darf; f) dürfen; g) kann; h) kann; i) darf; j) dürfen; k) darf
4. b) Erst habe ich den Streit der Nachbarn hören müssen. c) Dann habe ich etwas trinken müssen. d) Danach habe ich etwas lesen wollen. e) Aber ich habe mein Buch nicht finden können. f) Also habe ich aufstehen wollen. g) Doch ich habe ja nicht laut sein dürfen. h) Denn die Kinder haben nicht aufwachen sollen. i) Ich habe trinken und mein Buch holen können. j) Ich habe nur ein paar Seiten lesen müssen. k) Dann habe ich endlich einschlafen können.
5. a) 1 – kann; b) 5 – will/muss/darf/soll; c) 2 – kann; d) 6 – will/muss; e) 4 – will/muss; f) 3 – musst/sollst

Das Passiv (Seite 52–54)

1. b) Der Einbrecher wird entdeckt. c) Die Flugtickets werden mir gegeben. d) Die Rechnung wird morgen bezahlt. e) Mein Geschäftswagen wurde gestohlen. f) Letzten Monat ist neue Software gekauft worden. g) Die Zimmer im Hotel werden reserviert.

Lösungen

Seite 52–61

2. b) Neue Maschinen wurden gekauft. / Neue Maschinen sind gekauft worden. c) Neue Mitarbeiter wurden eingestellt. / Neue Mitarbeiter sind eingestellt worden. d) Ein Geschäftsführer wurde ernannt. / Ein Geschäftsführer ist ernannt worden. e) Eine Kantine wurde eingerichtet. / Eine Kantine ist eingerichtet worden. f) Ein Betriebsrat wurde gewählt. / Ein Betriebsrat ist gewählt worden. g) Die Buchhaltung wurde verlegt. / Die Buchhaltung ist verlegt worden. h) Ein Sicherheitsdienst wurde eingesetzt. / Ein Sicherheitsdienst ist eingesetzt worden. i) Neue Software wurde installiert. / Neue Software ist installiert worden.

3. b) Das Atelier muss täglich gereinigt werden. c) Eine neue Ausstellung muss organisiert werden. d) Ideen müssen skizziert werden. e) Malkurse müssen geplant werden. f) Bilder müssen verkauft werden. g) Fortbildungen müssen besucht werden. h) Fachbücher müssen gelesen werden.

4. … Die Kinder wurden besonders von der Stiefmutter nicht akzeptiert. Heute würde gesagt werden: Die Kinder wurden von der Stiefmutter gemobbt. … Das wurde von ihnen gehört. Darum wurde von ihnen beschlossen wegzulaufen. Einige Brotkrumen des Abendessens wurden gesammelt. … Dabei wurden von ihnen Brotkrumen auf den Weg gestreut. Dann wurde im Wald gewartet, bis … Doch der Rückweg konnte mithilfe der Brotkrumen nicht gefunden werden. Alles war von den Waldtieren gefressen worden. Was konnte getan werden? … Dann wurde von ihnen ein Haus aus Lebkuchen entdeckt! Natürlich wurde das leckere Backwerk gegessen. Die Tür wurde von einer Frau geöffnet. Und dann wurden die Kinder von ihr gekidnappt. … und die Alte wurde ausgetrickst.

Der Konjunktiv I (Seite 60–61)

1. a) ich komme (identisch) → ich käme, ich sei gekommen; ich frage (identisch) → ich würde fragen, ich hätte gefragt; ich wisse, ich hätte gewusst; b) er schreibe, er habe geschrieben; sie arbeite, sie habe gearbeitet; er lasse, er habe gelassen; c) sie sehe, sie habe gesehen; sie sage, sie habe gesagt; sie könne, sie habe gekonnt; d) wir bleiben (identisch) → wir würden bleiben, wir seien geblieben; wir haben (identisch) → wir hätten; wir hätten gehabt; wir seien, wir seien gewesen

2. a) Henry Kissinger sagte, dass neue Leute nicht Bäume ausreißen dürften, nur um zu sehen, ob die Wurzeln noch dran seien. b) Aldous Huxley sagte, wer so tue, als bringe er die Menschen zum Nachdenken, den würden sie lieben. Wer sie wirklich zum Nachdenken bringe, den würden sie hassen. c) Johann Wolfgang von Goethe stellte fest, dass der Undank immer eine Art Schwäche sei. Er habe nie gesehen, dass tüchtige Menschen undankbar gewesen seien.

3. Ein Kollege berichtete, dass sie den Arbeitstag morgens mit einer Diskussion über ein Experiment begonnen hätten, das sie durchführen wollten. Jeder habe seine Ansicht vorgetragen, und als die Reihe an Fleming gekommen sei, habe er gesagt: „Versuchen!" Dann habe er zu arbeiten begonnen. Um 5 Uhr nachmittags habe er auf die Uhr geblickt und (habe) gesagt: „Tee!" Mit diesen beiden Worten sei er den ganzen Tag ausgekommen.

4. …, dass sie auf der Autobahn geblitzt worden sei. Leider sei sie von der Polizei sofort zur Kasse gebeten worden. Dann sei von ihnen das ganze Auto kontrolliert worden. Es sei festgestellt worden, dass die Hupe kaputt sei. Sie sei von den Polizisten zur nächsten Werkstatt be-

gleitet worden. Dort sei die Hupe sofort repariert worden. Das sei ein teurer Tag geworden: ...

Der Konjunktiv II (Seite 65–66)

1. b) Könntet/Würdet ihr mir sagen, wo die Post ist? c) Könntet/Würdet ihr den Zehn-Euro-Schein wechseln? d) Könnte/Dürfte ich kurz deinen Stift leihen? e) Könntet/Würdet ihr mir helfen, meine Kontaktlinse zu suchen? f) Könntest/Würdest du mir Geld leihen?
2. b) Wenn ich doch nur ein neues Auto hätte! c) Wenn er doch nur eine Diät machte/machen würde! d) Wenn er doch nie endete/enden würde! e) Wenn sie doch nur leiser spielten/spielen würden! f) Wenn es doch nur sauberer wäre! g) Wenn ich doch nur mehr verdiente/verdienen würde!
3. b) ginge, müssten; c) gefahren wäre, hätte; d) beginnen könnte, würde; e) berühmt wären, würden; f) ließe, könnte; g) getrunken hättest, hättest
4. b) Ich (an deiner Stelle) würde mein Haar färben./Du solltest dein Haar färben lassen. c) Ich (an deiner Stelle) würde Sport treiben./Du solltest Sport treiben. d) Ich (an deiner Stelle) würde weniger arbeiten./Du solltest weniger arbeiten. e) Ich (an deiner Stelle) würde den Tag besser planen./Du solltest den Tag besser planen. f) Ich (an deiner Stelle) würde weniger fernsehen./Du solltest weniger fernsehen.

Reflexive Verben (Seite 69–70)

1. a) mich; b) dich; c) mich; d) uns; e) sich; f) uns; g) dich; h) dich
2. a) dir; b) euch; c) uns; d) mir, mir; e) euch; f) mir
3. a) Ich ärgere mich immer über meine Nachbarn. b) Giovanni hat sich für Nachrichten aus Rom interessiert. c) Familie Yanagida freut sich auf 2 Wochen in Japan. d) Er regte sich über den Kollegen aus Frankreich auf. e) Ich werde mich über Deutschland informieren, bevor ich komme. f) Wir haben uns letztes Jahr in Paris kennen gelernt. g) Patrick und Heather bedanken sich für die Geschenke. h) Nach dem Marathon hat sich Gianna einen Tag ausgeruht.
4. b) Ich habe mich um 8 Uhr angezogen. c) Nein, ich habe mich heute (noch) nicht geärgert. d) Ja, ich habe mich (schon) mit einem Deutschen getroffen. e) Ich habe mich bei meinen Eltern bedankt. f) Er befindet sich im Moment im Deutschkurs. g) Ja, diese Woche habe ich mich schon aufgeregt. h) Das erste Mal habe ich mich mit 16 Jahren verliebt.

Reziproke Verben (Seite 72)

1. b) Ja, wir haben uns verliebt. c) Doch, wir begrüßen einander/uns gleich. d) Wir vertragen einander/uns gleich wieder. e) Man verbeugt sich höflich und lächelt dabei.

Die Valenz der Verben (Seite 75)

1. b) der; c) ihm; d) ihm; e) dem; f) der; g) dem
2. a) einen; b) ein; c) eine; d) ein; e) das; f) einen/den; g) einen/den; h) ein/das
3. a) dir, mir; b) mir, ihn; c) mir, Ihnen; d) dich, mir; e) ihr; f) mir

Verben mit präpositionalem Objekt (Seite 77)

1. a) 2; b) 3; c) 6; d) 5; e) 4; f) 1
2. a) für, mit; b) an, an; c) mit, auf, über
3. b) Gehört die Software zu dem (zum) Computer? c) Wann hast du laut über einen Witz gelacht? d) Hast du dich mit Natascha um/über Geld gestritten? e) Wirst du Sina eine elektronische Postkarte zum Geburtstag schicken? f) Geht es wieder um Ihr Angebot?

Lösungen

Seite 82–96

Das Partizip (Seite 82–83)

1. b) er hat gebeten – er hätte gebeten – er wurde gebeten; c) wir sind gefahren – wir wären gefahren – wir wurden gefahren; d) sie haben angerufen – sie hätten angerufen – sie wurden angerufen; e) du hast gesehen – du hättest gesehen – du wurdest gesehen; f) ich habe verlassen – ich hätte verlassen – ich wurde verlassen
2. b) Mit Mutter telefonierend sehe ich fern. c) Die Verbformen lernend gehst du spazieren. d) Ihr Kind beruhigend wärmt sie die Milch. e) Ein Brot essend spreche ich mit Martin. f) Rotwein trinkend genieße ich den Abend.
3. b) Die geänderten Zinsen müssen neu ausgehängt werden. c) Die aus dem Urlaub zurückgekehrten Kollegen müssen informiert werden. d) Die neu eröffneten Konten müssen angelegt werden. e) Verärgerte Kunden müssen angerufen werden. f) Abgesagte Termine müssen neu vereinbart werden. g) Die neu eingestellten Mitarbeiter müssen eingearbeitet werden.
4. b) ein laut singender Vogel; c) ein fahrendes Auto; d) eine Hilfe suchende Kundin; e) ein sich beschwerender Fahrgast; f) eine sich streitende Familie; g) ein nicht funktionierendes Radio
5. b) Jetzt aber aufgepasst! c) Jetzt aber hergekommen! d) Jetzt aber aufgeräumt! e) Jetzt aber losgefahren! f) Jetzt aber Gas gegeben! g) Jetzt aber Hände gewaschen!

Substantive: das Genus (Seite 88)

1. a) Der; b) Das; c) Der; d) Der
2. a) die Studentin; b) der Ahorn; c) der Irrtum; d) der Lieferant; e) das Meer
3. a) den Band 1 – Buch; b) das Schuhband – zum Binden; c) einen Gefallen – Bitte; d) großes Gefallen – Vergnügen; e) Golf – Rasensport; f) Der Golfkrieg – Meeresbucht
4. feminin: die Trainerin, die Zeitung, die Elbe, die Fichte, die Gesundheit; die Deutsche; maskulin: der Donnerstag, der Lehrling, der Winter, der Amazonas, der Feigling; der Deutsche; neutrum: das Gold, das Christentum, das Häuslein, das Mittel, das Deutsche

Substantive: der Numerus (Seite 92)

1. a) Lehrerinnen; b) Gärten; c) Fische; d) –; e) Frauen; f) Türen; g) Äpfel; h) –; i) –; j) Fotos
2. a) Bänke; b) Mütter; c) Worte; d) Ratschläge
3. a) Kindern; b) Straßen; c) Autos; d) Motorräder e) Fahrräder; f) Sommertage; g) Ferien; h) Kinderspiele; i) Kreiden; j) Häuser; k) Abende

Substantive: der Kasus (Seite 94)

1. Nominativ: (das) Oktoberfest, (das) Volksfest, (viele) Menschen; Genitiv: (der) Welt, (des) Kronprinzen; Dativ: (auf der) Münchner Theresienwiese, (in) Festzelten, (der) Hochzeit, (im) Jahr, (seinem) Volk; Akkusativ: Bier, Lieder, (Das) Fest, (seine) Therese
2. a) Programmierers; b) Tages; c) Frau; d) Freundinnen; e) Kinder; f) Wetters
3. b) Das ist das Mittagessen des Lehrers. c) Wir backen dem Geburtstagskind einen Kuchen. d) Ich treffe heute zum ersten Mal den Professor. e) Kronprinz Ludwig heiratet Therese.

Die n-Deklination (Seite 96)

1. a); c); e); g); h); j); k); n); o); p); q); s); t)

Lösungen

Seite 96 – 117

2. b) Der Teamleiter gibt dem Kollegen Urlaub. c) Der Bekannte fragt den Herrn. d) Der Demonstrant beschimpft den Bundespräsidenten. e) Der Firmenchef befiehlt dem Arbeiter. f) Der Floh beißt den Jungen. g) Der Briefträger bringt dem Nachbarn die Post. h) Der Chinese liefert Kugelschreiber an den Briten. i) Der Journalist spielt am Automaten.

Substantivierungen (Seite 98)

1. a) das Kleine; b) das Jenseits; c) das Schnelle; d) das Heute; e) das Verdrehte; f) das Billige; g) das Heiße; h) das Vergangene
2. b) das Singen; c) das Einkaufen; d) das ständige Besuchen; e) das Golfspielen; f) das Abspülen; g) das Angeln
3. a) Verwandten; b) Reisen; c) Ältere; d) Buchstabieren; e) Reisen; f) Gute; g) Du; h) Gute; i) Dank; j) Süßes

Der bestimmte Artikel (Seite 103)

1. der, dem, den Ring, des Ring(e)s, den Ringen; das, das, dem Kleid, des Kleid(e)s, den Kleidern; der, den, dem Baum, des Baum(e)s, den Bäumen; die, die, der, der Tür, den Türen; das, das, dem Foto, des Fotos, den Fotos; der Mensch, den, dem, des Menschen, den Menschen; der, den, dem Stift, des Stift(e)s, den Stiften; der Kollege, den, dem, des Kollegen, den Kollegen; der, den, dem Chef, des Chefs, den Chefs
2. a) den; b) den; c) der; d) eines; e) das; f) der
3. a) den; b) Der; c) Das; d) die; e) die; f) das; g) den; h) den
4. a) den; b) den; c) die; d) Der; e) Das; f) die

Der unbestimmte Artikel (Seite 106)

1. b) einem Schloss; c) einer S-Bahn; d) einem Möbelhaus; e) einer Zeitung; f) einem Flohmarkt; g) einem Zoo
2. a) einen; b) eine, ein; c) –, einen; d) ein; e) eine, (einen) f) einen, einen; g) einen, einen
3. a) eines; b) einen; c) einer; d) einem; e) –; f) ein; g) einen; h) ein; i) einer

Der Nullartikel (Seite 109)

1. a) -, -, -; b) -, ein, ein; c) -, -; d) -; e) -, -; f) -, -; g) -, der; h) -, eine; i) -, die, die
2. a) -; b) einen, -; c) -; d) ein; e) -
3. a) -; b) -; c) -; d) einer; e) die; f) -

Die Negation (Seite 112 – 113)

1. b) keine Datei; c) nicht geholfen; d) nicht Tennis spielen; e) nicht das Brot; f) kein Geld; g) nicht schnell; h) nicht lange
2. a) nichts; b) nicht; c) nicht; d) nichts; e) nichts; f) nicht; g) nichts / nicht; h) nicht
3. c) Ich habe weder eine Mikrowelle noch eine Spülmaschine. d) Mein Kollege ist nicht heute im Büro, sondern morgen. e) Herr Meier geht weder ins Kino noch ins Theater. f) Sie war weder in Italien noch in der Schweiz. g) Meine Nachbarin wohnt nicht mehr in Stuttgart, sondern in Ulm. h) Es heißt nicht „wegen mir", sondern „meinetwegen".
4. c) nicht mehr rauchen; d) studiere ich noch nicht; e) noch nicht zur Post gebracht; f) nicht mehr; g) noch nicht

Demonstrativartikel und -pronomen (Seite 116 – 117)

1. b) Wie findest du dieses Bett in Schwarz? Ich finde jenes in Braun besser. c) Wie findest du dieses Sofa aus Stoff? Ich finde jenes aus Leder besser. d) Wie findest du diesen

Teppich aus Indien? Ich finde jenen aus Asien besser. e) Wie findest du diesen Schrank für 750,- EUR? Jenen für 498,- EUR finde ich besser. f) Wie findest du diese Stühle mit Armlehne? Jene ohne Armlehne finde ich besser. g) Wie findest du diesen niedrigen Couchtisch? Ich finde jenen hohen besser.
2. b) die gleiche; c) denselben; d) den gleichen; e) dasselbe; f) der gleiche; g) dieselbe; h) dieselbe; i) dem gleichen; j) demselben
3. b) Ein Golfclub nimmt nur diejenigen Personen auf, die die Aufnahmegebühr bezahlen können. c) Eine Universität lässt nur denjenigen Bewerber zu, der Abitur hat. d) Für Champagner nimmt man nur diejenigen Trauben, die aus der Champagne kommen. e) Für eine Kur nimmt man nur diejenigen Patienten, die schwere Gesundheitsprobleme haben. f) Ein Verlag beschäftigt nur denjenigen Mitarbeiter als Redakteur, der ein Volontariat gemacht hat. g) Am Iron Man nimmt nur derjenige Sportler teil, der sich qualifiziert hat. h) Ein Biobauernhof verwendet nur diejenigen Futter- und Düngemittel, die aus biologischer Herkunft sind.

Indefinitartikel und -pronomen (Seite 122 – 123)

1. b) alle; c) jedes, jeder; d) jeden; e) alle; f) jedes; g) jedem
2. a) viel; b) viele; c) viele; d) wenige; e) viele; f) viele; g) wenige
3. a) alles ; b) alle; c) all; d) allem; e) aller; f) all / alle; g) alle
4. b) eins, keins; c) einer, keiner; d) welche, keine; e) eine, keine
5. a) eine; b) keine; c) welches; d) keins; e) keins; f) eine
6. a) man, jemand, niemand; b) man, man, man, jemanden; c) jemand, niemand, jemanden

Possessivartikel und -pronomen (Seite 127 – 128)

1. a) eure; b) seinen; c) deinen; d) Ihr; e) unsere; f) ihren; g) ihre; h) deine; i) mein; j) deinen
2. a) Ihres; b) Ihre; c) deine; d) meine; e) deine; f) ihrer
3. b) mein, Mein, dein, sein; c) meine, Meine, deine, ihre; d) meine, Meine, deine, seine; e) meinen, Mein, deinen, ihren
4. a) deine; b) mein; c) deine; d) meinem; e) -es; (f) -; g) -e; h) -en; i) -en; j) -; k) -en; l) -e; m) -; n) -en; o) -; p) -en; q) -en; r) -en; s) -en; t) -e; u) -e; v) -e; w) -e; x) -; y) -e; z) -e; aa) -en; (bb) -e; (cc) -e

Personalpronomen (Seite 131 – 132)

1. a) Der Wecker weckt mich um 7.00 Uhr. b) Ich wasche mich und ziehe (mir) etwas Schönes an. c) Ich mache (mir) Frühstück. d) Dann fahre ich um 9.00 Uhr ins Büro. e) Alle Kollegen haben viel Arbeit für mich. f) Um 16.00 Uhr nehme ich die S-Bahn nach Hause.
2. a) er; b) es; c) es; d) er; e) Ich; f) sie; g) es; h) Sie; i) Wir
3. b) … ist für dich, denn du liebst Computer. c) … ist für mich, denn ich liebe Kleidung. d) … ist für dich, denn du bist aus New York. e) … ist für dich, denn du liebst Autos. f) … ist für uns, denn wir telefonieren gern. g) … ist für sie, denn sie kocht gern. h) … ist für sie, denn sie kommt aus Russland.
4. a) Sie; b) sie; c) sie; d) Du; e) Ich; f) dir; g) ihm; h) ihn; i) Sie; j) sie; k) sie; l) sie; m) ihn; n) du; o) du; p) sie; q) er; r) sie; s) ihn; t) ihm

Das Wort *es* (Seite 135)

1. b) 4; c) 1; d) 8; e) 3; f) 5; g) 2; h) 6; i) 7

Lösungen

Seite 135–153

2. b) Ich kann es nicht. c) Sie darf es nicht. d) Ja, ich glaube es selbst nicht. e) Tue es besser nicht. f) Nein, ich vergesse es nicht. g) Hier ist es schön.

Fragewörter (Seite 140–141)

1. a) Wie; b) Welche; c) Wie viele d) Wo; e) Wie; f) Welcher; g) Wann; h) Wie; i) Wie viele; j) Seit wann/wie lange; k) Wo
2. b) Wo wohnen seine Eltern? c) Seit wann/Wie lange lebt er in Süddeutschland? d) Warum/Weshalb/Weswegen wohnt er in Stuttgart? e) Was liebt er besonders? f) Wie schnell ist man in Frankreich, in Österreich, der Schweiz oder Italien? g) Wann nimmt er Urlaub? h) Wohin fährt er zum Wandern? i) Wo/In was für einem Haus wohnt er dort? j) Was plant er schon? k) Wofür spart er trotzdem schon?
3. a) Welche; b) Welche; c) was für einem/welchem; d) Welcher; e) was für einem/welchem; f) Welche; g) Welches/Was für ein
4. b) Bis wann geht Laura noch zur Schule? c) Für wen ist dieser Kuchen? d) Ab wann bleibt unser Geschäft geschlossen? e) Von wo (aus) hat man einen fantastischen Ausblick? f) Von wem haben wir gesprochen?

Relativpronomen (Seite 145–146)

1. b) die schon geschieden ist. c) die klein und dick ist. d) mit der er oft ins Museum geht. e) die er bewundert. f) deren schlanke Hände ihm gefallen.
2. b) …, das ich mag. c) …, der ich bald schreibe, … d) …, die hart arbeiten müssen. e) …, das schön weich ist. f) …, der du einen Blumenstrauß geben sollst.
3. b) Wer Kritik üben will, (der) soll mich anrufen. c) Wem ich zu schnell fahre, (der) soll es sagen. d) Wer einen Termin braucht, (der) soll meine Sekretärin fragen. e) Wer die Ware zurückgeben will, (der) soll den Bon mitbringen. f) Wessen Frage nicht beantwortet ist, (der) soll morgen wiederkommen. g) Wem noch etwas Interessantes eingefallen ist, (der) soll es aufschreiben.
4. b) Säugetiere sind Tiere, die lebend geboren werden und Muttermilch trinken. c) Eine Monatszeitschrift ist eine Zeitschrift, die einmal pro Monat erscheint. d) Eine Tanzschule ist eine Schule, wo/in der man tanzen lernt. e) Ein Spielcasino ist ein Haus, wo/in dem Leute Roulette spielen. f) Ein Kinderbett ist ein Bett, in dem kleine Kinder schlafen. g) Ein Student ist eine Person, die an der Universität studiert.

Wechselpräpositionen (Seite 151–153)

1. b) auf die/zu der (zur) Messe, auf der Messe; c) in die/zur Firma Mercedes, in/bei der Firma Mercedes; d) in das (ins) Restaurant, in dem (im) Restaurant; e) auf den/zu dem (zum) Kongress; auf dem/bei dem (beim) Kongress; f) in das (ins) Büro, in dem (im) Büro; g) in die Küche, in der Küche; h) nach Europa, in Europa; i) in den Park, in dem (im) Park; j) nach Hause, zu Hause
2. a) nach; b) auf die/zur; c) in/nach; d) bei; e) in; f) ins; g) aus der; h) im; i) aus; j) bei; k) im; l) in die; m) zum; n) (bis) zum;
3. a) in die; b) ins/in das; c) im/in dem; d) im/in dem; e) in der; f) auf dem; g) in die
4. b) Um 18.00 Uhr hole ich meine Freundin am/vom Bahnhof ab. c) Heute Vormittag verschicke ich ein Paket mit Büchern in die USA. d) Heute Mittag kaufe ich auf dem Wochenmarkt in Sindelfingen ein. e) Um 8 Uhr bringe ich die Kinder mit dem Auto in die/zur Schule. f) Heute Abend bestelle ich im In-

ternet das Geburtstagsgeschenk für meine Mutter.
5. a) liegt; b) gelegt; c) gestellt; d) gestanden; e) gesetzt; f) gesessen; g) gestellt; h) gelegt; i) liegt; j) gesetzt; k) sitzt; l) gesetzt; m) gesessen
6. a) in den; b) in dem/im; c) auf den; d) in dem/im; e) auf dem; f) in dem/im; g) in den; h) in das/ins; i) in die; j) in der

Temporale Präpositionen (Seite 156–157)

1. a) zu/an; b) in der; c) zu; d) bei; e) im; f) am; g) am; h) in der; i) am; j) in; k) zu/an; l) am; m) in der; n) im; o) im; p) um; q) um/zu; r) in; s) in der; t) zu; u) in
2. a) 1; b) 3; c) 1; d) 3; e) 3; f) 3
3. b) um; c) gegen/um; d) am; e) am/bis zum; f) um; g) zwischen ... und; h) um; i) von ... bis
4. b) um; c) vor; d) seit; e) über; f) an diesem; g) bis zum; h) am, in der, am; i) in einer; j) ab; k) am; l) nach dem

Kausale Präpositionen (Seite 160–161)

1. b) wegen des Regens; c) wegen der Vorbereitungen; d) wegen der Rückenschmerzen; e) wegen einer Erkältung; f) wegen einiger Besorgungen
2. c) vor; d) aus; e) aus; f) vor; g) aus; h) aus; i) vor
3. b) Trotz großer Müdigkeit fährt sie Auto. c) Trotz guter Bezahlung ist sie unglücklich. d) Trotz planmäßiger Abfahrt ist ihr Zug verspätet. e) Trotz dringender Bitte um Hilfe spendet sie kein Geld.
4. b) ... zum Trinken; c) ... zur Kosteneinsparung; d) ... zum/fürs Kochen; e) zum/fürs Skifahren
5. a) angesichts; b) anhand; c) angesichts; d) angesichts

Modale Präpositionen (Seite 164)

1. a) mit; b) mit; c) ohne/mit; d) ohne; e) mit; f) ohne
2. b) ... aus Papier; c) ... aus Blech; d) ... aus Holz; e) ... aus Wolle
3. a) wider, gegen; b) Wider; c) gegen; d) gegen

Präpositionalpronomen (Seite 169–170)

1. b) Darüber können wir mit ihm sprechen. c) Dazu; d) ..., daran denke ich. e) ..., davon halte ich nicht viel. f) ..., darauf freue ich mich. g) ..., dafür hat sie zu viel Geld ausgegeben. h) ..., darüber hat er sich gefreut. i) ..., darauf will ich nicht mehr lange warten.
2. b) Worum bittet er? c) Worauf hofft Lydia? d) Wofür hat Andreas sich entschieden? e) Wovon handelt der Text? f) Wovon träumt mein Freund? g) Wofür interessiert ihr euch?
3. b) Endlich begann der Urlaub, worauf sie sich gefreut hatten. c) Heute bekam er das Protokoll, worauf er lange gewartet hatte. d) Seine Eltern erzählten alte Geschichten, womit sie ihn immer gelangweilt hatten. e) Seine Firma stellte neue Kollegen ein, wofür er lange gekämpft hatte.
4. b) Ich bedanke mich dafür, dass du zu meinem Geburtstag kommst. c) Wir beschweren uns darüber, dass die Möbel von schlechter Qualität sind. d) Ich ärgere mich darüber, dass Petra nicht für die Prüfung lernt. e) Wir protestieren dagegen, dass die Arbeitszeiten verlängert werden. f) Es handelt davon, dass zwei Kinder sich im Wald verlaufen.

Adjektive (Seite 173)

1. a) ärgerlich; b) freundlich; c) kindlich; d) amtlich; e) sonnig; f) matschig; g) ek(e)lig; h) steinig

Lösungen

Seite 173 – 185

2. a) riesengroß; b) messerscharf; c) schneeweiß; d) steinreich; e) grasgrün; f) kaffeebraun
3. b) unhöflich; c) hässlich; d) verschlossen; e) uninteressiert; f) verlogen; g) geizig; h) böse; i) untreu

Die Steigerung der Adjektive (Seite 178 – 179)

1.+2. alt, älter, am ältesten; schlau, schlauer, am schlau(e)sten; lang, länger, am längsten; freundschaftlich, freundschaftlicher, am freundschaftlichsten; gefährlich, gefährlicher, am gefährlichsten; groß, größer, am größten; klein – kleiner – am kleinsten; falsch*; mächtig, mächtiger, am mächtigsten; lecker, leckerer, am leckersten; dumm, dümmer, am dümmsten; schnell, schneller, am schnellsten; listig, listiger, am listigsten; arm, ärmer, am ärmsten; laut, lauter, am lautesten; stark, stärker, am stärksten; rasch, rascher, am raschesten; groß, größer, am größten

* keine Steigerung möglich, da absoluter Begriff; genauso: *schwanger, tot, ...*

3. b) Ich arbeite fleißig, meine Schwester arbeitet fleißiger, mein Freund arbeitet am fleißigsten; c) Meine Kusine ist jung; das Mädchen ist jünger, das Kind ist am jüngsten; d) Das Theater ist nah; das Kino ist näher, die Schule ist am nächsten; e) Die Hose kostet viel, der Pullover kostet mehr, der Mantel kostet am meisten; f) Die Tochter ist groß, der Sohn ist größer, der Vater ist am größten
4. c) Mein Sohn ist so klug wie deine Tochter, aber Ricardas Zwillinge sind weniger klug. d) Dieser Kleinwagen ist so schnell wie das Motorrad, aber der Geländewagen ist schneller. e) Diese Aufgabe ist so schwierig wie die vorige Aufgabe, aber die nächste Aufgabe ist weniger schwierig. f) Meine Wohnung ist so modern wie deine Wohnung, aber das Haus meiner Eltern ist weniger modern.

5. b) Es ist recht kalt. c) Das war vergleichsweise teuer. d). Das ist relativ interessant. e) Das ist halbwegs sicher.

Die Deklination des Adjektivs Typ 1 (Seite 182 – 183)

1. b) Der bunte oder der einfarbige Teppich? c) Der hohe oder der niedrige Küchentisch? d) Das breite oder das schmale Bett? e) Die blauen oder die weißen Gartenstühle? f) Die alte oder die neue Lampe? g) Die kleine oder die große Garderobe?
2. a) -en; b) -en; c) -en; d) -en, -en; e) -en; f) -en; g) -en; h) -en
3. b) ... die weißen Servietten? Die weißen Servietten findest du in der Schublade. c) ... das rosafarbene / rosa Kleid? Das rosafarbene / rosa Kleid ... an der Garderobe. d) ... das bunte Kopftuch? Das bunte Kopftuch ... im Kleiderschrank. e) ... das englische Wörterbuch? Das englische Wörterbuch ... im Regal. f) ... die schmutzige Wäsche? Die schmutzige Wäsche ... in der Waschküche. g) ... die silberne Halskette? Die silberne Halskette ... in der Schmuckkassette. h) ... das neue Handy? Das neue Handy ... in der Handtasche.
4. b) wegen des starken Regens; c) wegen der kranken Tochter; d) wegen des geplanten Urlaubs; e) wegen des kaputten Autos; f) wegen der andauernden Bauarbeiten im Haus; g) wegen des starken Verkehrs
5. a) -e, -en; b) -e, -en; c) -e, -en; d) -e, -en; e) -e, -en; f) e, -en;

Die Deklination des Adjektivs Typ 2 (Seite 185 – 186)

1. a) -er; b) -e; c) -es; d) -e; e) -e; f) -es; g) -es; h) -es; i) -e
2. b) Ist die Uhr neu? Ja, ich trage eine neue Uhr. c) Ist das Wörterbuch gut? Ja, ich kaufe ein gutes Wörter-

288

Lösungen

Seite 185–199

buch. d) Ist der Hund lieb? Ja, ich habe einen lieben Hund. e) Ist die Torte süß? Ja, ich esse eine süße Torte. f) Ist das Hemd bunt? Ja, ich sehe ein buntes Hemd. g) Ist die Krawatte modern? Ja, ich trage eine moderne Krawatte. h) Ist der Tisch stabil? Ja, ich produziere einen stabilen Tisch.

3. b) ... eine sparsame Spülmaschine. Sparsame Spülmaschinen ...; c) ... eine moderne Waschmaschine. Moderne Waschmaschinen ...; d) ... niedliche Puppen. Niedliche Puppen ...; e) warme Herrensocken. Warme Herrensocken ...; f) eine große Lampe. Große Lampen ...; g) einen roten, pflegenden Lippenstift. Rote, pflegende Lippenstifte ...

4. a) kauflustige; b) clevere; c) private; d) kommerzielle; e) alte; f) gebrauchte; g) gut erhaltenen; h) neuwertige; i) hochwertige; j) altes; k) neues; l) aktuelle

Die Deklination des Adjektivs Typ 3 (Seite 188)

1. a) -e; b) -e; c) -er; d) -es; e) -er; f) -e; g) -e; h) -es
2. a) -e; b) -e; c) -e; d) -es; e) -e; f) -en; g) -e; h) -es
3. a) -em; b) -e; c) -e; d) -e; e) -es; f) -en; g) -e, -en h) -e; i) -e

Partizipien als Adjektive (Seite 190)

1. b) Die telefonierende Frau schreibt. c) Der frierende Schwimmer zieht schnell trockene Kleidung an. d) Das lesende Kind liegt im Bett. e) Der schlafende Mann liegt auf dem Sofa.
2. b) lange schon versprochenes Geld; c) weit gereisten Mann; d) heute im Haus vergessener Schlüssel; e) letzte Woche reduzierte Schuhe
3. b) gehacktes; c) gebratene; d) abgekochtes; e) gepresstem

Temporaladverbien (Seite 194)

1. b) Nein, ich fahre nie Mountain-Bike. c) Nein, ich arbeite aber montags oft im Büro. d) Ja, ich habe freitags immer Deutschunterricht. e) Ja, ich gehe manchmal allein einkaufen. f) Ja, ich wasche mein Auto meist samstags. g) Nein, ich frühstücke nur selten.
2. a) Zunächst/Anfangs; b) Dann; c) Anfangs/Zunächst; d) Schließlich; e) Zuletzt
3. a) kürzlich; b) lange; c) zuweilen; d) selten

Lokaladverbien (Seite 196)

1. a) oben; b) westwärts; c) hier; d) dorther; e) draußen
2. a) herauf; b) herunter; c) hinunter; d) hinauf; e) hinunter; f) hinunter
3. a) rein; b) rüber; c) rauf; d) raus
4. hierhin – dorthin; nirgendwo – irgendwo; vorn – hinten; rückwärts – vorwärts; rechts – links; überall – nirgends; runter – rauf; draußen – drinnen; abwärts – aufwärts; hinaus – hinein

Kausaladverbien (Seite 199)

1. a) trotzdem; b) andernfalls; c) meinetwegen; d) dennoch; e) wozu
2. b) Ich liebe Camping. Deshalb kaufe ich mir ein Zelt. c) Martin hat keine Kinder. Trotzdem kauft er Kinderschokolade. d) Marianne arbeitet in München. Deshalb geht sie auf das Oktoberfest. e) Er heißt „Wilhelm". Trotzdem wird er von allen „Willi" genannt. f) Frank hat einen Hund. Deshalb muss er Hundesteuer bezahlen. g) Imke hat zwei Kinder. Trotzdem findet sie genug Zeit für Hobbys.
3. a) deshalb; b) sonst; c) dennoch; d) dazu; e) allerdings; f) nämlich; g) allerdings

Übung 3, S. 194 Erklärung der Lösungswörter
a) Gegenwart, nicht Vergangenheit
b) Wiederholung, nicht Dauer
c) Reihenfolge, nicht Wiederholung
d) Tageszeit, nicht Häufigkeit

Lösungen

Seite 202–216

Modaladverbien (Seite 202)

1. a) vielleicht, möglicherweise, wohl; b) sehr, äußerst, besonders; c) fast, einigermaßen, ziemlich d) keinesfalls, umsonst, vergebens
2. a) sehr spät; b) nämlich; c) Normalerweise; d) spätestens; e) ziemlich; f) wirklich; g) also; h) flugs; i) bloß; j) Wenigstens; k) jetzt; l) Nun; m) Dort; n) besonders; o) völlig; p) hinein; q) damit; r) wieder; s) gerade; t) wohl; u) etwa; v) heute; w) auch; x) Also; y) nebenan; z) Mittlerweile;

Konjunktionen im Haupt- und Nebensatz (Seite 207)

1. a) … einkaufen und du wäschst…; b) … ein heißes Bad und dann lese ich … / … ein heißes Bad und lese dann … c) … Frühstück oder wir gehen …; d) … deine Eltern und (wir) helfen …; e) … zum Essen ein oder (wir) gehen …
2. a) HS + f) NS; b) HS + d) NS; c) NS + j) HS; e) HS + h) NS; i) HS + g) NS
3. kein 2. Subjekt: a), b), d), e); kein 2. Subjekt und kein Verb: c)
4. a) aber; b) aber; c) sondern; d) sondern
5. a) a, c; b) a, b, c, d; c) a, b, c; d) a, c

Hauptsatz-Konjunktionen in Position I oder III (Seite 209–210)

1. b) … Deshalb tanzt sie im Ballett. c) … Trotzdem verlässt sie das Haus … d) … Trotzdem kauft sie im Supermarkt … e) … Deshalb ist sie nie allein. f) … Trotzdem reitet sie …
2. b) 2. Außerdem lebt in der Familie auch ein Hund. c) 6. Allerdings müssen wir bei dem Wetter Regenkleidung anziehen. d) 7. Außerdem muss sie Eier und Käse kaufen. e) 4. Allerdings waren die meisten Kandidaten gut vorbereitet. f) 5. Allerdings nannte ihn sein Vater meist „Wolferl". g) 3. Außerdem habe ich keine Zeit dafür.
3. a) deshalb; b) zuerst; c) dann/danach; d) danach/dann; e) und; f) schließlich; g) zuletzt; h) deshalb
4. Dann stellen sie die Dokumente für die Hochzeit zusammen. Danach bestimmen sie die Trauzeugen und organisieren die kirchliche Trauung. Daraufhin buchen sie im Dezember den Partyservice oder das Catering. Schließlich suchen sie ein Brautkleid und Trauringe aus. Dann versenden sie Einladungen und vereinbaren einen Termin beim Friseur. Zuletzt bestellen sie (den) Blumenschmuck und (die) Gastgeschenke.

Zweiteilige Konjunktionen (Seite 212)

1. b) Herr Meier geht weder ins Kino noch ins Theater. c) Martina kann weder flüssig lesen noch ohne Fehler schreiben. d) Ich besitze sowohl ein Fax als auch ein Handy. e) Ich kenne sowohl ein ausgezeichnetes Restaurant als auch eine exklusive Bar. f) Ich spreche weder Japanisch noch Spanisch.
2. c) Je stärker die Sonne scheint, desto schneller bekommt man einen Sonnenbrand. d) Entweder du bleibst heute Nacht hier oder du fährst mit dem Taxi nach Hause. e) Je interessanter die Arbeit ist, desto schneller vergeht die Zeit. f) Je mehr Leute an dem Projekt arbeiten, desto mehr Probleme gibt es. g) Eva möchte entweder in Italien Urlaub machen oder nach Schweden.

Nebensatzkonjunktionen (Seite 216–217)

1. b) …, weil er so mehr verdient. c) …, weil er im Lotto gewonnen hat. d) …, obwohl er eigentlich lernen soll. e) …, obwohl es November ist. f) …, weil wir Vollmond hatten. g) …, obwohl das verboten ist.

Lösungen

Seite 217–225

2. b) Seit(dem) ich mich von meinem Mann getrennt habe, lebe ich allein. c) Bis die Miete erhöht wurde, war die Wohnung sehr günstig. d) Während ich mich im Krankenhaus aufhielt, habe ich viel geschlafen. e) Seit(dem) Konrad im Lotto gewonnen hat, hat er plötzlich viele Freunde. f) Während ein Flugzeug startet, dröhnen die Motoren sehr laut. g) Bis der Strom ausfiel, habe ich in der Küche gekocht.

3. a) Wenn das Wetter schön ist, gehe ich spazieren. b) Als das Wetter schön war, bin ich spazieren gegangen. c) Als mich mein Freund gestern besucht hat, habe ich mich sehr gefreut. d) Wenn mein Vater mit mir telefoniert, ist es oft spät. e) (Immer) wenn ich Zeit hatte, bin ich ins Theater gegangen. f) Sind Sie zum Arzt gegangen, als Sie krank waren?

4. b) ..., dass sie aus dem Glas trinken will? c) ..., ohne dass sie kleckert. d) ..., dass man sie für ein Fotoshooting gebucht hat. e) ..., ohne dass sie aufwacht.

Infinitivsätze (Seite 220–221)

1. b) Es ist langweilig, einen ganzen Tag im Auto zu sitzen. Einen ganzen Tag im Auto zu sitzen ist langweilig. c) Es ist interessant, Menschen aus anderen Ländern kennen zu lernen. Menschen aus anderen Ländern kennen zu lernen ist interessant. d) Es ist lächerlich, mit Sandalen im Schnee zu laufen. Mit Sandalen im Schnee zu laufen ist lächerlich.

2. b) –; c) ..., so lange zu putzen. d) ..., das Wasser auf dem Boden zu verteilen. e) ..., das Wasser mit dem Staubsauger abzusaugen. f) – g) –

3. b) Ich warne dich vor dem Risiko. Ich warne dich davor, zu schnell zu fahren. c) Der Lehrer fordert den Studenten zum Sprechen auf. Der Lehrer fordert den Studenten auf, lauter zu sprechen. d) Britta wird um Hilfe gebeten. Britta wird darum gebeten, im Kindergarten zu helfen. e) Der Nachbar kümmert sich um die Blumen. Der Nachbar kümmert sich darum, die Post anzunehmen. f) Die Kollegin bittet um ein Gespräch. Die Kollegin bittet darum, einen Monat Urlaub zu bekommen. g) Andreas interessiert sich für eine neue Küche. Andreas interessiert sich dafür, ein neues Sofa zu kaufen.

4. b) Aber sie meinten, erst im Herbst heiraten zu wollen. c) Sie haben erzählt, noch viel vorbereiten zu müssen. d) Sie haben angekündigt, keine Hochzeitsgeschenke annehmen zu können. e) Sie haben erklärt, das Haus sonst vergrößern zu müssen. f) Sie haben gesagt, sich nicht in der Kirche trauen zu lassen.

Fragesätze mit und ohne Fragewort (Seite 224–225)

1. b) Wie viel haben die Schuhe gekostet? c) Wann muss ich zum Friseur? d) Wer besucht uns am Wochenende? e) Wohin fahre ich am Freitag mit Carla zum Shoppen? f) Wen musst du dann von der Schule abholen? g) Wo liegt die Kreditkarte?

2. b) Bekomme ich auch ein Geschenk? c) Gehen wir dieses Jahr (nicht) in die Kirche? d) Kommen Sandra und Mario auch zu Besuch? e) Essen wir zu Weihnachten (keine) Schokotorte? f) Stellen wir den Weihnachtsbaum ins Wohnzimmer? g) Legen wir die Weihnachtsgeschenke unter den Tisch?

3. b) Ich bin mir nicht sicher, wann Heinz heute Abend kommt. c) Ich weiß nicht, ob ich mein Portemonnaie in den Koffer gesteckt habe. d) Ich bin mir nicht sicher, wo ich den Mann schon einmal gesehen habe. e) Der Professor fragt sich, ob er das Buch schon gelesen hat. f) Ich kann Ihnen nicht sagen, wie schnell ein Mercedes fährt. g) Ich frage einen Passanten, ob es eine Apotheke hier im Ort gibt.

Lösungen

Seite 225–236

4. b) Wo trifft sich der Deutschkurs? Weißt du, wo sich der Deutschkurs trifft? c) Bis wann lernen wir? Weißt du, bis wann wir lernen? d) Warum endet der Unterricht heute um 12.00 Uhr? Weißt du, warum der Unterricht heute um 12.00 Uhr endet?

Stellung von Subjekt und Prädikat (Seite 228)

1. b) Randy und Eris wohnen jetzt in Deutschland. Jetzt wohnen Randy und Eris in Deutschland. c) Rafael isst mittags in der Firma. Mittags isst Rafael in der Firma. d) Die Deutschen trinken morgens einen Kaffee. Morgens trinken die Deutschen einen Kaffee. e) Ich gebe dir später mein Deutschbuch. Später gebe ich dir mein Deutschbuch. f) Der Deutschkurs beginnt nächsten Montag. Nächsten Montag beginnt mein Deutschkurs. g) Ich bin am Wochenende im Schlosspark spazieren gegangen. Am Wochenende bin ich im Schlosspark spazieren gegangen.
2. b) Etwa 70 Minuten dauert die Fahrt. c) In der Kaffee-Ecke kann Gil seinen Kaffee trinken. d) Zwischen 9.00 und 10.00 Uhr liest er seine E-Mails. e) In der Kantine kann Gil Mittag essen. f) Acht Stunden arbeitet Gil täglich.

Die Stellung der Objekte (Seite 230)

1. b) Der Arzt hat es Herrn Hillner gegeben. c) Der Fahrlehrer erklärt es Max und Philipp. d) Der Verkäufer zeigt sie Brigitte. e) Frau Berger schenkt sie ihrem Sohn zum Abitur. f) Maria erzählt sie ihrer Tochter jeden Abend. g) Hast du es Anna schon geschrieben?
2. b) Ja, gib es ihr. c) Ja, lass sie ihr liefern. d) Ja, schenk ihn ihr. e) Ja, empfiehl ihn ihr. f) Ja, leih ihn ihr.

Die Stellung adverbialer Angaben (Seite 232)

1. b) … im nächsten Jahr zu Weihnachten aus Dankbarkeit in Stuttgart … c) …am Samstag um halb fünf nur kurz im Café am Bahnhof. d) … 2003 im Sommer zufällig in Berlin im Sprachkurs … e) … heute Abend um 17.00 Uhr am besten zum Lernen … f) … am Samstag nach der Pause wegen der Fusion freundlich im Konferenzraum … g) am Montag gegen 16.00 Uhr in Stuttgart … h) am Wochenende wegen des Schneefalls mit großer Verspätung ins Büro …

Die Stellung präpositionaler Objekte (Seite 234)

1. a) … meiner Tante für das Geschenk …. b) am Montag wegen der Lieferung mit dem Kunden … c) mir ein Paket für seine Schwester …
d) … dem Gastgeber meine Frau auf dem Fest … e) … natürlich damit … f) … gestern im Restaurant über alle Probleme …

Satzstellung mit Objekten und Angaben (Seite 236)

1. b) … man sonntags um 14.00 Uhr eine Führung bei einem Historiker buchen. c) … ihrem Bekannten bei der Begrüßung kräftig die Hand. d) … gestern kurz vor 18.00 Uhr meinen Mantel im Kino vergessen. e) seiner Frau letztes Jahr im März ein Kleid in Köln am Dom gekauft. f) … im letzten Herbst mit meinem Freund aus beruflichem Interesse bei der Präsentation der A-Klasse im Stuttgarter Mercedes-Zentrum. g) … seit Jahren wegen der hohen Mieten verzweifelt eine neue Wohnung in München. h) … uns morgen früh im Reisebüro über die schlechte Reiseleitung. i) … ich meine Hausaufgaben wegen einer Erkältung nicht ganz beenden. j) … gestern gegen 16.00 Uhr in Köln einen Un-

fall mit einem Radfahrer gesehen. k) … bekommt meine Mutter einen Pullover von mir zum Geburtstag. l) … will mir heute sein Auto aus Angst nicht leihen. m) … lernen ihre Grammatik nur nach 20 Uhr am Abend im Bett. n) … kaufe mir eines Tages bestimmt einen Sportwagen.

Die letzte Position: Verben und Verbergänzungen (Seite 239)

1. b) Es hat stark geschneit an diesem Morgen. c) Lisa hat mein E-Mail schneller beantwortet als erwartet. d) Ich bestelle Gemüse, da ich kein Fleisch esse. e) Ich kann den Einkauf bezahlen mit der Kreditkarte. f) Hast du den Herd ausgeschaltet und das Licht? g) Die Firma bleibt geschlossen vom 13.12 bis 6.01. h) Viele Mitarbeiter surfen privat im Internet, obwohl es viele Firmen verbieten.

2. b) Ich ging nach Durham, da Durham die Partnerstadt von Tübingen ist. c) So ein Auslandssemester sollte Pflicht sein für alle Studenten. d) Ich habe sehr profitiert von dem Aufenthalt in England. e) Ich bin endlich sicherer geworden in der Sprache.

Grundzahlen (Seite 243)

1. a) eins, elf, einundzwanzig; b) zwei, zwölf, zwanzig; c) drei, dreizehn, dreiundzwanzig; d) sechs, sechzehn, sechsundzwanzig; e) sieben, siebzehn, siebenundzwanzig

2. b) zwanzig Euro; c) zwölf Euro fünfundneunzig; d) ein Euro neunundvierzig; e) fünf Euro fünfundachtzig; f) neun Euro neunundneunzig

3. b) fünfzig minus vierzehn ist gleich sechsunddreißig; c) fünfundsechzig plus siebenunddreißig ist gleich einhundertzwei; d) neununddreißig mal zwei ist gleich achtundsiebzig; e) vierzehn geteilt durch sieben ist gleich zwei; f) zwanzig mal fünf ist gleich hundert

Ordnungszahlen (Seite 246)

1. a) erste; b) zweite; c) (ein)hundertste; der Zweite; fünftes;

2. a) erste, zweiten; b) zehnt; c) erstens, zweitens, drittens

3. a) Das zweitteuerste Auto ist der Porsche, das teuerste Auto ist der VW; b) Die drittschnellsten Fahrzeuge sind der Porsche und der BMW, das zweitschnellste Fahrzeug ist der Mercedes, das schnellste Auto ist der VW; c) Den höchsten Verbrauch hat der VW, den zweithöchsten Verbrauch hat der Porsche und den dritthöchsten Verbrauch hat der BMW.

Bruchzahlen (Seite 248)

1. a) ein halb; b) zwei Zwölftel; c) zehn Hundertstel; d) sieben Fünftel; e) drei Viertel; f) zwei Drittel

2. b) + c) + h) + i) gut/etwas mehr als ein Drittel; d) + e) gut/etwa/etwas mehr als ein Fünftel; f) knapp ein Viertel; g) knapp vier Zehntel; j) genau ein Fünftel; k) knapp/etwas weniger als ein Fünftel; l) gut/etwas mehr als ein Fünftel

3. b) mehr als $\frac{2}{3}$ – zwei Drittel; c) weniger als $\frac{3}{4}$ – drei Viertel; $\frac{9}{10}$ – neun Zehntel; d) etwa $\frac{4}{5}$ – vier Fünftel; e) mehr als $\frac{1}{10}$ – ein Zehntel

Sonstige Zahlwörter (Seite 251)

1. a) einmalig; b) vielmals; c) keinerlei; d) dreierlei; e) vielfachen

2. b) zweierlei Sorten, viererlei Sorten; c) dreifachen; d) vielfachen; e) zigmal; f) einmalig

Zeitangaben (Seite 254–255)

1. b) Am achtzehnten Januar 1871 wurde das Deutsche Kaiserreich proklamiert. c) Am achten Mai 1945 endete der 2. Weltkrieg; d) Am dreiundzwanzigsten Mai 1949 wurde die BRD gegründet; e) Am dreizehnten August 1961 begann der Bau der Berliner Mauer; f) Am dritten Oktober 1990 wurde Deutschland wieder-

Zu Übung 1, S. 239
Die letzte Position: Verben und Verbergänzungen: In Übung 1 sind mehrere Lösungen möglich. Hier finden Sie die wahrscheinlichste.

Lösungen

Seite 254–266

vereinigt; g) Am ersten Januar 2001 wurde der Euro eingeführt.

2. a) genau halb drei, zwei Uhr dreißig; b) … sechs Uhr dreiunddreißig; c) kurz nach halb elf, zehn Uhr fünfunddreißig; d) ungefähr/kurz vor zwölf Uhr, elf Uhr neunundfünfzig; e) genau viertel vor zwei, dreizehn Uhr fünfundvierzig; f) genau viertel nach vier, sechzehn Uhr fünfzehn; g) Etwa/ungefähr/circa/kurz nach zehn Uhr, zweiundzwanzig Uhr eins; h) genau halb zwölf, dreiundzwanzig Uhr dreißig; i) eine Viertelstunde nach Mitternacht/viertel nach zwölf, Null Uhr fünfzehn

3. a) einunddreißigsten, vierundzwanzigsten; b) vierundzwanzigsten, sechsten; c) vierundzwanzigste und fünfundzwanzigste; d) erste; e) fünfzehnten

4. b) … ich komme um viertel vor acht. c) … er fährt um halb drei ab. d) … ich habe um viertel nach vier Feierabend. e) … das Meeting beginnt um fünf nach/kurz nach zehn. f) … sie kommt um fünf vor/kurz vor fünf.

Maße und Gewichte (Seite 257)

1. a) 5; b) 3; c) 1; d) 4; e) 2
2. a) Österreich ist 83.858 km² groß. b) Seine Weinbaufläche beträgt 45.533 km². c) Die Tauernautobahn ist 194 km lang. d) Die Durchschnittstemperatur in Wien beträgt im Sommer 20 °C. e) Die berühmten Mozartkugeln kosten 7,90 Euro je 250 Gramm.
3. b) Ein Blauwal hat ein Gewicht von zweihundert Tonnen. c) Ein Eukalyptusbaum ist/wird höher als (ein) hundert Meter. d) Ein Kubikmeter Schnee hat ein Gewicht von dreihundert Kilo(gramm). e) Das Licht der Sonne braucht/benötigt acht Minuten (bis) zur Erde. f) Das Sichtfeld der Fliege beträgt dreihundertsechzig Grad.

Modalpartikeln (Seite 262–263)

1. b) Ich kann dich ja nie auf dem Handy erreichen! c) Du hast ja ein neues Fahrrad! d) Dein Auto ist ja kaputt! e) Der Tee ist ja viel zu heiß! f) Es ist ja schon 9.00 Uhr!
2. b) Warum buchen wir denn die Reise nicht im Reisebüro? c) Warum soll er denn so wenig kosten? d) Warum willst du denn nicht nur am Strand liegen? e) Warum hast du denn den Single-Tarif gebucht? f) Warum nimmst du mich denn nicht mit?
3. b) Hilfst du mir mal? – Ich mache doch gerade Hausaufgaben! c) Können Sie mal mitkommen? – Ich muss doch ein E-Mail an unseren Kunden schreiben. d) Haben Sie mal eine Minute Zeit? – Tut mir leid, ich habe doch einen Termin. e) Bringst du mal den Müll raus? – Nee, das ist mir doch zu eklig. F) Machst du mal die Tür auf? – Ich dusche doch.
4. b) Zum Gesicht gehören wohl sechzig Muskeln. c) Der Mensch produziert wohl 1,5 Liter Speichel am Tag. d) Ein Erwachsener atmet in Ruhe wohl 15-mal pro Minute ein und aus. e) Das Herz hat wohl vier Kammern. f) Das größte Organ ist wohl die Haut.
5. a) 1; b) 3; c) 3; d) 1; e) 2; f) 3

Dialogpartikeln (Seite 266)

1. a) Wie bitte, was hast du gesagt? b) Ja klar, das ist eine gute Idee. c) Selbstverständlich, das weiß doch jedes Kind. d) Na ja, meine Eltern fanden's toll. e) Nein, leider nicht. e) Also, ich weiß nicht, was ich sagen soll.
2. b) Schön! c) Wie bitte? d) Selbstverständlich!/Ja, natürlich! e) Nein (lieber nicht). f) Ja, danke/gern.

Lösungen

Seite 271–275

Wortbildung (Seite 271–272)

1. a) beachtet; b) befahren; c) besteigen; d) beantwortest; bearbeitet
2. <u>abfahren</u>: einen Ort z. B. mit dem Auto verlassen; <u>auffahren</u>: zu dicht an oder gegen ein anderes Fahrzeug fahren; <u>einfahren</u>: z. B. in ein Parkhaus/in eine Garage fahren; <u>hinfahren</u>: zu einem anderen Ort fahren; <u>losfahren</u>: einen Ort z. B. mit dem Auto verlassen; <u>vorfahren</u>: z. B. vor ein Haus fahren; <u>wegfahren</u>: einen Ort z. B. mit dem Auto verlassen; <u>zufahren auf</u>: in Richtung von etwas/jemandem fahren; <u>abgeben</u>: einer anderen Person einen Teil geben; <u>aufgeben</u>: kapitulieren; <u>eingeben</u>: z. B. eine Nummer in den Taschenrechner tippen; <u>hingeben</u> (ugs.): etwas einer anderen Person geben; ~~losgeben~~; <u>vorgeben</u>: simulieren, täuschen; <u>weggeben</u>: etwas für immer jemand anders geben; <u>zugeben</u>: sagen, was man Falsches getan hat; <u>ablaufen</u>: Das Frischedatum einer Ware endet; <u>auflaufen</u>: ansammeln, auf Grund laufen; <u>einlaufen</u>: ein Ziel erreichen; <u>hinlaufen</u>: zu einem Ort laufen; <u>loslaufen</u>: einen Ort zu Fuß verlassen; <u>vorlaufen</u>: vor den anderen/jemandem laufen; <u>weglaufen</u>: schnell entkommen; <u>zulaufen</u>: ein Tier kommt zu einem Menschen und bleibt; <u>von etwas abkommen</u>: einen Plan/Weg verlassen; <u>aufkommen</u>: entstehen, beginnen; ~~einkommen~~; <u>hinkommen</u>: zu einem anderen Ort kommen; <u>von etwas loskommen</u>: sich von einem Ort/einer Veranstaltung/einer Person trennen; <u>vorkommen</u>: geschehen, existieren; <u>wegkommen</u>: etwas verschwindet; <u>zukommen</u>: nur mit Präposition *auf*: sich räumlich oder zeitlich nähern, mit jemandem Kontakt aufnehmen; <u>abarbeiten</u>: eine bestimmte Menge Arbeit verrichten, Schulden begleichen; <u>aufarbeiten</u>: etwas, womit man im Rückstand ist, bearbeiten; Möbel neu machen; <u>einarbeiten</u>: etwas handwerklich geschickt in eine Fläche oder in ein Teil einfügen; <u>hinarbeiten</u>: nur mit Präposition *auf*: auf ein Ziel arbeiten; <u>losarbeiten</u>: –; <u>vorarbeiten</u>: mehr arbeiten als geplant oder vorgeschrieben, um Zeit zu sparen; <u>wegarbeiten</u>: eine Menge Arbeit zu Ende bringen; <u>zuarbeiten</u>: Hand in Hand arbeiten
3. a) enteist; b) entsalzt; c) entmachtet; d) enthüllt; e) entfärbt
4. a) machbar; b) malerisch; c) traumhaft; d) köstlich; e) hörbar; f) ruhiges; g) abrufbar; h) beweglich
5. a) abfahren; b) eingießen; c) sich hinsetzen; d) ausladen; e) einschlafen; f) einnehmen; g) herkommen; h) anbinden
6. a) losfahren; b) abwarten; c) abreißen; d) heule ... los; e) losgehen; f) laufe ... los; g) abfinden; h) abgeben
7. b) anfänglich und endlich; c) städtisch und ländlich; d) kriegerisch und friedlich; e) mündlich und schriftlich; f) sommerlich und winterlich; g) traumhaft und realistisch; h) fettig und ölig

Zusammengesetzte Wörter (Seite 275)

1. b) das Nachbarland; c) Das Hörbuch; d) die Altersrente; e) die Wohlstandsgesellschaft; f) der Kochlöffel; g) das Ausländeramt; h) die Schnellstraße
2. a) Altbau, Altenpflege, Altbier, Alteisen, Altenheim; b) Arbeitsamt, Arbeitnehmer, Arbeitsagentur, Arbeitsbeginn, Arbeitszeit; c) Bürotisch, Bürolampe, Bürotür, Bürofenster
3. a) erfolgreichsten; b) Fernsehsendungen; c) Erfolgsgeschichte; d) Fernsehsendung; e) Privatsender; f) Ausstrahlung; g) Durchschnitt; h) Teilnehmer; i) Spielkandidaten; j) Millionengewinn; k) Millionenfrage; l) Quizshow; m) Zuschauern; n) mehrfach; o) Fernsehpreis; p) Unterhaltungssendung

Wichtige unregelmäßige Verben

Liste der unregelmäßigen Verben

*Verben mit trennbarem Präfix folgen der Konjugation des Basisverbs. Das Präfix wird im Präsens und Präteritum getrennt, im Partizip Perfekt vorangestellt.

Verben, S. 37

INFINITIV	3. Pers. Sg. Präsens	1. Pers. Sg. Präteritum	Partizip Perfekt
abbiegen*	biegt ab	bog ab	(ist) abgebogen
abfahren	fährt ab	fuhr ab	(ist) abgefahren
abfliegen	fliegt ab	flog ab	(ist) abgeflogen
abgeben	gibt ab	gab ab	(hat) abgegeben
abheben	hebt ab	hob ab	(hat) abgehoben
abschließen	schließt ab	schloss ab	(hat) abgeschlossen
abwaschen	wäscht ab	wusch ab	(hat) abgewaschen
anbieten	bietet an	bot an	(hat) angeboten
anfangen	fängt an	fing an	(hat) angefangen
angreifen	greift an	griff an	(hat) angegriffen
ankommen	kommt an	kam an	(ist) angekommen
annehmen	nimmt an	nahm an	(ist) angenommen
anrufen	ruft an	rief an	(hat) angerufen
ansehen	sieht an	sah an	(hat) angesehen
anziehen	zieht an	zog an	(hat) angezogen
aufgeben	gibt auf	gab auf	(hat) aufgegeben
ausgeben	gibt aus	gab aus	(hat) ausgegeben
aussehen	sieht aus	sah aus	(hat) ausgesehen
aufheben	hebt auf	hob auf	(hat) aufgehoben
aufnehmen	nimmt auf	nahm auf	(hat) aufgenommen
aufstehen	steht auf	stand auf	(ist) aufgestanden
ausgehen	geht aus	ging aus	(ist) ausgegangen
ausschließen	schließt aus	schloss aus	(hat) ausgeschlossen
aussehen	sieht aus	sah aus	(hat) ausgesehen
aussteigen	steigt aus	stieg aus	(ist) ausgestiegen
backen	backt	buk/backte	(hat) gebacken
befehlen	befiehlt	befahl	(hat) befohlen
beginnen	beginnt	begann	(hat) begonnen
behalten	behält	behielt	(hat) behalten
beißen	beißt	biss	(hat) gebissen
bekommen	bekommt	bekam	(hat) bekommen
belügen	belügt	belog	(hat) belogen
beraten	berät	beriet	(hat) beraten
beschließen	beschließt	beschloss	(hat) beschlossen
beschreiben	beschreibt	beschrieb	(hat) beschrieben
besitzen	besitzt	besaß	(hat) besessen
bestehen	besteht	bestand	(hat) bestanden
betragen	beträgt	betrug	(hat) betragen
betrügen	betrügt	betrog	(hat) betrogen
bewegen	bewegt	bewog	(hat) bewogen
beweisen	beweist	bewies	(hat) bewiesen
bewerben	bewirbt	bewarb	(hat) beworben
beziehen	bezieht	bezog	(hat) bezogen
biegen	biegt	bog	(hat) gebogen
bieten	bietet	bot	(hat) geboten
binden	bindet	band	(hat) gebunden

Wichtige unregelmäßige Verben

INFINITIV	3. Pers. Sg. Präsens	1. Pers. Sg. Präteritum	Partizip Perfekt
bitten	bittet	bat	(hat) gebeten
blasen	bläst	blies	(hat) geblasen
bleiben	bleibt	blieb	(ist) geblieben
braten	brät	briet	(hat) gebraten
brechen	bricht	brach	(hat) gebrochen
brennen*	brennt	brannte	(hat) gebrannt
bringen*	bringt	brachte	(hat) gebracht
denken	denkt	dachte	(hat) gedacht
dringen	dringt	drang	(ist) gedrungen
dürfen	darf	durfte	(hat) gedurft
einfallen	fällt ein	fiel ein	(ist) eingefallen
einladen	lädt ein	lud ein	(hat) eingeladen
einschlafen	schläft ein	schlief ein	(ist) eingeschlafen
einsteigen	steigt ein	stieg ein	(ist) eingestiegen
einziehen	zieht ein	zog ein	(ist) eingezogen
empfehlen	empfiehlt	empfahl	(hat) empfohlen
enthalten	enthält	enthielt	(hat) enthalten
entlassen	entlässt	entließ	(hat) entlassen
entscheiden	entscheidet	entschied	(hat) entschieden
entschließen	entschließt	entschloss	(hat) entschlossen
entsprechen	entspricht	entsprach	(hat) entsprochen
entstehen	entsteht	entstand	(ist) entstanden
erfahren	erfährt	erfuhr	(hat) erfahren
erfinden	erfindet	erfand	hat erfunden
erhalten	erhält	erhielt	(hat) erhalten
erkennen	erkennt	erkannte	(hat) erkannt
erscheinen	erscheint	erschien	(ist) erschienen
erschrecken	erschrickt	erschrak	(ist) erschrocken
erziehen	erzieht	erzog	(hat) erzogen
essen	isst	aß	(hat) gegessen
fahren	fährt	fuhr	(ist) gefahren
fallen	fällt	fiel	(ist) gefallen
fangen	fängt	fing	(hat) gefangen
fernsehen	sieht fern	sah fern	(hat) ferngesehen
festhalten	hält fest	hielt fest	(hat) festgehalten
finden	findet	fand	(hat) gefunden
fliegen	fliegt	flog	(ist) geflogen
fliehen	flieht	floh	(ist) geflohen
fließen	fließt	floss	(ist) geflossen
fressen	frisst	fraß	(hat) gefressen
frieren	friert	fror	(hat) gefroren
geben	gibt	gab	(hat) gegeben
gefallen	gefällt	gefiel	(hat) gefallen
gehen	geht	ging	(ist) gegangen
gelingen	gelingt	gelang	(ist) gelungen
gelten	gilt	galt	(hat) gegolten

*Das Partizip hat, die Endung -t, alle Formen sind aber dennoch unregelmäßig.

Wichtige unregelmäßige Verben

INFINITIV	3. Pers. Sg. Präsens	1. Pers. Sg. Präteritum	Partizip Perfekt
genießen	genießt	genoss	(hat) genossen
geraten	gerät	geriet	(hat) geraten
geschehen	geschieht	geschieht	(ist) geschehen
gewinnen	gewinnt	gewann	(hat) gewonnen
gießen	gießt	goss	(hat) gegossen
gleichen	gleicht	glich	(hat) geglichen
gleiten	gleitet	glitt	(ist) geglitten
graben	gräbt	grub	(hat) gegraben
greifen	greift	griff	(hat) gegriffen
haben	hat	hatte	(hat) gehabt
halten	hält	hielt	(hat) gehalten
hängen	hängt	hing	(hat) gehangen
hauen	haut	haute (hieb)	(hat) gehauen
heben	hebt	hob	(hat) gehoben
heißen	heißt	hieß	(hat) geheißen
helfen	hilft	half	(hat) geholfen
kennen	kennt	kannte	(hat) gekannt
klingen	klingt	klang	(hat) geklungen
kommen	kommt	kam	(ist) gekommen
kriechen	kriecht	kroch	(ist) gekrochen
laden	lädt	lud	(hat) geladen
lassen	lässt	ließ	(hat) gelassen
laufen	läuft	lief	(ist) gelaufen
leiden	leidet	litt	(hat) gelitten
leihen	leiht	lieh	(hat) geliehen
lesen	liest	las	(hat) gelesen
liegen	liegt	lag	(hat) gelegen
lügen	lügt	log	(hat) gelogen
meiden	meidet	mied	(hat) gemieden
melken	melkt	molk	(hat) gemolken
messen	misst	maß	(hat) gemessen
misslingen	misslingt	misslang	(ist) misslungen
missverstehen	missversteht	missverstand	(hat) missverstanden
mitbringen	bringt mit	brachte mit	(hat) mitgebracht
mögen	mag	mochte	(hat) gemocht
nehmen	nimmt	nahm	(hat) genommen
nennen	nennt	nannte	(hat) genannt
pfeifen	pfeift	pfiff	(hat) gepfiffen
raten	rät	riet	(hat) geraten
reiben	reibt	rieb	(hat) gerieben
reißen	reißt	riss	(hat) gerissen
reiten	reitet	ritt	(hat/ist) geritten
rennen	rennt	rannte	(ist) gerannt

Wichtige unregelmäßige Verben

INFINITIV	3. Pers. Sg. Präsens	1. Pers. Sg. Präteritum	Partizip Perfekt
riechen	riecht	roch	(hat) gerochen
rufen	ruft	rief	(hat) gerufen
saufen	säuft	soff	(hat) gesoffen
saugen	saugt	sog	(hat) gesogen
schaffen	schafft	schuf	(hat) geschaffen
scheinen	scheint	schien	(hat) geschienen
schieben	schiebt	schob	(hat) geschoben
schießen	schießt	schoss	(hat) geschossen
schlafen	schläft	schlief	(hat) geschlafen
schlagen	schlägt	schlug	(hat) geschlagen
schleichen	schleicht	schlich	(ist) geschlichen
schleifen	schleift	schliff	(hat) geschliffen
schließen	schließt	schloss	(hat) geschlossen
schmeißen	schmeißt	schmiss	(hat) geschmissen
schmelzen	schmilzt	schmolz	(ist/hat) geschmolzen
schneiden	schneidet	schnitt	(hat) geschnitten
schreiben	schreibt	schrieb	(hat) geschrieben
schreien	schreit	schrie	(hat) geschrien
schreiten	schreitet	schritt	(ist) geschritten
schweigen	schweigt	schwieg	(hat) geschwiegen
schwimmen	schwimmt	schwamm	(ist) geschwommen
schwören	schwört	schwor	(hat) geschworen
sehen	sieht	sah	(hat) gesehen
sein	ist	war	(ist) gewesen
senden	sendet	sandte/sendete	(hat) gesandt/gesendet
singen	singt	sang	(hat) gesungen
sinken	sinkt	sank	(ist) gesunken
sitzen	sitzt	saß	(hat) gesessen
spinnen	spinnt	spann	(hat) gesponnen
sprechen	spricht	sprach	(hat) gesprochen
springen	springt	sprang	(ist) gesprungen
stattfinden	findet statt	fand statt	(hat) stattgefunden
stechen	sticht	stach	(hat) gestochen
stehen	steht	stand	(hat) gestanden
stehlen	stiehlt	stahl	(hat) gestohlen
steigen	steigt	stieg	(ist) gestiegen
sterben	stirbt	starb	(ist) gestorben
stinken	stinkt	stank	(hat) gestunken
stoßen	stößt	stieß	(hat) gestoßen
streichen	streicht	strich	(hat) gestrichen
streiten	streitet	stritt	(hat) gestritten
tragen	trägt	trug	(hat) getragen
treffen	trifft	traf	(hat) getroffen
treiben	treibt	trieb	(hat) getrieben
treten	tritt	trat	(hat) getreten
trinken	trinkt	trank	(hat) getrunken
tun	tut	tat	(hat) getan

Wichtige unregelmäßige Verben

INFINITIV	3. Pers. Sg. Präsens	1. Pers. Sg. Präteritum	Partizip Perfekt
übernehmen	übernimmt	übernahm	(hat) übernommen
überweisen	überweist	überwies	(hat) überwiesen
unterbrechen	unterbricht	unterbrach	(hat) unterbrochen
unterhalten	unterhält	unterhielt	(hat) unterhalten
umziehen	zieht um	zog um	(ist) umgezogen
unterscheiden	unterscheidet	unterschied	(hat) unterschieden
unterschreiben	unterschreibt	unterschrieb	(hat) unterschrieben
verbieten	verbietet	verbot	(hat) verboten
verbinden	verbindet	verband	(hat) verbunden
verbringen	verbringt	verbrachte	(hat) verbracht
vergessen	vergisst	vergaß	(hat) vergessen
vergleichen	vergleicht	verglich	(hat) verglichen
verhalten	verhält	verhielt	(hat) verhalten
verlassen	verlässt	verließ	(hat) verlassen
verlieren	verliert	verlor	(hat) verloren
verraten	verrät	verriet	(hat) verraten
verschreiben	verschreibt	verschrieb	(hat) verschrieben
verschwinden	verschwindet	verschwand	(ist) verschwunden
versprechen	verspricht	versprach	(hat) versprochen
verstehen	versteht	verstand	(hat) verstanden
vertreten	vertritt	vertrat	(hat) vertreten
verzeihen	verzeiht	verzieh	(hat) verziehen
vorhaben	hat vor	hatte vor	(hat) vorgehabt
vorschlagen	schlägt vor	schlug vor	(hat) vorgeschlagen
wachsen	wächst	wuchs	(ist) gewachsen
waschen	wäscht	wusch	(hat) gewaschen
wehtun*	tut weh	tat weh	(hat) wehgetan*
wenden	wendet	wandte	(hat) gewandt
werben	wirbt	warb	(hat) geworben
werden	wird	wurde	(ist) geworden
werfen	wirft	warf	(hat) geworfen
widersprechen	widerspricht	widersprach	(hat) widersprochen
wiegen	wiegt	wog	(hat) gewogen
wissen	weiß	wusste	(hat) gewusst
ziehen	zieht	zog	(hat) gezogen
zunehmen	nimmt zu	nahm zu	(hat) zugenommen
zwingen	zwingt	zwang	(hat) gezwungen

*Auch die Schreibweise *weh tun* bzw. *weh getan* ist richtig.

Feste Verbindungen: Verben mit Präpositionen

Verb + Präposition Kasus Beispiel

Verb + Präposition	Kasus	Beispiel
abhängen von	+ D	Ob wir fahren, hängt vom Wetter ab.
achten auf	+ A	Bitte achte auf den neuen Mantel.
anfangen mit	+ D	Ich fange mit der Übung an.
ankommen auf	+ A	Es kommt auf den richtigen Preis an.
antworten auf	+ A	Bitte antworten Sie heute auf den Brief.
sich ärgern über	+ A	Wir ärgern uns über den Regen.
aufhören mit	+ D	Er hört um 17.00 Uhr mit der Arbeit auf.
aufpassen auf	+ A	Ein Babysitter passt auf kleine Kinder auf.
sich aufregen über	+ A	Deutsche regen sich über Unpünktlichkeit auf.
ausgeben für	+ A	Frauen geben viel Geld für Schuhe aus.
sich bedanken bei	+ D	Ich bedanke mich herzlich bei dir.
sich bedanken für	+ A	Martin bedankt sich für das Geschenk.
beginnen mit	+ D	Wir beginnen pünktlich mit dem Deutschkurs.
sich bemühen um	+ A	Karla bemüht sich um eine Arbeit.
berichten über	+ A	Der Reporter berichtet über die Wahlen.
sich beschäftigen mit	+ D	Ich beschäftige mich gern mit Pflanzen.
sich beschweren bei	+ D	Der Gast beschwert sich beim Kellner.
bestehen aus	+ D	Eheringe bestehen aus Gold.
bestehen auf	+ A	Ich bestehe auf sofortige Bezahlung des Autos.
sich beteiligen an	+ D	Viele Studenten beteiligen sich an den Streiks.
sich bewerben bei	+ D	Er bewirbt sich bei einer Bäckerei.
sich bewerben um	+ A	Sie bewirbt sich um eine Stelle als Sekretärin.
sich beziehen auf	+ A	Meine Frage bezieht sich auf Ihr Angebot.
bitten um	+ A	Der Redner bittet um Aufmerksamkeit.
danken für	+ A	Sam dankt für Ritas Hilfe.
denken an	+ A	Maria denkt oft an den Urlaub.
diskutieren über	+ A	Das Kabinett diskutiert über eine neue Steuer.
einladen zu	+ D	Ich lade dich zu meinem Geburtstag ein.
sich entscheiden für	+ A	Frauen entscheiden sich gern für Gold.
sich entschließen zu	+ D	Karl entschließt sich zu einem Studium.
sich entschuldigen bei	+ D	Mia entschuldigt sich bei ihrem Mann.
sich entschuldigen für	+ A	Ich entschuldige mich für das Verhalten meiner Tochter.

das Kabinett = die Minister einer Regierung

Verben mit Präpositionen

Feste Verbindungen

Verb + Präposition	Kasus	Beispiel
erfahren von	+ D	Heute haben wir von dem Bauprojekt erfahren.
sich erholen von	+ D	Von dem Schock muss ich mich erst erholen.
sich erinnern an	+ A	Wir erinnern uns gern an unser erstes Ehejahr.
erkennen an	+ D	Man erkennt Pinocchio an seiner langen Nase.
sich erkundigen nach	+ D	Oma erkundigt sich oft nach meinen Plänen.
erschrecken über	+ A	Die Frau erschrickt über eine Maus.
erzählen über	+ A	Ein Ostberliner erzählt über sein Leben in der ehemaligen DDR.
erzählen von	+ D	Der Bischoff erzählt von der Reise nach Rom.
fragen nach	+ D	Die Journalistin fragt nach den Konsequenzen der Gesetzesänderung.
sich freuen auf	+ A	Kinder freuen sich auf Weihnachten.
sich freuen über	+ A	Jeder freut sich über eine Gehaltserhöhung.
gehen um	+ A	Immer geht es um Geld.
gehören zu	+ D	Das Elsass gehört zu Frankreich.
sich gewöhnen an	+ A	Ich kann mich nicht an den Euro gewöhnen.
glauben an	+ A	Teenager glauben an die große Liebe.
gratulieren zu	+ D	Wir gratulieren dir zum 18. Geburtstag.
halten für	+ A	Ich halte das für keine gute Idee.
halten von	+ D	Kinder halten nicht viel von Ordnung.
sich handeln um	+ A	Bei der Kopie handelt es sich nicht um Originalsoftware.
handeln von	+ D	Märchen handeln von Gut und Böse.
helfen bei	+ D	Kann ich dir beim Tischdecken helfen?
hindern an	+ D	Ein langsamer Fahrer hindert Greta am Überholen.
hoffen auf	+ A	Im März hoffen alle auf warme Frühlingstage.
hören von	+ D	Ich habe seit Sonntag nichts von Piet gehört.
sich informieren über	+ A	Auf der Messe kann man sich über die neue Technologie informieren.
sich interessieren für	+ A	Monika interessiert sich für ein Smartphone.
klagen über	+ A	Frauen klagen häufig über Kopfschmerzen.
kämpfen für	+ A	Die Gewerkschaft kämpft für höhere Löhne.

Verben mit Präpositionen
Feste Verbindungen

Verb + Präposition	Kasus	Beispiel
kommen zu	+ D	In der Besprechung kam es zu einem Streit.
sich konzentrieren auf	+ A	Karl konzentriert sich auf seine Hausaufgaben.
sich kümmern um	+ A	Im Pflegeheim kümmert man sich um alte Leute, die krank sind.
lachen über	+ A	Über einen guten Witz muss man laut lachen.
leiden an	+ D	Jeder fünfte Manager leidet an Burn-out.
leiden unter	+ A	Kaffeetrinker leiden unter Schlafproblemen.
nachdenken über	+ A	Beamte müssen nicht über ihre Rente nachdenken.
protestieren gegen	+ A	Viele Menschen protestieren gegen Atomkraft.
rechnen mit	+ D	Im Januar muss man mit Schnee rechnen.
reden über	+ A	Deine Mutter redet gern über Krankheiten.
reden von	+ D	Großvater redet von den guten alten Zeiten.
riechen nach	+ D	Hier riecht es nach Kuchen.
sagen über	+ A	Brigitte sagt über Dietmar, dass er oft lügt.
sagen zu	+ D	Was sagst du zu meinem neuen Haarschnitt?
schicken an	+ A	Die E-Mail schicke ich dir morgen.
schicken zu	+ D	Der Allgemeinmediziner schickt den Patienten zu einem Spezialisten.
schimpfen über	+ A	Alle schimpfen über den Regen.
schmecken nach	+ D	Muscheln schmecken nach Meerwasser.
schreiben an	+ A	Bitte schreibe noch heute an deine Mutter.
sich schützen vor	+ D	Den Computer des Ministers muss man vor Hackern schützen.
sein für	+ A	Ich bin für die Abschaffung der Kinderarbeit.
sein gegen	+ A	Viele sind gegen Steuererhöhungen.
sorgen für	+ A	Kinder müssen im Alter für ihre Eltern sorgen.
sprechen mit	+ D	Ich spreche noch einmal mit deinem Vater.
sprechen über	+ A	Lass uns über deine Zukunft sprechen.
sterben an	+ D	Zwei Deutsche sind an der Grippe gestorben.
streiten mit	+ D	Ich möchte nicht mit dir streiten.
streiten über	+ A	Die USA und Deutschland streiten über eine neue Strategie.

Verben mit Präpositionen

Feste Verbindungen

Verb + Präposition	Kasus	Beispiel
teilnehmen an	+ D	Nordkorea nimmt an der Fußball-WM teil.
telefonieren mit	+ D	Hast du schon mit dem Arzt telefoniert?
sich treffen mit	+ D	Die Kanzlerin trifft sich täglich mit ihrem Pressesprecher.
sich treffen zu	+ D	Sie treffen sich nur zu einem kurzen Gespräch.
überreden zu	+ D	Kann ich dich zu einem Glas Wein überreden?
sich unterhalten mit	+ D	Der Sänger unterhält sich mit dem Bassisten.
sich unterhalten über	+ A	Die Modedesigner unterhalten sich über die neuesten Trends.
sich verabreden mit	+ D	Heute verabrede ich mich mit einer Freundin.
sich verabschieden von	+ D	Nun wollen wir uns von euch verabschieden.
vergleichen mit	+ D	Vergleichen Sie München mit Berlin.
sich verlassen auf	+ A	Auf mich kann man sich verlassen.
sich verlieben in	+ A	Britta hat sich in das alte Bauernhaus verliebt.
sich verstehen mit	+ D	Daniel versteht sich gut mit seinem Chef.
verstehen von	+ D	Verstehst du etwas von Elektrik?
sich vorbereiten auf	+ A	Karl bereitet sich auf eine Präsentation vor.
warnen vor	+ D	Man hatte ihn vor den hohen Kosten für das alte Auto gewarnt.
warten auf	+ A	In Namibia wartet man lange auf einen Bus.
sich wenden an	+ A	Bitte wenden Sie sich an die Buchhaltung.
werden zu	+ D	Unter null Grad wird Eis zu Wasser.
wissen von	+ D	Ich weiß nichts von neuen Computern für unser Team.
sich wundern über	+ A	Viele Deutsche wundern sich über die plötzlich so hohen Stromkosten.
zuschauen bei	+ D	Kann ich dir bei der Reparatur zuschauen?
zusehen bei	+ D	Willst du mir beim Kochen zusehen?
zweifeln an	+ D	John zweifelt daran, dass sein Sohn die Wahrheit gesagt hat.

Feste Verbindungen: Substantive mit Präpositionen

Substantiv + Präposition	Kasus	Beispiel
die Abhängigkeit von	+ D	Die Abhängigkeit vom Alkohol verursacht bei Krankenkassen hohe Kosten.
die Angst vor	+ D	Peter hatte keine Angst vor Spinnen.
die Antwort auf	+ A	Das ist eine gute Antwort auf meine Frage.
der Ärger über	+ A	Es gab viel Ärger über das neue iPhone.
die Armut an	+ D	Die Armut an roten Blutkörperchen nennt man Anämie.
die Aufregung über	+ A	Die Aufregung über die neue Schnellstraße war groß.
die Begeisterung für	+ A	Die Begeisterung für höhere Steuern hielt sich in Grenzen.
die Bekanntschaft mit	+ D	Herr Jagger machte auch Bekanntschaft mit Prinz Charles.
die Beliebtheit bei	+ D	Der junge Lehrer erfreute sich großer Beliebtheit bei den Schülern.
die Bereitschaft zu	+ D	Der Präsident erklärt seine Bereitschaft zur Hilfe für die Opfer der Flutkatastrophe.
die Beschäftigung mit	+ D	Die Beschäftigung mit der deutschen Grammatik ist sehr anstrengend.
die Bitte um	+ A	Seine Bitte um die Verlängerung der Aufenthaltsgenehmigung wurde abgewiesen.
der Dank für	+ A	Herzlichen Dank für das schöne Geschenk!
die Dankbarkeit für	+ A	Die Großmutter empfand Dankbarkeit für den Besuch der Enkel.
die Eifersucht auf	+ A	Seine Eifersucht auf ihren Kollegen ist krankhaft.
die Eignung für	+ A	Nächsten Montag gibt es Informationen zum Thema „Eignung für das Studium".
die Eignung zu	+ D	Haben Sie die Eignung zum Manager?
das Einverständnis mit	+ D	Er handelte im Einverständnis mit seinem Boss.
die Entscheidung über	+ A	Die Entscheidung über den Ausbau des Flughafens ist noch nicht gefallen.
die Entschlossenheit zu	+ D	Die Kanzlerin betonte die Entschlossenheit zum Ausstieg aus der Atomkraft.
die Entschuldigung für	+ A	Der Chef nahm die Entschuldigung seines Mitarbeiters für den Fehler an.

Substantive mit Präpositionen

Feste Verbindungen

Substantiv + Präposition	Kasus	Beispiel
die Erinnerung an	+ A	Er brauchte stets eine Erinnerung im Kalender an den Geburtstag seiner Frau.
die Fähigkeit zu	+ D	Nicht jeder Mensch hat die Fähigkeit zum Alleinsein.
die Frage nach	+ D	Bei den hohen Kosten stellt sich die Frage nach dem Sinn des Bauprojekts.
die Freude an	+ D	Sie ließ sich die Freude an der Arbeit nicht durch seine schlechte Laune nehmen.
die Freude auf	+ A	Die Freude auf den nächsten Urlaub war groß.
die Freude über	+ A	Die Freude über den Sieg erfasste auch die Zuschauer.
die Freundlichkeit gegenüber	+ D	Roberts Freundlichkeit gegenüber seinen Gästen war erstaunlich.
die Freundschaft mit	+ D	Sie fand die Freundschaft mit seiner Ex-Frau sehr schwierig.
der Gedanke an	+ A	Der Gedanke an den Abschied macht mich traurig.
das Gedenken an	+ A	Die Familie traf sich im Gedenken an den Verstorbenen.
die Gelegenheit zu	+ D	Die Touristen hatten auch Gelegenheit zum Einkauf im Outletcenter.
die Gleichgültigkeit gegenüber	+ D	Er besaß eine große Gleichgültigkeit gegenüber finanziellen Dingen.
der Glückwunsch zu	+ D	Herzlichen Glückwunsch zum Geburtstag!
die Heirat mit	+ D	Die Heirat der Prinzessin mit dem Fitnesstrainer ging durch die Presse.
die Hilfe bei	+ D	Das Medikament verspricht Hilfe bei Gelenkschmerzen.
der Hinweis auf	+ A	Bei der Polizei gingen viele Hinweise auf den Entführer ein.
die Hoffnung auf	+ A	Sie gaben die Hoffnung auf ein eigenes Baby nicht auf.
die Höflichkeit zu	+ D	Mit Höflichkeit kommt man schneller zum Erfolg.
das Interesse an	+ D	Wir haben Interesse an diesem Wagen.
die Liebe zu	+ D	Aus Liebe zur Natur kaufte er ein Haus auf dem Land.
die Lust auf	+ A	Mein Sohn hat nach mittags meist Lust auf Pizza.
das Misstrauen gegenüber	+ D	Der Kaufinteressent hatte großes Misstrauen gegenüber dem Immobilienmakler.

Substantive mit Präpositionen
Feste Verbindungen

Substantiv + Präposition	Kasus	Beispiel
der Neid auf	+ A	Unter den Zeitarbeitern herrschte Neid auf die Festangestellten.
die Neigung zu	+ D	Viele Jugendliche besitzen die Neigung zu aggressivem Verhalten.
die Neugier auf	+ A	Er war voller Neugier auf das kommende Weihnachtsfest.
der Nutzen für	+ A	Sind Sportwetten von Nutzen für den Sport?
der Reichtum an	+ D	Honduras ist bekannt für seinen Reichtum an Flora und Fauna.
die Rücksicht auf	+ D	Aus Rücksicht auf seine schwangere Frau gab er das Rauchen auf.
die Schuld an	+ D	Wer hatte Schuld am Unfall?
der Schutz vor	+ D	Ein gutes Immunsystem ist der beste Schutz vor einer Grippe.
die Schwierigkeit für	+ A	Rückwärts einparken ist keine Schwierigkeit für Frauen.
die Sicherheit vor	+ D	Ein Deich bietet Sicherheit vor dem Hochwasser.
die Sorge um	+ A	Die Sorge um den Verlust des Arbeitsplatzes kann krank machen.
der Stolz auf	+ A	Der Vater war voller Stolz auf seinen erfolgreichen Sohn.
die Teilnahme an	+ D	Ich muss meine Teilnahme am Seminar leider absagen.
die Trauer über	+ D	Es herrschte große Trauer über den Tod des Musikers.
der Unterschied zwischen	+ D	Der Unterschied zwischen Armen und Reichen wird immer größer.
das Verhalten gegenüber	+ D	Das Verhalten gegenüber dem Vorgesetzten sollte stets korrekt sein.
die Verlobung mit	+ D	Fürst Albert hat seine Verlobung bekannt gegeben.
die Verwandtschaft mit	+ D	Besteht eine Verwandtschaft mit einer berühmten Person?
die Wahl zu	+ D	Die Wahl zum Bundespräsidenten dauerte länger als erwartet.
der Wunsch nach	+ D	Nach einem stressigen Tag habe ich den Wunsch nach absoluter Ruhe.
die Wut auf	+ A	Die Wut auf unfreundliche Verkäufer ist verständlich.
die Wut über	+ A	In der ganzen Welt herrschte große Wut über die Ölkatastrophe.

Substantive mit Präpositionen

Feste Verbindungen

Substantiv + Präposition	Kasus	Beispiel
die Zufriedenheit mit	+ D	Die Zufriedenheit mit den Studiengebühren ist in Bayreuth am höchsten.
der Zweifel an	+ D	Das Gericht hatte Zweifel an der Glaubwürdigkeit des Angeklagten.

Feste Verbindungen: Adjektive mit Präpositionen

Adjektiv + Präposition   Kasus   Beispiel

Adjektiv + Präposition	Kasus	Beispiel
abhängig von	+ D	Immer mehr Menschen sind finanziell vom Staat abhängig.
angenehm für	+ A	Die Massage war sehr angenehm für ihn.
angesehen bei	+ D	Der Pfarrer war bei allen Kirchgängern hoch angesehen.
angewiesen auf	+ A	Kinder sind auf die Hilfe Erwachsener angewiesen.
ärgerlich auf	+ A	Wegen der schlechten Noten war der Schüler ärgerlich auf den Lehrer.
ärgerlich über	+ A	Andi war ärgerlich über seine schlechte Leistung.
befreundet mit	+ D	Der Politiker ist mit der ganzen Welt befreundet.
begeistert von	+ D	Die Touristen sind begeistert von der unberührten Natur.
behilflich bei	+ D	Der Vater ist behilflich beim Wechseln des Fahrradreifens.
bekannt für	+ A	Die Schwaben sind bekannt für ihre Sparsamkeit.
bekannt mit	+ D	Der Bürgermeister ist mit vielen Prominenten bekannt.
beliebt bei	+ D	Science-Fiction-Geschichten sind beliebt bei Jung und Alt.
bereit zu	+ D	Seid ihr alle bereit zum Aufbruch?
berühmt für	+ A	Pierce Brosnan war berühmt für seine Rolle als James Bond.
beschäftigt mit	+ D	Montags ist Martha mit dem Hausputz beschäftigt.
besorgt über	+ A	Hannes ist ein wenig besorgt über seinen hohen Blutdruck.
besorgt um	+ A	Die Mutter war besorgt um ihr krankes Kind.
beteiligt an	+ D	Philipp war an allen Torchancen des Fußballspiels beteiligt.
beunruhigt über	+ A	Die Deutschen waren beunruhigt über die Bankenkrise.
böse auf	+ A	Lisa war böse auf ihren großen Bruder.

Adjektive mit Präpositionen

Feste Verbindungen

Adjektiv + Präposition	Kasus	Beispiel
dankbar für	+ A	Die Polizei ist dankbar für jeden Hinweis zum Tathergang.
eifersüchtig auf	+ A	Kleine Kinder sind oft eifersüchtig auf ihre älteren Geschwister, weil sie mehr Freiheiten haben.
einverstanden mit	+ D	Bist du einverstanden mit einer Reise in die Berge?
entsetzt über	+ A	Die ganze Welt war entsetzt über das Hochwasser in Pakistan.
enttäuscht von	+ D	Die Fans waren enttäuscht vom schlechten Spielergebnis.
erfreut über	+ A	Ich bin sehr erfreut über Ihre positive Entscheidung.
erstaunt über	+ A	Ich bin erstaunt über deinen plötzlichen Meinungsumschwung.
fertig mit	+ D	Bist du schon fertig mit den Hausaufgaben?
frei von	+ D	Biologische Nahrungsmittel sind frei von chemischen Zusatzstoffen.
freundlich zu	+ D	Sei stets freundlich zu deinen Mitmenschen.
froh über	+ A	Alle Kollegen waren froh über das gute Jahresergebnis der Firma.
geeignet für	+ A	Musicals sind gut geeignet für einen unterhaltsamen Abend.
gespannt auf	+ A	An Heiligabend warten Kinder gespannt auf den Weihnachtsmann.
gewöhnt an	+ A	Eisbären sind an die Kälte gewöhnt.
glücklich über	+ A	Das Brautpaar war glücklich über die vielen Hochzeitsgeschenke.
gut in	+ D	Gauß war schon als Kind gut im Rechnen.
gut zu	+ D	Mutter Theresa war immer gut zu allen Menschen.
interessiert an	+ D	Frau Maier zeigte sich sehr interessiert an der neuen Stelle.
höflich zu	+ D	Ein Kellner sollte stets höflich zu den Hotelgästen sein.
leicht für	+ A	Die Übung war zu leicht für mich.
lieb zu	+ D	„Seid lieb zu eurem Vater!", sagte die Mutter.
misstrauisch gegenüber	+ D	Die alte Dame war misstrauisch gegenüber allen Fremden.
müde von	+ D	Lisa fühlte sich müde vom langen Warten.

Adjektive mit Präpositionen
Feste Verbindungen

Adjektiv + Präposition	Kasus	Beispiel
neidisch auf	+ A	Rob war neidisch auf seinen erfolgreichen Bruder.
nett zu	+ D	Seid nett zu euren Nachbarn.
neugierig auf	+ A	Karla ist neugierig auf ihre Geburtstagsgeschenke.
reich an	+ D	Olivenöl ist reich an ungesättigten Fettsäuren.
schädlich für	+ A	Zucker ist schädlich für die Zähne.
schuld an	+ D	Der Motorradfahrer war schuld an dem Unfall.
schwierig für	+ A	Ein Umzug ist immer schwierig für Kinder.
sicher vor	+ D	Hier im Haus sind wir sicher vor dem Sturm.
stolz auf	+ A	Lothar ist sehr stolz auf seine hübsche Frau.
traurig über	+ A	Martha ist traurig über das schlechte Ergebnis ihrer Deutschprüfung.
typisch für	+ A	Gestreifte Krawatten sind typisch für Politiker.
überzeugt von	+ D	Der Richter war überzeugt von der Schuld des Angeklagten.
unabhängig von	+ D	Fitness ist unabhängig vom Alter.
unangenehm für	+ A	Ist eine Ultraschalluntersuchung unangenehm für das Baby?
unbeliebt bei	+ D	Die Deutschen sind unbeliebt bei den Österreichern.
unerfahren in	+ D	Wer 18 Jahre ist, der ist unerfahren im Autofahren.
unfreundlich zu	+ D	Sei nicht so unfreundlich zu deinem Vater!
ungeeignet für	+ A	Sommerreifen sind ungeeignet für eine Fahrt bei Eis und Schnee.
unglücklich über	+ A	Viele Frauen sind nach der Geburt des Babys unglücklich über ihre Figur.
unzufrieden mit	+ D	85 % der Deutschen sind unzufrieden mit ihrer Arbeit.
verantwortlich für	+ A	Pollen und Staub sind oft verantwortlich für Allergien.
verärgert über	+ A	Autofahrer sind verärgert über die hohen Benzinpreise.
verheiratet mit	+ D	Mein Großvater ist schon 50 Jahre mit meiner Großmutter verheiratet.
verliebt in	+ A	Paris Hilton war ganz verliebt in ihren kleinen Hund.

Adjektive mit Präpositionen

Feste Verbindungen

Adjektiv + Präposition	Kasus	Beispiel
verlobt mit	+ D	Katja ist mit einem 20 Jahre älteren Mann verlobt.
verrückt nach	+ D	Du bist ja ganz verrückt nach diesem Mann!
verwandt mit	+ D	John Kerry ist mit der Queen verwandt.
wichtig für	+ A	Das ist momentan nicht wichtig für mich.
wütend auf	+ A	Nach dem Streit war Thomas sehr wütend auf seinen Sohn.
wütend über	+ A	Viele DSL-Kunden sind wütend über den schlechten Service.
zufrieden mit	+ D	Wir sind sehr zufrieden mit unserem neuen Auto.
zuständig für	+ A	Frau Maier ist zuständig für den Kundenservice.

Verben mit Dativ- und Akkusativobjekt

Verb	Kasus	Beispiel
abnehmen	+ D + A	Ich nehme dir die Tasche ab.
abtrocknen	+ A	Er trocknet seinen Teller ab.
anbieten	+ D + A	Kann ich Ihnen einen Wein anbieten?
annehmen	+ A	Sie können das Geschenk gern annehmen.
anrufen	+ A	Er ruft seinen Freund an.
anschauen	+ A	Wir schauen den Reichstag an.
ansehen	+ A	Wir sehen uns den Ku'damm an.
anstrengen	+ A	Diese harte Arbeit strengt mich an.
antworten	+ D	Bitte antworte mir schnell!
anzünden	+ A	Zündet ihr die Kerzen an?
auffallen	+ D	Der Fehler ist mir nicht aufgefallen.
aufgeben	+ A	Er hat seinen Job aufgegeben.
aufheben	+ A	Kannst du den Krümel aufheben?
aufmachen	(+ D) + A	Warte, ich mache dir die Tür auf.
aufnehmen	+ A	Das Land nimmt neue Asylanten auf.
aufräumen	+ A	Am Wochenende räume ich den Keller auf.
ausgeben	+ A	Hast du das ganze Geld ausgegeben?
auspacken	+ A	Bitte pack das Geschenk schnell aus!
ausschalten	+ A	Schalte bitte das Radio aus!
aussprechen	+ A	Die Wahrheit musste jemand aussprechen.
aussuchen	(+ D) + A	Du hast dir die teuerste Pizza ausgesucht.
ausweichen	+ D	Er konnte dem LKW noch ausweichen.
ausziehen	+ A	Bitte ziehen Sie den Mantel aus.
backen	+ A	Backst du heute wieder einen Kuchen?
baden	+ A	Sie badet ihren Sohn täglich.
bauen	+ A	Wir bauen nächstes Jahr ein Haus.
beachten	+ A	Beachten Sie die Bedienungsanleitung.
beantragen	+ A	Er habe das Arbeitslosengeld beantragt.
beantworten	(+ D) + A	Bitte beantworten Sie die E-Mail heute.
bedienen	+ A	Der Kellner bedient den Franzosen.
begegnen	+ D	Er begegnet ihm zum ersten Mal.
beginnen	+ A	Bald beginne ich einen Deutschkurs.
begründen	+ A	Ich begründe meine Meinung nicht.
begrüßen	+ A	Begrüßt ihr die Gäste?
behalten	+ A	Ich behalte diesen Ring.
bekommen	+ A	Bekommen Sie den Fisch?
bemerken	+ A	Er bemerkt den Fehler nicht.
benachrichtigen	+ A	Sie benachrichtigte ihren Mann sofort.
benutzen	+ A	Bitte benutze dein Taschentuch.
beraten	+ A	Er berät nur einen kleinen Kundenkreis.
berücksichtigen	+ A	Berücksichtigen Sie die Zeitverschiebung.
beruhigen	+ A	Sie beruhigt ihr weinendes Kind.

Verben mit Dativ- und Akkusativobjekt

Verb	Kasus	Beispiel
beschreiben	+ A	Ich beschreibe die deutsche Grammatik.
besichtigen	+ A	Lass uns das Museum besichtigen!
besitzen	+ A	Ich besitze keinen Porsche.
bestellen	+ A	Ich bestelle einen Opel.
bestimmen	+ A	Können Sie das Alter genau bestimmen?
besuchen	+ A	Wir müssen deinen Bruder besuchen.
betrügen	+ A	Sie betrog ihn mit seinem Freund.
beweisen	(+ D) + A	Die Polizei bewies dem Dieb die Straftat.
bezahlen	+ A	Er konnte die Rechnung nicht bezahlen.
bieten	(+ D) + A	Die Firma bietet mir eine gute Stelle.
brauchen	+ A	Ich brauche keine Schokolade.
bringen	+ D + A	Bitte bring mir einen Kaffee.
danken	+ D	Ich muss dir herzlich danken.
dienen	+ D	Dient das der Wahrheit?
drehen	+ A	Dreh die Musik bitte leiser!
drohen	+ D	Du willst mir drohen?
drücken	+ A	Er drückt den Knopf dreimal.
drucken	+ A	Ich drucke nur schnell die Präsentation.
ehren	+ A	Sie ehren den Autor für sein Lebenswerk.
einfallen	+ D	Mir fällt keine neue Idee ein.
einkaufen	+ A	Kauf das Fleisch im Supermarkt ein.
einladen	+ A	Lädst du deine Eltern fürs Wochenende ein?
einpacken	(+ D) + A	Ich packe die Ausweise ein.
empfehlen	+ D + A	Er empfiehlt uns das Steak.
enthalten	+ A	Cola enthält viel Zucker.
entlassen	+ A	Die Firma entlässt den besten Mitarbeiter.
erfahren	+ A	Hast du das Neueste schon erfahren?
erfinden	+ A	Wer hat den Computer erfunden?
erfüllen	A	Ich erfülle mir heute einen Wunsch.
erhalten	+ D + A	Wann erhältst du dein Diplom?
erhöhen	+ A	Die Regierung hat den Steuersatz erhöht.
erkennen	+ A	Ich erkenne dich auf dem Foto nicht.
erklären	+ A	Kannst du mir den Akkusativ erklären?
erledigen	+ A	Ich erledige nur schnell die Post.
eröffnen	(+ D) + A	Ein Italiener eröffnet die neue Pizzeria.
erreichen	+ A	Wann kann ich dich erreichen?
erschrecken	+ A	Du darfst den Hund nicht erschrecken.
erwarten	+ A	Ich erwarte eine Antwort von dir!
erzählen	+ D + A	Omas erzählen gern Geschichten.
erziehen	+ A	Man muss junge Hunde streng erziehen.
essen	+ A	Er isst mittags immer einen Hamburger.
fehlen	+ A	Du fehlst mir so sehr!
feiern	+ A	Lass uns deinen Geburtstag groß feiern!
finden	+ A	Ich finde deinen Vorschlag gut.

Verben mit Dativ- und Akkusativobjekt

Verb	Kasus	Beispiel
folgen	+ D	Bitte folgen Sie mir.
fordern	+ A	Ich fordere einen Geschäftswagen!
fotografieren	+ A	Fotografieren Sie nicht die Prominenten.
fragen	+ A	Kannst du ihn fragen?
frühstücken	+ A	Wir frühstücken zwei Brötchen.
fühlen	+ A	Ich fühle hier im Fell eine Zecke.
führen	+ A	Sie führt den Frisörsalon schon 25 Jahre.
geben	+ D + A	Bitte gib mir den Schlüssel fürs Auto.
gefallen	+ D	Deine neue Frisur gefällt mir.
gehorchen	+ D	Ihr müsst dem Lehrer gehorchen.
gehören	+ D	Das T-Shirt gehört doch mir!
gelingen	+ D	Diesmal gelingt mir der Kuchen.
genügen	+ D	Dein Versprechen genügt mir nicht.
geschehen	+ D + A	Dir geschieht kein Unrecht.
glauben	+ D	Ich glaube dir nicht.
gratulieren	+ D	Wir gratulieren dir zur Geburt von Lisa.
grüßen	+ A	Ich grüße dich!
haben	+ A	Haben wir heute einen Termin?
hassen	+ A	Ich hasse diesen Tag!
heben	+ A	Der Kran hebt die Palette aufs Dach.
heizen	+ A	Wir heizen den Raum nur im Dezember.
helfen	+ D	Willst du mir helfen?
herstellen	+ A	Die Firma stellt Computer her.
holen	+ D	Ich hole mir schnell einen Tee.
hören	+ A	Hörst du auch dieses Geräusch?
informieren	+ A	Mein Chef wollte mich heute informieren.
kaufen	(+ D) + A	Soll ich mir die Schuhe kaufen?
kennen	+ A	Ich kenne diesen Mann von früher.
kochen	(+ D) + A	Kochst du mir heute eine Suppe?
kontrollieren	+ A	Der Zoll kontrolliert wenige Reisende.
korrigieren	+ A	Bitte korrigiere die Fehler im Text.
kündigen	+ D / + A	Achim kündigt seinem Mitarbeiter. Ich kündige meine Stelle.
küssen	+ A	Sie können die Braut jetzt küssen.
lassen	+ D + A	Anne lässt sich ein Tattoo stechen.
leid tun	+ D	Du tust mir wirklich leid.
leihen	+ D + A	Kannst du mir einen Regenschirm leihen?
leiten	+ A	Er leitet die Firma schon viele Jahre.
lernen	+ A	Ich muss diesen Text auswendig lernen.
lesen	+ A	Kannst du den Brief lesen?
lieben	+ A	Ich liebe diesen Ort!
liefern	(+ D) + A	Können Sie mir das Sofa morgen liefern?
loben	+ A	Du solltest deine Mitarbeiter mehr loben.
lösen	+ A	Alexander konnte das Rätsel lösen.

Verben mit Dativ- und Akkusativobjekt

Verb	Kasus	Beispiel
machen	(+ D) + A	Machst du mir einen Kaffee?
malen	(+ D) + A	Malst du mir ein Bild?
markieren	+ A	Markieren Sie die richtige Antwort.
meinen	+ A	Ich meine diesen Mann, nicht den dort.
melden	+ A	Melden Sie den Fehler bitte sofort.
merken	(+ D) + A	Ich kann mir deine Nummer nicht merken.
messen	+ A	Messen Sie den Abstand genau.
mieten	(+ D) + A	Morgen mieten wir uns ein Boot.
mitbringen	(+ D) + A	Bringst du mir einen Stift mit?
mitteilen	(+ D) + A	Teilen Sie mir Ihre Frage per E-Mail mit.
nachgehen	+ D	Dieser Sache muss ein Anwalt nachgehen.
nehmen	(+ D) + A	Ich nehme mir einen Tag Urlaub.
nennen	(+ D) + A	Kannst du mir einen berühmten Erfinder nennen?
nutzen	+ A	Du kannst mein Internet gern auch nutzen.
nützen	+ D	Wem nützt dieses neue Gesetz?
passen	+ D	12.00 Uhr passt mir gut.
pflegen	+ A	Sie pflegt ihre alten Eltern schon lange.
prüfen	+ A	Wir müssen Ihren Antrag genau prüfen.
putzen	+ A	Kannst du auch mein Auto putzen?
raten	+ D	Kannst du mir raten, was ich tun soll?
rauchen	+ A	Er raucht nach dem Essen eine Zigarette.
reichen	+ D	Reich mir bitte das Salz.
reparieren	+ A	Wann können Sie mein Auto reparieren?
reservieren	(+ D) + A	Reservieren Sie mir zwei Sitzplätze.
riechen	+ A	Ich kann dieses Parfüm nicht mehr riechen.
sammeln	+ A	Sammeln Sie den Restmüll in dieser Tonne.
schaden	+ D	Zu viel Sonne schadet mir.
schenken	+ D + A	Schenkst du mir eine Kette?
schlagen	+ A	Schlagen Sie das Eiweiß, bis es steif ist.
schließen	+ A	Wann schließen die Geschäfte in Köln?
schmecken	+ D	Die Kirschen schmecken mir so gut.
schneiden	(+ D) + A	Soll ich dir eine Scheibe Brot schneiden?
schreiben	(+ D) + A	Schreib mir nur eine kurze SMS.
sehen	+ A	Willst du meinen Garten sehen?
senden	(+ D) + A	Wir senden Ihnen die Bücher morgen.
sparen	+ A	Ich spare das Geld für meinen Urlaub.
spielen	+ A	Spiel doch nicht so viele Computerspiele.
spülen	+ A	Ich spüle schnell die Töpfe.
starten	+ A	Morgen starten wir den Verkauf.
stehlen	+ D + A	Er stiehlt mir nur meine Zeit.
stoppen	+ A	Wie kann man das Programm stoppen?
stören	+ A	Der Baulärm stört mich sehr.
studieren	+ A	Ich studiere Deutsch und Englisch.

Verben mit Dativ- und Akkusativobjekt

Verb	Kasus	Beispiel
suchen	+ A	Suchen Sie ein Hotelzimmer?
tanzen	+ A	Ich tanze am liebsten den Tango.
teilen	+ A	Teilst du dein Geld mit mir?
töten	+ A	Ich habe diese Spinne getötet.
tragen	+ A	Kannst du die Bierkiste tragen?
transportieren	+ A	Dieser LKW transportiert 50 Schweine.
treffen	+ A	Morgen treffe ich meinen alten Kollegen.
trinken	+ A	Ich trinke einen Rotwein.
trocknen	(+ D) + A	Willst du dir die Haare trocknen?
überfahren	+ A	Er hat das Tier nicht überfahren.
überholen	+ A	Das Motorrad überhole ich nicht.
übernehmen	+ A	Porsche hat VW nicht übernommen.
überqueren	+ A	Wir überqueren die Straße am Zebrastreifen.
überraschen	+ A	Sie überrascht ihren Mann sehr gern.
überreden	+ A	Kann ich dich zu einem Picknick überreden?
übersetzen	+ A	Diesen Text muss man übersetzen.
überweisen	(+ D) + A	Kannst du mir das Geld heute überweisen?
überzeugen	+ A	Dieses Argument überzeugt mich nicht.
umtauschen	+ A	Sie können den Bikini nicht umtauschen.
unterrichten	+ A	Ich unterrichte diese Klasse schon ein Jahr.
unterschreiben	+ A	Unterschreiben Sie den Vertrag hier unten.
unterstützen	+ A	Eltern müssen ihre Kinder unterstützen.
untersuchen	+ A	Der Arzt untersucht den Kranken.
verändern	+ A	Sie hat ihren Stil 20 Jahre nicht verändert.
verbieten	+ D + A	Willst du mir die Reise etwa verbieten?
verbrauchen	+ A	Jeder Deutsche verbraucht ungefähr 122 Liter Wasser pro Tag.
verdächtigen	+ A (+ G)	Man habe den Fahrer des Diebstahls verdächtigt.
verdienen	(+ D) + A	Jetzt haben wir uns einen freien Tag verdient.
vergessen	+ A	Vergiss bitte den Frisörtermin nicht!
vergleichen	+ A	Man muss stets die Preise vergleichen.
vergrößern	+ A	Die Firma vergrößert ihre Produktionshalle.
verhaften	+ A	Die Polizei verhaftet den Täter.
verheimlichen	+ D + A	Du kannst mir nichts verheimlichen.
verhindern	+ A	Die Bürger konnten den Neubau der Straße nicht verhindern.

Verben mit Dativ- und Akkusativobjekt

Verb	Kasus	Beispiel
verkaufen	+ A	Endlich habe ich mein altes Auto verkauft.
verlängern	+ A	Verlängerst du dein Abo der Tageszeitung?
verlassen	+ A	Sie hat ihn verlassen.
verlieren	+ A	Ich verliere gleich meinen Verstand.
vermieten	+ A	Vermietest du die Wohnung ab 1. August?
verpassen	+ A	Nun habe ich das WM-Endspiel verpasst.
verraten	(+ D) + A	Du darfst ihr das Geheimnis nicht verraten.
verschreiben	+ D + A	Der Arzt hat mir Massagen verschrieben.
versichern	(+ D) + A	Können Sie mir das Auto versichern?
versprechen	+ D + A	Du hast mir eine Überraschung versprochen.
verstecken	+ A	Der Osterhase versteckt die Ostereier.
verstehen	+ A	Ich verstehe dieses Wort nicht.
verteilen	+ A	Der Weihnachtsmann verteilt die Geschenke.
vertrauen	+ D	Vertrau mir!
vertreten	+ A	Mein Kollege hat mich vertreten.
verursachen	+ A	Wer hat den Unfall verursacht?
verwenden	+ A	Ich verwende das Waschmittel schon lange.
verzeihen	+ D	Man sollte dem anderen verzeihen.
vorbereiten	+ A	Kannst du eine kurze Rede vorbereiten?
vorlesen	+ D + A	Kannst du mir eine Geschichte vorlesen?
vorschlagen	+ D + A	Ich schlage Ihnen einen Handel vor.
vorstellen	+ D + A	Sie hat ihren Eltern den neuen Freund noch nicht vorgestellt.
warnen	+ A	Ich habe dich gewarnt.
waschen	+ A	Ich wasche mein Auto jeden Samstag.
wechseln	+ A	Ich muss meinen 500-Euro-Schein wechseln.
wecken	+ A	Kannst du mich um 6.00 Uhr wecken?
weh tun	+ D	Vorsicht! Du tust mir weh!
werfen	+ A	Ich werfe dieses alte T-Shirt jetzt weg.
widersprechen	+ D	Du sollst deinem Vater nicht widersprechen.
wiederholen	+ A	Können Sie die Frage wiederholen?
wiegen	+ A	Wie viel wiegt ein Airbus?
winken	+ D	Wink deiner Oma zum Abschied!
wissen	+ A	Weißt du keine bessere Frage?
wünschen	+ D + A	Ich wünsche dir alles Gute zum Geburtstag.
zählen	+ A	Zählst du die Tage bis zu deinem Urlaub?

Verben mit Dativ- und Akkusativobjekt

Verb	Kasus	Beispiel
zahlen	+ A	Er zahlt das Essen für die ganze Familie.
zeichnen	+ A	Kannst du einen Elefanten zeichnen?
zeigen	+ D + A	Zeig mir mal bitte deine Hände!
zerstören	+ A	Im Krieg wurde Dresden komplett zerstört.
zuhören	+ D	Hörst du mir bitte mal zu?
zumachen	+ A	Machst du die Tür zu, wenn du gehst?
zusammenfassen	+ A	Lasst uns alle Argumente zusammenfassen.
zuschauen	+ D	Warte! Ich will dem Maler zuschauen.
zusehen	+ D	Ich könnte dir stundenlang zusehen.
zustimmen	+ D	Der Bundestag hat dem neuen Gesetz zugestimmt.

Präpositionen mit Dativ- und Akkusativobjekt

Präposition	Kasus	Beispiel
ab	+ D	Ab nächster Woche soll es schneien.
	+ A	Ab ersten Januar arbeite ich ganztags.
	+ D	Ab der A 8 immer der Bundesstraße folgen.
abzüglich	+ G	Der Preis ist abzüglich eines Rabatts von 5 Prozent fällig.
an	+ A	Ich gehe an den Fluss.
	+ D	Er lebt am Fluss.
	+ D	Er kommt am Donnerstag.
	+ A	Es waren an die 20 Teilnehmer.
angesichts	+ G	Angesichts der Krise vergab die Regierung finanzielle Subventionen.
anhand	+ G	Anhand der Grammatik lernte er Deutsch.
anhand von	+ D	Das Museum zeigt Geschichte anhand von Fossilien.
anlässlich	+ G	Anlässlich seines Geburtstags lud er seine Familie ein.
anstelle	+ G	Der Onkel sprach die Festrede anstelle des Vaters.
anstatt	+ G	Er kaufte Blumen anstatt einer Flasche Wein.
auf	+ A	Er geht auf die Messe.
	+ D	Er bleibt nur einen Tag auf der Messe.
	+ A	Von Freitag auf Samstag übernachtete sie bei Helen.
aufgrund	+ G	Er konnte aufgrund einer Erkältung nicht zum Seminar gehen.
aus	+ D	Er kam aus dem Haus.
	+ D	Das Bild ist aus dem 19. Jahrhundert.
	+ D	Der Ring ist aus Platin.
	+ D	Aus Angst vor einer Verhaftung floh er.
außer	+ D	Ich bin außer mir vor Wut.
außerhalb	+ G	Außerhalb geschlossener Ortschaften ist Tempo 100 km/h erlaubt.
bar (= ohne)	+ G	Er handelte bar jeder Vernunft.
bei	+ D	Kinder wohnen bei ihren Eltern.
	+ D	Beim Marktplatz müssen Sie links fahren.
	+ D	Bei aller Vorsicht ertönte doch der Alarm.
bezüglich	+ G	Ich habe eine Frage bezüglich des Preises.
bis	+ A	Bitte antworten Sie bis nächsten Montag.
	+ A	Bis Stuttgart fahren Sie noch 203 Kilometer.
	+ A	Von 13.00 bis 15.00 Uhr haben wir Mittagspause.

Präpositionen mit Dativ- und Akkusativobjekt

Präposition	Kasus	Beispiel
dank	+ G	Dank des Feuerlöschers war der Brand schnell gelöscht.
durch	+ A	Sie müssen durch den Wald fahren.
	+ A	Durch seine Hilfe fanden sie schnell ein Hotel.
einschließlich	+ G	Alle Preise sind einschließlich des Trinkgelds zu zahlen.
entgegen	+ D	Entgegen meiner Erwartung endete die Konferenz schon um 16.00 Uhr.
entlang	+ G	Sie gingen entlang des Wegs.
entsprechend	+ D	Das Spiel dauerte entsprechend den Regeln 90 Minuten.
exklusive	+ G	Die Preise verstehen sich exklusive der Versandkosten.
für	+ A	Er kauft ein Geschenk für seinen Vater.
	+ A	Wir kommen für zwei Tage zu Besuch.
	+ A	Wie viel hast du für das Essen bezahlt?
gegen	+ A	Er fuhr mit dem Roller gegen das Tor.
	+ A	Ich komme gegen 12.00 Uhr bei euch an.
	+ A	Viele Menschen sind gegen den Bau der Autobahn.
gegenüber	+ D	Martins Büro ist gegenüber der Post.
	+ D	Seiner Frau gegenüber erwähnte er den Unfall nicht.
gemäß	+ D	Gemäß den Statuten kann ein Mitglied zum Jahresende kündigen.
halber	+ G	Der Vollständigkeit halber schreibe ich ein Protokoll der Besprechung.
hinsichtlich	+ G	Hinsichtlich des Preises gibt es noch eine Frage.
hinter	+ A	Er stellt das Fahrrad hinter den Baum.
	+ D	Das Fahrrad steht hinter dem Baum.
in	+ A	Am Sonntag gehen die Stuttgarter in den Rosensteinpark.
	+ D	Im Rosensteinpark kann man auch inlineskaten.
infolge	+ G	Infolge seines Unfalls musste er vier Wochen im Rollstuhl sitzen.
inklusive	+ G	Der Preis für Privatkunden ist immer inklusive der Mehrwertsteuer.
innerhalb	+ G	Die Ware muss innerhalb einer Woche bezahlt werden.
inmitten	+ G	Inmitten des Neckars in Esslingen befindet sich eine Insel.
je	+ A	Je neues Mitglied zahlen wir 5,00 EUR an die Dachorganisation.

entlang kann auch nach dem Substantiv stehen, dann benutzt man **entlang + A**:
Sie ging den Weg entlang.

entsprechend kann auch nach dem Substantiv stehen, man benutzt es dann auch **+ D**.

Präpositionen mit Dativ- und Akkusativobjekt

Präposition	Kasus	Beispiel
jenseits	+ G	Jenseits des Flusses gibt es eine Wiese.
kontra	+ A	Hier sind Argumente kontra den Atomausstieg.
kraft	+ G	Der Präsident des Bundesrates ist kraft seines Amtes Vertreter des Bundespräsidenten.
längs	+ G	Längs des Feldweges blühte der Klatschmohn.
laut	+ D/+ G	Laut dem Gutachten/des Gutachtens betragen die Kosten für die Reparatur 2560 EUR.
mangels	+ G	Mangels des nötigen Geldes fuhr die Familie nicht in den Urlaub.
mit	+ D	Auch unsere Firma arbeitet mit Zeitarbeitern zusammen.
	+ D	Dieses Auto fährt mit Erdgas.
	+ D	Mit Freude geben wir die Geburt unserer Tochter bekannt.
mithilfe	+ G	Die Fahne wurde mithilfe einer Schnur am Mast befestigt.
mitsamt	+ D	Die Digitalkamera ist mitsamt Zubehör zu verkaufen.
mittels	+ G	Affen fangen Ameisen mittels eines Zweiges, den sie in ein Loch stecken.
nach	+ D	Er fährt nach England und in die Schweiz.
	+ A	Nach Neujahr werden die Preise reduziert.
	+ D	Nach dem langen Arbeitstag braucht sie eine Dusche.
	+ D	Ich bin nach Ihnen dran.
	+ D	Nach dem Gesetz darf man keinen Alkohol an Jugendliche verkaufen.
neben	+ D	Mein Drucker steht neben meinem PC.
	+ A	Ich stelle auch die Lampe neben den PC.
	+ D	Neben meiner Anstellung arbeite ich auch freiberuflich.
nebst	+ D	Der Minister stattete dem Nachbarland nebst Gattin einen Besuch ab.
oberhalb	+ G	Oberhalb der Talsperre kann man nur zu Fuß weitergehen.
ohne	+ A	Ich gehe ohne meinen Mann zum Schwimmen.
pro	+ D/+ A	Pro gefahrenem/gefahrenen Kilometer zahlt man bei Mietwagen 30 Cent.
seit	+ D	Seit meiner Kindheit wünsche ich mir eine Reise ins Disneyland.
seitens	+ G	Seitens der Geschäftsleitung gab es keine Bedenken gegen die Fusion.
trotz	+ G	Trotz des Regens gingen sie Hand in Hand spazieren.

nach kann auch hinter dem Substantiv stehen, man benutzt es dann auch + **D**.

trotz wird besonders in Süddeutschland auch mit Dativ gebraucht.

Präpositionen mit Dativ- und Akkusativobjekt

Präposition	Kasus	Beispiel
über	+ A	Wir gehen über die Brücke.
	+ D	Über der Brücke sind Wolken zu sehen.
	+ A	Wir sprechen oft über meinen Vater.
	+ A	Er hat seine Freundin über einen Kollegen kennen gelernt.
um	+ A	Um den Marktplatz pflanzte man neue Bäume.
	+ A	Du bist schon dreimal um das Haus gefahren.
	+ A	Um 8.00 Uhr öffnen die Geschäfte.
	+ A	Die Preise für Strom sind um 30 Prozent gestiegen.
um ... herum	+ A	Lass uns noch einmal um den Eiffelturm herum gehen.
um ... willen	+ G	Ich rede noch einmal mit deinem Vater um des lieben Friedens willen.
ungeachtet	+ G	Er fuhr ins Krisengebiet ungeachtet aller Warnungen.
unter	+ D	Er fand seinen Stift unter dem Schreibtisch.
	+ A	Sie stellte den Papierkorb unter den Schreibtisch.
	+ D	Unter den Fans des Musikers befand sich auch der Präsident.
	+ D	Unter fünf Jahren ist der Zutritt ins Kino verboten.
	+ D	Die Wanderung wurde wegen des schlechten Wetters unter großen Schwierigkeiten fortgesetzt.
unterhalb	+ G	Unterhalb einer Temperatur von 0°C gefriert Wasser.
unweit	+ G	Unweit seiner Wohnung befindet sich sein Büro.
von	+ D	Ich komme direkt vom Bahnhof.
	+ D	Vom 16. März bis 16. April bleibt das Büro geschlossen.
	+ D	Von Montag an arbeite ich nur halbtags.
	+ D	Vom Dachgeschoss aus hat man einen fantastischen Ausblick.
	+ D	Die Reise wurde vom Vorgesetzten genehmigt.
	+ D	Die Stücke von Mozart sind im Köchelverzeichnis erfasst.
während	+ G	Während der Feiertage bleibt das Geschäft geschlossen.
wegen	+ G	Wegen eines Fehlers musste er den Test wiederholen.
wider	+ A	Er handelte wider besseres Wissen.
zu	+ D	Ich komme morgen zu dir.
	+ D	Zu Ostern essen wir Lammfleisch.

! **wegen** benutzt man umgangssprachlich auch mit Dativ.

! **wegen** kann auch nachgestellt werden: *Des schlechten Wetters wegen blieben sie zu Hause.*

Präpositionen mit Dativ- und Akkusativobjekt

Präposition	Kasus	Beispiel
zu	+ D	Zu deiner Feier kann ich leider nicht kommen.
	+ D	Zur Klärung eines Unfalls braucht man die Personalien aller Beteiligten.
	+ D	Ich trainiere nicht zum Spaß!
	+ D	Er klingelt jetzt schon zum dritten Mal.
zufolge	+ D	Seiner Aussage zufolge übergab der Spion alle Unterlagen dem Geheimdienst.
zugunsten	+ G	Das Testament war zugunsten seiner Frau geschrieben.
zuliebe	+ D	Dir zuliebe fahre ich dieses Jahr ans Meer.
zuzüglich	+ G	Firmen zahlen den Preis zuzüglich der Mehrwertsteuer.
zwecks	+ G	Er machte einen Test zwecks korrekter Einstufung in einen Sprachkurs.
zwischen	+ A	Ich setze mich zwischen euch.
	+ D	Zwischen dem Bett und dem Schrank stand eine Pflanze.
	+ D	Zwischen den Parteien gab es Differenzen wegen der Steuererhöhung.
	+ D	Zwischen dem 1. Mai und dem 5. Mai bin ich nur telefonisch erreichbar.

Reflexive Verben

Beispiele für echte reflexive Verben (immer mit Reflexivpronomen):

sich bedanken bei/für	Ich bedanke mich bei ihr für das Geschenk.
sich beeilen	Bitte beeil(e) dich! Wir müssen gehen.
sich befinden	Schloss Neuschwanstein befindet sich im Allgäu.
sich beschweren	Wir beschweren uns über das schlechte Essen.
sich bewerben	Du solltest dich dort bewerben.
sich beziehen auf	Ich beziehe mich auf Ihre E-Mail von gestern.
sich etwas einbilden	Ich bilde mir ein, dass ich ihn kenne.
sich einigen	Die Parteien einigen sich auf eine Koalition.
sich entscheiden zu	Ich habe mich zu einer Therapie entschieden.
sich entschließen zu	Er hat sich zu einem Neuanfang entschlossen.
sich ereignen	Auf der A 8 hat sich ein Unfall ereignet.
sich erholen	Im Urlaub mache ich nichts; da erhole ich mich.
sich erkälten	Deine Nase läuft. Hast du dich erkältet?
sich erkundigen bei/über	Ich erkundige mich bei der Bank über ein Konto.
sich freuen auf/über	Wir freuen uns schon auf Weihnachten!
	Ich freue mich über das Geschenk von dir.
sich irren	Familie Maier wohnt hier nicht. Da irren Sie sich.
sich kümmern um	Man muss sich 24 Stunden um Babys kümmern.
sich verlassen auf	Du kannst dich auf mich verlassen: Ich helfe dir.
sich verlieben in	Romeo hat sich in Julia verliebt.
sich wundern über	Manchmal muss man sich über das Wetter wundern.

Beispiele für reflexiv verwendete Verben

(sie können statt Reflexivpronomen ein anderes Akkusativobjekt haben):

sich ändern	Du hast dich in den letzten Jahren sehr geändert.
sich anmelden	Ich melde mich bei der VHS zum Kochkurs an.
sich anziehen	Für das Mittagessen brauche ich eine Stunde.
sich ärgern über	Wenn du zu spät kommst, ärgere ich mich über dich.
sich aufregen über	Regen Sie sich nicht auf! Wir reparieren alles!
sich beherrschen	Bei Schokolade kann ich mich nicht beherrschen.
sich bemühen	Bemühe dich nicht! Ich finde den Weg zum Ausgang.
sich beruhigen	Beruhige dich! Dein Mann kommt bestimmt bald.
sich beschäftigen mit	Kleine Kinder können sich nicht allein beschäftigen.
sich beteiligen an	Beteiligst du dich an dem Geschenk für Pascal?

Reflexive Verben

sich bewegen	Ich bin nicht fit, weil ich mich nicht genug bewege.
sich entschuldigen	Ich muss mich bei Ihnen für den Fehler entschuldigen.
sich erinnern an	Kannst du dich noch an mich erinnern?
sich fürchten vor	Die meisten Frauen fürchten sich vor Spinnen.
sich hinlegen	Ich bin müde. Kann ich mich hinlegen?
sich informieren	Wir informieren uns über den neuen Fahrplan.
sich interessieren	Interessieren Sie sich für den neuen Mercedes?
sich langweilen	Langweilst du dich? Du sagst ja gar nichts.
sich treffen	Morgen treffen wir uns bei Monica.
sich trennen von	Er hat sich von ihr getrennt.
sich unterhalten	Ruhe! Ich unterhalte mich mit Papa.
sich unterscheiden von	Worin unterscheidet sich der Polo vom Golf?
sich verabreden mit	Heute kann ich nicht. Da habe ich mich verabredet.
sich verabschieden von	Wir gehen und wollten uns von euch verabschieden.
sich verletzen an	Vorsicht, dass du dich nicht an dem Messer verletzt.
sich verstehen mit	Ich verstehe mich gut mit meiner Schwiegermutter.
sich vorbereiten auf	Du musst dich gut auf das Examen vorbereiten.

Beispiele für reflexiv verwendete Verben mit Reflexivpronomen im Dativ:

sich etwas ansehen	Du musst dir den neuen Film mit Tom Hanks unbedingt ansehen.
sich etwas ausdenken	Für deinen Geburtstag habe ich mir eine tolle Überraschung ausgedacht.
sich etwas holen	Ich hole mir nur schnell ein Eis.
sich etwas nehmen	Nehmen Sie sich doch noch etwas Salat!
sich etwas kaufen	Endlich habe ich mir das neue iPhone gekauft.
sich etwas vorstellen	Kannst du dir Anne im Brautkleid vorstellen?
sich etwas waschen	Ich muss mir nach der Wanderung die Füße waschen.
sich etwas merken	Dieses neue Wort kann ich mir nicht merken.

Index

A
aber   206, 259
Ableitung   267–270
absoluter Superlativ   177
Abstrakta   84
Adjektiv   171
   aus Partizip   189
   Deklination   180, 184, 187
   Steigerung   174
Adverb   191
   kausal   197
   lokal   195
   modal   201
   Steigerung   174
   temporal   192
adverbiale Angabe   231, 235
Akkusativ   93
all-   119, 120
alle   119, 120
allerdings   201, 208
als   214, 215
als dass   213
also   208
ander-   120
andernfalls   198
angesichts   159
anhand   159
Apposition   203
Artikelwort   99
   bestimmt   101
   Demonstrativartikel   114
   Indefinitartikel   118
   Nullartikel   107
   Possessivartikel   124
   unbestimmt   104
auch   261
auch wenn   213
aufgrund   158
Ausrufe   203
außen   195
außerdem   201, 208

B
Befehlsform → Imperativ
Beifügung   203
bestimmter Artikel   101
Beugung → Deklination,
       → Konjugation
bevor   214
Bindewort → Konjunktion
bis   214
bleiben   30, 172, 237
bloß   201
brauchen   30
Bruchzahlen   247

D
da   213
daher   198, 208
damit   214
danach   193, 208
dann   193, 208
daraufhin   208
darüber hinaus   201
darum   198, 208
das   101, 142
dass   213
Dativ   93
Datum   252
dein   125
Deklination
   Adjektiv   180, 184, 187
   bestimmter Artikel   102
   Demonstrativartikel   114
   Indefinitartikel/
   -pronomen   118
   n-Deklination   95
   Negation   110
   Possessivartikel/
   -pronomen   125
   unbestimmter Artikel   105
demnach   208
Demonstrativpronomen   114
denn   259, 206
dennoch   198, 208

327

Index

der 101, 142
der gleiche 115
derjenige 115
derselbe 115
deshalb 198, 208
deswegen 198
Dialogpartikeln 264
die 101, 142
dieser 115
doch 260
doppelte Negation 111
doppelte Pluralformen 91
doppelter Genus 87
du 130
dürfen 45
Dutzend 242

E
eben 261
ehe 214
Eigenschaftswort → Adjektiv
eigentlich 259
ein- 119, 120
ein 104
einander 71
einerseits ... andererseits 211
einig- 119, 121
Einzahl → Singular
einzeln- 119, 120
Elativ 177
endlich 208
Entscheidungsfrage 135
entweder ... oder 211
er 130
Ergänzungsfrage 135
es 130, 133
es ist 219
euer 126
falls 213

F
Farbadjektive 177
feminin 85
Flexion → Konjugation,
   → Deklination
folgend- 120
folglich 198, 208
Frage 223
   direkt 223
   indirekt 223
   Satzfrage 222, 223
   Wortfrage 222, 223
Fragepronomen 135
Fragesatz 135
Fragewort 135
Fugenelement 274
Fürwort → Pronomen
Futur I 22
Futur II 22

G
gar kein 111
gar nicht 111
Genitiv 93
Genus 85, 87
Gerundivum 81
Geschlecht → Genus
Geschlechtswort → Artikel
gestern 193
Gewichte 256
gleichwohl 198
Grundform des Verbs
   → Infinitiv
Grundverben 25
   haben 25
   sein 26
   werden 27
Grundzahlen 241
haben 25, 27
halt 261
häufig 193

Index

H
Hauptsatz 203
Hauptsatzkonjunktionen 205, 206, 208, 211
Hauptwort → Substantiv
her 195
heute 193
Hilfsverb 8
hin 195
hingegen 201
höchstens 193
Höchststufe → Superlativ

I
ich 130
ihr 126, 130
immer 193
immerhin 201
Imperativ 40, 57
Indefinitpronomen 118
indessen 208
Indikativ 55
indirekte Rede 58
Infinitivkonstruktion 51
Infinitivsatz 218
infolgedessen 198, 208
inne 195
insofern 198, 208
Interjektion 203
irgend- 119
irreal 63
   Satz 63
   Vergleich 63
   Wunsch 63

J
ja 260
jahresweise 193
je ... desto/umso 211
jeder 119, 120
jemand 119, 121
jener 115

K
Kasus 93, 100
Kausaladverb 197
kausale Präpositionen 158
kein 110
kein ... mehr 111
keiner 119
Komparativ 174
Komposita 273
Konjugation → Verb
Konjunktion 205, 206, 208, 211, 213
   Hauptsatz-konjunktionen 205, 206, 208, 211
   Nebensatz-konjunktionen 213
Konjunktiv 55
   indirekte Rede 58
   Konjunktiv I 56
   Konjunktiv II 62
Konkreta 84
können 44

L
Länder-Adjektive 177
lassen 30
lediglich 201
legen 150
Leideform → Passiv
liegen 150
Lokaladverb 195
lokale Präpositionen 149

M
mal 260
-mal(ig) 250
man 119, 121
manch- 121
manchmal 193
mangels 159
maskulin 85
Maße 256
mehrer- 119, 121
Mehrzahl → Plural

Index

mein 125
meinetwegen 198
meistens 193
minutenweise 193
Mischverben 79
Mittelwort → Partizip
Modaladverb 201
modale Präpositionen 162
Modalpartikeln 258
Modalverben 8, 43, 63
    dürfen 45
    können 44
    müssen 44
    sollen 45
    wollen 45
Modus → Indikativ,
    → Konjunktiv
mögen 30
Möglichkeitsform → Konjunktiv
monatsweise 193
morgen 193
müssen 44

N

nach Hause/nachhause 149
nachdem 214
nämlich 198
n-Deklination 95
Nebensatz 203
    Fragesatz ohne Fragewort 222
    Infinitivsatz 219
    nicht eingeleitet 218, 222
Nebensatzkonjunktionen 213
Negation 110, 111
neutrum 85
nicht 110
nicht mehr 111
nicht nur ... sondern auch 211
nie 193
niemand 119, 121
noch kein 111
noch nicht 111
Nomen → Substantiv
Nominativ 93
notfalls 198

Nullartikel 107
Numerus 89

O

oben 195
obgleich 213
Objekt 229, 235
obschon 213
obwohl 213
oder 206
oft 193
ohne ... zu 214
ohne dass 214
Ordnungszahlen 244

P

Partikeln 258
    Dialogpartikeln 264
    Modalpartikeln 258
Partizip 78
Partizip Perfekt 38, 78
Partizip Präsens 81
    als Adjektiv 189
    Partizip Perfekt 38, 78
    Partizip Präsens 81
Partizipialkonstruktion 81
Passiv 49, 57, 62
    Alternativen 51
    mit Infinitivkonstruktion 51
    mit Modalverben 50
    mit Subjekt 50
    ohne Subjekt 50
    Zustandspassiv 50
Perfekt 13
Personalpronomen 129
Plural 90, 91
Plusquamperfekt 20
Possessivpronomen 124
Prädikat 227
Präfix 37, 79, 171, 268, 269
Präposition 147
    feste Wendungen 165
    kausal 158
    Kurzformen 148
    lokal 149

Index

   modal   162
   temporal   154
   Wechselpräpositionen   150
präpositionales Objekt   233
Präpositionalpronomen   166
Präsens   10
Präteritum   17
Pronomen   99
   Demonstrativ-
     pronomen   114
   Fragepronomen   135
   Indefinitpronomen   118
   Personalpronomen   129
   Possessivpronomen   124
   Präpositional-
     pronomen   166
   Relativpronomen   142
Pronominaladverb   166

R

rauf   195
raus   195
Rechenarten   242
reflexive Verben   67
regelmäßige Verben   79, 81
rein   195
Relativpronomen   142
Relativsatz   143
reziproke Verben   71
rüber   195
runter   195

S

Satz   203
   adverbiale Angabe   231, 235
   Ausrufe   203
   Beifügungen   203
   Hauptsatz   203
   Infinitivsatz   218
   Konjunktion   205, 206, 208, 211, 213
   Nebensatz   203
   Objekt   229, 235
   Prädikat   227
   präp. Objekt   233
   Satzbau   226–238
   Subjekt   227
   Verb   237
   Verbergänzung   237
Satzaussage → Prädikat
Satzbau   226–238
Satzergänzung → Objekt
Satzfrage   222, 223
Satzgegenstand → Subjekt
Satzglied → Satzbau
schließlich   208
sein (Pronomen)   126
sein (Verb)   26, 172, 237
seit(dem)   215
selten   193
setzen   150
sich lassen   68
sie   130
Sie   130
Singular   89
sitzen   150
so   198
so ... dass   213
sobald   214
sodass   213
sofern   213
solange   214
sollen   45
somit   198
sondern   111, 206
sonst   198, 201
sowie   213
sowohl ... als auch   211
Stammform   9
Stammvokal   34
stehen   150
Steigerung   174, 175
Steigerungsform → Komparativ
stellen   150
Subjekt   227
Substantiv   84
   Abstrakta   84
   Genus   85
   Kasus   93
   Konkreta   84

Index

n-Deklination 95
Numerus 89
Substantivierung 97
Subsumptivergänzung 237
Suffix 171, 270
Superlativ 174

T

tagesweise 193
Tatform → Aktiv
Tätigkeitswort → Verb
TEKAMOLO 231
Temporaladverb 192
temporale Präpositionen 154
Tempus → Zeiten
trennbare Verben 37
trotz 159
trotzdem 198, 208
Tu(n)wort → Verb

U

überhaupt kein/nicht 111
überwiegend 193
Uhrzeit 253
um ... zu 213
Umstandswort → Adverb
unbestimmter Artikel 104
und 206, 213
unregelmäßige Verben 79, 81
unser 126
unten 195
untrennbare Verben 37

V

Valenz 73
Verb 8, 237
    Hilfsverb 8
    Mischverben 79, 81
    mit präp. Objekt 76
    Modalverb 8
    reflexiv 67
    regelmäßig 79, 81
    reziprok 71
    trennbar 37
    unregelmäßig 79, 81

untrennbar 37
Valenz 73
Vollverb 8
Verbergänzung 237
viele- 120
Vokalwechsel 34
Vollverb 8

W

während 214
wann 137
warum 137
was 138, 144
was für ein 139
was für welche 139
weder ... noch 111, 211
wegen 158
weil 213
-weise 193
welch- 119, 120, 138, 142
wenige 119, 121
wenigstens 193
wenn 213, 214
wer 138
werden 27, 172, 237
weshalb 137
wie 138, 215
wiewohl 213
wir 130
Wirklichkeitsform → Indikativ
wissen 30
wo 137, 139, 143
woher 138
wohin 138
wohl 261
wollen 45
Wortbildung 267
    Ableitung 267–270
    Fugenelement 274
    Konversion 267
    Kürzung 267
    Zusammensetzung 267, 273
Wortfrage 222, 223

Index

Z

Zahl → Numerus
Zahlen   240
   Bruchzahlen   247
   Grundzahlen   241
   Ordnungszahlen   244
   Zahlwörter   249
Zahlwörter   249
Zeitangaben   252
   Datum   252
   Uhrzeit   253
Zeiten   10
   Futur I   22
   Futur II   22
   Perfekt   13
   Plusquamperfekt   20
   Präsens   10
   Präteritum   17
zig   242
zu Hause/zuhause   149
zudem   201
zuerst   193, 208
zuletzt   208
Zusammensetzung   267, 273
zusätzlich   208
Zustandspassiv   50

Bildnachweis

Fotolia, New York: 40 (Franz Pfluegl);
iStockphoto, Calgary, Alberta: 8 (Alex Brosa); 10 (Guy Erwood); 25 (Andreas Weber); 34 (LittleMan); 37 (Matty Symons); 43 (Brad Killer); 49 (martin mcelligott); 55 (TommL); 67 (Robert Lopshire); 71 (Courtney Keating); 73 (Tom Tomczyk); 76 (boboling); 78 (Brian Moore); 84 (thesuperp); 85 (Alexander Shirokov); 89 (Clint Scholz); 93, 205 (mediaphotos); 95, 258 (Ren ansi); 97 (Oleg Prikhodko); 99 (Herbert Allgaier); 101 (pixhook); 104 (Steve Ma); 107 (Peter Booth); 110 (LUNAMARINA); 114 (Perry Kroll); 118 (Willie B. Thomas); 124 (Maartje van Caspel); 129 (Brasil2); 133 (Carl Durocher); 136 (Trevor Hirst); 142 (Nicholas Homrich); 147 (Mikael Damkier); 149 (prospero_design); 154 (Damir Cudic); 158 (Tom De Bruyne); 162 (Harald Richter); 165 (clearstockconcepts); 166, 189, 191 (Catherine Yeulet); 171 (Jaap2); 174 (Jasmina); 180 (NuStock); 192 (Rob Broek); 195 (Erica Truex); 197 (Luis Pedrosa); 200 (PeskyMonkey); 203 (Ralf Siegele); 218 (Martti Salmela); 222 (Tobias Ott); 226 (Andresr); 240 (Aleksandar Zoric); 241 (Jiri Moucka); 244 (technotr); 247 (hsvrs); 249 (MARIA TOUTOUDAKI); 252 (Onur Dl); 256 (flyfloor); 264 (code6d); 267 (heizfrosch);

Notizen

PONS

Praxis-Grammatik
Deutsch als Fremdsprache

Das große Lern- und Übungswerk.
Mit extra Online-Übungen

von
Alke Hauschild

Die Inhalte sind identisch mit ISBN 978-3-12-562897-7

PONS verpflichtet sich, den Zugriff auf die zu diesem Buch passenden Online-Übungen mindestens bis Ende 2021 zu gewährleisten. Einen Anspruch der Nutzung darüber hinaus gibt es nicht.

1. Auflage 2019

© PONS GmbH, Stöckachstraße 11, 70190 Stuttgart, 2019
www.pons.de
E-Mail: info@pons.de
Alle Rechte vorbehalten.

Redaktion: Dr. Sandra Hohmann
Mitarbeit: Isabelle Geiger
Online-Übungen: Alke Hauschild
Logoentwurf: Erwin Poell, Heidelberg
Logoüberarbeitung: Sabine Redlin, Ludwigsburg
Hintergrundbild: Vlado Golub, Stuttgart
Bildnachweis Titelseite: Brezel: Thinkstock/Edward Westmacott
Einbandgestaltung: Anne Helbich, Stuttgart
Layout: BÜRO CAÏRO, Stuttgart
Layoutüberarbeitung: one pm, Stuttgart
Satz: Satzkasten, Stuttgart
Druck und Bindung: Multiprint GmbH

ISBN: 978-3-12-562213-5